筑摩選書

武藤秀太郎
Muto Shutaro

「抗日」中国の起源

五四運動と日本

「抗日」中国の起源　五四運動と日本　目次

はじめに　現代中国の原点としての五四運動
五四運動とは何か　009／「知識人」をうみだした五四運動　013
毛沢東の五四運動論　015／新たな五四運動像を求めて　017

第一章　五四運動と対日感情
『イップ・マン』と「抗日」　022／二一世紀の「抗日」デモ　024
二一世紀の「抗日」記念日　028／中国人の「知日」熱　031
五四運動とは何か　035／毛沢東の五四運動観　039
竹内好の五四運動観　044／「思想運動」としての五四運動　047
「抗日」と「知日」　050

第二章　清末の教育改革と日本
転機としての日清戦争　056／中国訳された『日本の教育』　061
森有礼の中国観　067／戊戌変法への道　071
挫折した戊戌変法　076／張之洞と光緒新政　080

京師大学堂の再興と「壬寅学制」　085／理念と現実のギャップ　090

第三章　中国人の日本留学

日本よりも早かった中国人の欧米留学　096／再開された海外留学　103
嘉納治五郎と楊度　108／最初の「抗日」運動　114
王正廷と中華留日ＹＭＣＡ　124／スケープゴートにされた楊度　129

第四章　中国の日本人教師

中国にわたった「お雇い日本人」　136／日本人教師の功罪　141
袁世凱と吉野作造　151／今井嘉幸と李大釗　158／今井嘉幸と李大釗の絆　163

第五章　中華民国の誕生と教育改革

中国教育の父・蔡元培　170／中華民国初代教育総長に就任した蔡元培　177
厳復と蔡元培　183／袁世凱と蔡元培　190／対華二一カ条要求と日本留学生　197
蔡元培と北京大学　204／教育救国をめざして　212

第六章　五四運動と日本
吉野作造と中華留日ＹＭＣＡ　216／日中両国における「知識人」の誕生　223
五四運動の勃発　231／五四運動がもたらしたもの　243
日本における五四運動　252／五四運動に参加しなかった毛沢東　260

おわりに　五四運動の遺産
ジョン・デューイが見た五四運動　267／毛沢東の新民主主義論を再考する　273
「抗日」の原点としての五四運動　280

あとがき　288

参考文献　i

「抗日」中国の起源

五四運動と日本

凡例

一、引用文について、漢字は原則として通用の字体とし、歴史的仮名遣いを適宜現代仮名遣いに改めた。また、句読点とルビを適宜補った。

二、外国語の文献は、紹介・引用に際し、日本語に翻訳した。また、すでに翻訳がある場合には、基本的にそれを用いたが、適宜改変をくわえている。

三、引用文中の（ ）は、とくに断らないかぎり、原文のままである。……は引用文中の省略を示している。

四、巻末に付した参考文献は、本文中でふれたものに限定した。

五、主要な人物について生没年を記した。

はじめに　現代中国の原点としての五四運動

五四運動とは何か

中国・北京の中心に位置する故宮。かつて明朝・清朝の皇帝が居住した王宮であり、今日世界文化遺産として一大観光名所となっている。毛沢東《マオ・ゼドン》の肖像画がかかげられた、故宮の入り口である天安門は、誰もが一度は目にしたことのあるおなじみの光景であろう。二〇一七年一一月、アメリカのトランプ大統領が初の中国訪問をした際、習近平《シー・ジンピン》国家主席が故宮でもてなしたことも記憶に新しい。

故宮天安門前には、人民大会堂と中国国家博物館に左右をはさまれる形で、南北の長さ八八〇メートル、東西の幅五〇〇メートルからなる天安門広場が広がっている。この天安門広場の中央に、空高くそびえ立っているのが、人民英雄紀念碑（中国では、「記念」でなく「紀念」と表記する）である。その名の通り、中華人民共和国にとっての先達《せんだつ》の英雄をたたえる紀念碑で、一九五八年五月に落成された。

　天安門と向かいあった紀念碑の正面部には、毛沢東の筆になる「人民英雄永垂不朽（人民英雄よ、永遠なれ）」という金箔の文字が刻まれている。また、これを支える台座の四面に、それぞれ英雄がたちあがった歴史的事件を題材としたレリーフがほどこされている。古い順に、林則徐《リン・ゼーシュー》がイギリスのアヘンを破棄する場面、太平天国の乱、辛亥革命とつづき、四番目にとりあげられているのが五四運動《ウースーユンドン》である（図版序−1、序−2）。

　今度は、天安門と反対になる故宮の北側をみてみよう。北門の神武門を出ると、すぐ目の前に

図版 序−1　南側からみた人民英雄紀念碑。3つある台座のレリーフの真ん中が五四運動を描いたものである（筆者撮影）

図版 序−2　人民英雄紀念碑に描かれた五四運動のレリーフ

小高い山となった景山公園がある。その山頂に登れば、天気がよい日には、故宮の荘厳《そうごん》な建築群を一望のもとに見下ろすことができる。ただ、晴れ間であっても、大気汚染のスモッグでかすんでしまっている可能性があるが。

この故宮と景山公園を隔てる道路「景山前街」を東に向かって進んでゆくと、ほどなく「五四大街」となり、左手に古風な趣《おもむき》のある赤レンガの建物がみえる（図版序－3）。これは、移転する一九五二年まで使用された北京大学の校舎であり、「紅楼《ホンロウ》」とよばれていた。現在は、北京新文化運動紀念館として一般に開放されている。

図版 序−3 新文化運動紀念館（筆者撮影）

新文化運動紀念館の中へ入ると、五四運動時に北京大学校長をつとめた蔡元培《ツァイ・ユエンペイ》と、五四運動に連動した新文化運動のリーダーであった陳独秀《チエン・ドゥーシュー》の経歴・事績が中心に展示されている。また、毛沢東が作業していた図書館の「登録室」や「第二閲覧室」も観覧することができる。毛は一時期、図書館主任であった李大釗《リー・ダージャオ》の助手として、北京大学に身をおいていた。若き毛の思想が北京大学における新文化運動、五四運動を通じ、育まれていったという見立てとなっている。

新文化運動紀念館を出て、さらに五四大街を東へと進むと、南北へ続く皇城根遺址《ファンチエンゲンイージー》公園と交差する。この公園には、図版

図版 序-4　五四紀念碑（筆者撮影）

序－4のような「五四紀念碑」が設置されている。蔡元培、李大釗、魯迅《ルー・シュン》と並び、毛沢東の肖像が中央に描かれている。毛が五四運動の中心であったことを暗示した構図といえよう。紀念碑の裏側に回ると、つぎのような文章が刻まれている。

それは春雷であり、人民の偉大な愛国意識を喚起した。それは種子であり、愛国、進歩、民主、科学の偉大な精神を育んだ。それは不滅の偉業であり、中華民族が大いに発展する無限の力を凝集した。それはラッパの合図であり、活力の絶えない荘厳な歌を奏でた。

北京大学の紅楼を遥かに望み、民主の広場に注目する。我々が賛美してやまない「五四」の精神。歴史を回顧し、未来を展望する。我々は明日の栄光にむけて歩みだす。

これ以上にない表現で、五四運動がたたえられている。このように故宮周辺をみわたしても、五四運動が中国にとって、重要な歴史的事件として位置づけられているのが分かる。

五四運動とは一体何か。五四運動という用語自体は、中学校の歴史教科書にも記載されており、一度は耳にしたことがあるだろう。中国の近現代史に関心がある人であれば、五四運動が第一次世界大戦終結後、ロシア革命を導いたレーニンやアメリカ大統領のウィルソンがかかげた民族自決主義に刺激をうけ、中国で起こった抗日デモであることくらいの知識はあるにちがいない。また、五四運動の直接的な引き金となったのが、ドイツが有していた山東省の権益を、日本へと移譲することをみとめたヴェルサイユ講和会議への反発であった点など、事件の背景についても承知しているかもしれない。

ただ、五四運動を中国の歴史、さらには日中交流史において、どう位置づけるかとなると、あまりはっきりしたイメージが湧かないのではないか。一九世紀後半以降、日中両国の間で、数多くの衝突事件が起こっている。五四運動がそうしたうちの一つにすぎないとみなされても、いたし方ない面はある。

「知識人」をうみだした五四運動

しかし、筆者が考えるに、五四運動は、その後の中国人の対日感情を決定づけるきわめて重大な事件であった。今日の日中関係を考える上でも、五四運動は避けてとおれない非常に重要な出来事である。

そのことは、中国史においても同様にあてはまる。日本人は通常、「近現代」というように、「近代」と「現代」をとくに区別して用いないが、中国では一般に、五四運動をもって「近代」

から「現代」へと時代が移り変わった一大転換点としている。まさに、エポックメイキングな事件とみなされているのである。

日本人にとって「近現代」の転換点といえば、まず明治維新や第二次世界大戦(アジア・太平洋戦争)を思い浮かべよう。われわれは、さまざまな問題に直面し、新たな社会を構想してゆく際、つねに明治維新と第二次世界大戦(ないしは敗戦)へとたちかえり、その歴史的意義を問い直している。五四運動も同じく、中国人が歴史の節目に遭遇するたびに、たえずふりかえられ、その意義が再考される出来事なのである。それゆえ、五四紀念碑の裏に刻まれた詩の内容も、決して大げさではない。

イギリスの歴史家であるエリック・ホブズボームは、『20世紀の歴史』(1994)で第一次世界大戦がはじまった一九一四年から、ソヴィエト連邦が崩壊した一九九一年までを「短い二〇世紀」ととらえ、世界史を叙述している。マルクス主義者であったホブズボームの関心にしたがい、ソ連を中心とした社会主義圏の誕生から滅亡にいたる過程を、「短い二〇世紀」と位置づけたわけである。その適否はともかく、一〇〇年という決まった枠組みにとらわれずに、二〇世紀を考えるのは面白い。

ホブズボームにならって、中国の場合を考えてみるならば、一九一九年の五四運動から一九八九年六月四日に起こったいわゆる天安門事件(中国では「六四事件」とよんでいる)までの七〇年間を、「短い二〇世紀」とみなせるのではないか。五四運動と天安門事件は、いずれも北京大学をはじめとした若い学生たちが主体となって起こした運動であった。どちらも天安門前を拠点とし、政府の姿勢に対する異議申し立てとして、大規模なデモをおこなった。その熱狂的といえるパワーは、中国国内のみならず、海外とりわけ日本に大きな衝撃をもたらしたのである。

この中国の激動的な「短い二〇世紀」は、大学の学生・教員からなる「知識人」（当時の言葉でいえば「知識階級」）という階層が、五四運動であらたに生まれ、社会をリードしていった時代であった。一九四九年の中華人民共和国成立後、社会を大きな混乱におとしいれた文化大革命（1966–76）における主導者や受難者もまた、彼ら知識人にほかならない。天安門事件の挫折は、そうした知識人が良くも悪くも躍動した世紀の終焉《しゅうえん》をつげるものであった。

毛沢東の五四運動論

歴史的事象は、往々にして後世の者により再発見され、定義づけられる。たとえば、五四運動と同時期に、日本で展開されたとされる大正デモクラシー運動。歴史教科書にも出てくるなじみ深い言葉であろう。

実のところ、「大正デモクラシー」という言葉は、その対象となる時期には用いられていなかった。信夫《しのぶ》清三郎《せいざぶろう》『大正デモクラシー史』（1954–59）によって、一般に広まったといわれており、戦後につくりだされた新しい概念である。戦後民主主義のあり方が模索される中で、大正期における普通選挙や護憲を求める言動に改めて焦点があてられ、それを認識するフレームワークが形づくられていったわけである。

これに対し、「五四運動」という名称は、すぐさま事件の当事者により提唱されていた。北京大学の学生であった羅家倫《ルオ・ジャールン》が、『毎週評論《メイジョーピンルン》』に発表した「五四運動の精神」（1919.5.26）が、「五四運動」という言葉を用いた最初の文章とされている（坂野良吉「五四観の諸相と五四の文化論的主題について」）。五四運動や「五四精神」というように、「五四」をキーワードとし、記念する動きは急速に拡大し、社会へと定着していった。それだけ、当時の人々が五四運動を、時代を画する出来事とうけとめたのだといえよう。

五四運動をどう歴史的に位置づけるか。この五四運動観について、決定的といえる影響をおよぼしたのが、ほかならぬ毛沢東である。毛は、有名な論文「新民主主義論」（1940）で、五四運動をつぎのように解釈していた。

> 一九一九年の五四運動以前（五四運動は一九一四年の第一次帝国主義大戦と一九一七年のロシア一〇月革命の後に発生した）、中国ブルジョア民主革命の政治指導者は、中国のプチ・ブルジョアジーとブルジョアジー（および彼らの知識人）であった。この時、中国のプロレタリアートはまだ、自覚した独立の階級的パワーをもって、政治舞台に登場したといえず、プチ・ブルジョアジーとブルジョアジーの追随者として革命に参加していた。たとえば、辛亥革命時のプロレタリアートは、そうした階級にすぎなかった。

五四運動以後になると、中国ブルジョア民主革命の主要な政治指導者が、中国ブルジョアジーでなくなり、中国プロレタリアートが参画していった。この時、中国プロレタリアートは、自らの成長とロシア革命の影響により、急速に自覚した独立の政治勢力へと変わったのである。

「中国ブルジョア民主革命」は、五四運動を境に、その主要な担い手がプチ・ブルジョアジーとブルジョアジー（有産階級）から、プロレタリアート（無産階級）へと変化した。すなわち、「旧民主主義」から「新民主主義」へと、革命が質的変貌をとげたというのである。

中国の現憲法では、「序言」で建国以来、中国共産党が勝ちとった二大成果として、「新民主主義」革命の勝利と社会主義事業の成就がうたわれている。「新民主主義」が具体的に何を意味しているかについては、第一章であらためて論じるが、その歴史的起点がまさしく五四運動に求められているのである。

新たな五四運動像を求めて

このように、それまでの中国社会を一変させた事件として認識されている五四運動。当然ながら、その重要性から中国、台湾で、これまで数多くの五四運動研究がつみ重ねられてきた。「五四」を題材とした著作は、二〇〇〇年代以降の出版にかぎっても、優に三ケタにのぼる。

これに対し、日本の状況はどうかというと、同時期に「五四運動」をタイトルに冠した日本語の著作は、小野信爾《おのしんじ》『五四運動在日本』(2003)やラナ・ミッター『五四運動の残響』(吉澤誠一郎訳、2012)など、片手で数えられるほどしかない。とはいえ、日本でもかつて五四運動は、中国近現代史におけるもっともホットな研究テーマの一つであった。

とくに、京都大学人文科学研究所が一九七〇年代、五年間にわたる共同研究をくみ、その成果として全五函、一七名の執筆者からなる『五四運動の研究』(1982-92)を公刊している。また、京大とは異なる立場から、中央大学人文科学研究所が五四運動研究チームを組織し、やはり五年間の研究成果を『五・四運動史像の再検討』(1986)としてまとめている。一九八七年七月には、この京大と中大のグループが一同に会し、五四運動についてのシンポジウムが開かれた。当時第一線の中国研究者がこぞって参加しており、シンポジウムの記録をみても、白熱した議論の迫力がひしひしと伝わってくる。

だが、これをピークとして、五四運動研究は一九九〇年代後半にはいると、日本でピタリと止まってしまう。その大きな要因としては、ソ連を中心とした社会主義圏の崩壊が挙げられよう。シンポジウムでも最大の争点となったのは、五四運動が「新民主主義」革命のはじまりを告げるものであったとする毛沢東の見解をめぐる適否であった。「新民主主義」から社会主義の実現へと、毛の革命戦略にもとづく議論の枠組み自体が、急速に有効性を失ってしまったのである。

しかし、だからといって五四運動そのものの歴史的重要性がなくなったわけではない。革命史観からはなれてみても、五四運動は中国社会の行く末に、きわめて大きな影響をあたえた事件であった。「抗日」や「知日」といった今日の中国人がいだく複雑な対日感情も、もとをたどれば五四運動へとゆきあたる。五四運動の分析なくしては、現代中国および日中関係を理解できないといっても過言ではない。

この「抗日」の起源といえる五四運動はまた、同時期に日本で展開された大正デモクラシー運動とも分かちがたく結びついていた。大正デモクラシーと聞いて、まず思いうかべる人物といえば、小・中学校の歴史教科書にも出てくる吉野《よしの》作造《さくぞう》であろう。東京帝国大学で政治史を教えた吉野は、いわゆる民本主義をとなえ、大正デモクラシーをリードした。注目すべきは、この吉野の言論活動が、日本国内にとどまらず、中国でも大きな注目をあつめた点である。吉野は五四運動、新文化運動の担い手となった北京大学の教員・学生らとも、直に交流をかわしていた。その橋渡し役をつとめたのが、さきに登場した北京大学の李大釗である。

吉野はかつて、中国天津の北洋法政学堂で講師をつとめたことがあった。その時、北洋法政学堂に在学していたのが李大釗である。吉野と李は、いわば師弟関係にあたる。

北洋法政学堂には、吉野のほか、大正デモクラシーで普通選挙運動の先頭にたち、「普選博士」とよばれた今井《いまい》嘉幸《よしゆき》が勤務していた。李大釗は、この今井とも公私にわたり親密に交際した。国際法を専門とした今井は、列強との不平等条約など当時の中国がかかえた問題に、李の目を開かせていった。

五四運動と大正デモクラシー運動というと、ともすれば日中両国それぞれの内部で完結した出来事と思われがちである。しかし、この二つの運動は密接不可分につながりあっていた。その意味で、国家の枠組みを超えたトランスナショナルな思想運動（intellectual movement）だったのである。

本書は、こうした観点から、二〇一九年で一〇〇周年をむかえる五四運動と大正デモクラシーという、日中両国における思想運動の実像を明らかにするとともに、今日におよぶ中国の「抗日」意識が五四運動を機に、いかに形成されていったかについて考えてゆくことにしたい。

第一章

五四運動と対日感情

『イップ・マン』と「抗日」

筆者は二〇〇八年から約二年半、上海の復旦大学に留学していた。この間、人気を博した映画の一つに、ウィルソン・イップ監督の『イップ・マン　序章（葉問《イェウエン》）』（2008）がある。イップ・マン（葉問）は、ブルース・リーの師匠にあたる著名な武術家で、香港のアクション俳優である甄子丹《ジェン・ズダン》（ドニー・イェン）が演じている。

詠春拳《ヨンチュンチュエン》の名手として、広州の仏山《フォーシャン》で一家団らん幸せに暮らしていたイップ・マン。その彼の生活を一変させたのが、一九三七年七月にはじまった日中戦争であった。仏山を制圧・占領した日本軍に自宅を奪われたイップ・マンは、蓄えもつき、日雇いの炭鉱労働で糊口《ここう》をしのがなければならなくなる。そんな矢先、駐留している日本軍から、空手稽古《けいこ》の相手として挑戦者の募集がおこなわれた。通訳として、この日本軍と中国人との仲介役をはたしたのが、かつて警察官で、葉問とも交流があった李剣《リー・ジャオ》であった。

イップ・マンといっしょに炭鉱で働いていた知人の武痴林《ウー・チーリン》は、勝ったら米一袋という賞金にひかれ、この募集に応じた。しかし、池内博之《いけうちひろゆき》扮する「三浦閣下」と対戦し、激しい蹴りをうけ、命を落としてしまう。その事実を知ったイップ・マンは、敢然と名乗りを上げ、一〇人を相手に勝負をし、たちまちのうちに打ちたおした。賞金の米一〇袋に目もくれず、その場を立ち去るイップ・マン。ほどなくおとなしくするよう忠告しにきた李剣には、「裏切り者」と頬《ほお》をはたき、きびしく非難した。食べるために仕方なく、通訳をしているにすぎないと弁解する李釗に対し、イップ・マンは同胞が殺されているのに中国人としての誇りがないのかと問いただす。

その後、訪問してきた日本軍の「佐藤大佐」らの横暴なふるまいに、鉄拳をふるったイップ・マンは、逃亡生活を送るものの、最終的に居場所をつきとめられてしまう。「三浦閣下」はイップ・マンに、「日本の天皇に忠誠を尽くし、我が日本軍に中国の武術を教える」ならば、命を許してやると提案した。これを拒否したイップ・マンは、逆に三浦との対戦を要求する。こうして街の広場で、大勢の観衆がみまもる中、イップ・マンと三浦の試合が開かれることとなる。

図版 1-1　イップ・マンが三浦閣下に勝利したシーン（『イップ・マン序章』より）

序盤こそ、三浦の猛攻にあったイップ・マンであるが、しだいに反撃を開始し、三浦を完膚なきまでにたたきのめした（図版1―1）。イップ・マンの勝利にわきかえる中国人の観衆。それをよそに、「佐藤大佐」が発砲し、イップ・マンは左肩を負傷してしまう。これに激昂した観衆は、猛然とたちあがり、イップ・マンのもとへとかけよった。銃をかまえて警備にあたっていた日本軍人らは、その勢いに圧倒され、なすすべもない。幸い一命をとりとめたイップ・マンが、親友の支援をうけて仏山を脱出する場面で、映画はフィナーレをむかえる。

この『イップ・マン』は、ストーリーもさることながら、ドニー・イェンをはじめとする俳優らの華麗なカンフー演技がすばらしく、中華圏で最高峰の映画賞にあたる香港電影金像奨（香港アカデミー賞）の第二八回最優秀作品賞を受賞している。日本でも公開上映され、評価も悪くない。ただ、イップ・マンという実在した人物をあつかっているとはいえ、日本軍人と街中で白昼堂々、公開試合をおこなうなど、まったくのフィクションで構成されている。

もちろん、「抗日」を題材とした中国のアクション映画は、『イップ・マン』にかぎらず多数存在する。古くは、ブルース・リー主演の『ドラゴン怒りの鉄拳（精武門《ジンウーメン》）』（1972）までさかのぼれよう。また、中国でテレビのチャンネルを回せば、おおよそどこかで「抗日」ドラマが放映されているほどである。そうした中で、『イップ・マン』は①自らの身勝手な価値観をおしつける冷酷な日本人、②その日本人におもねる中国人の裏切り者、③日本の不当極まりない行為に対し、奮然とたちあがる中国人の民衆、という「抗日」における三つの要素をうまくとりいれた傑作《けっさく》であったといえる。

二一世紀の「抗日」デモ

この三つの要素がくみあわさった近年の「抗日」行為として思い出されるのは、二〇〇五年と二〇一〇年、二〇一二年にそれぞれ、中国で発生したデモ活動であろう。

第二次世界大戦後六〇年にあたる二〇〇五年四月、三週連続で週末にわたり中国各地で、日本がめざした国連安全保障理事会の常任理事国入りへの反対運動に端を発するデモが勃発した。当初、数百、数千人規模であったデモは、時を追うごとに拡大し、北京や上海、深圳《シエンジエン》、広州などの大都市で数万人規模にふくれあがった。このデモで、北京の日本大使館や上海・瀋陽《シエンヤン》の総領事館、日系スーパー、日本料理店などが、投石で窓ガラスが割られるなどの被害をうけた。とくに、ペンキや卵で建物の外壁が汚され、投げ込まれたペットボトルなどのゴミで、敷地内がうめつくされた上海総領事館の無残な姿は、衝撃的であった。

デモの参加者は、おもに大学生をはじめとした若い世代で構成されていた。「抵制日貨《ディージーリーフォ》(日本製品排斥)」という横断幕やプラカードをかかげたり、シュプレヒコールをあげたりして行進する様子には、集団としての狂気ともいえるパワーが感じられた。個人的には、この「抵制日貨」よろしく、路上を運転していた日本車をデモ隊が襲撃し、中で運転していた女性が泣き叫んで、一生懸命に許しを求めていた映像が鮮烈な記憶として残っている。

こうした事態をうけ、日本政府はデモの再発防止と日本人の安全確保をおこなうよう、中国当局に抗議した。これに対し、中国の外務次官が一旦遺憾の意を表明したものの、のちに中国側に責任はなく、日本側が中国を侵略した歴史など、中国人の感情に関わる重大な問題にまじめに向きあい、善処していかなければならないとする中国外務省の見解が表明された。四月一七日、急きょ中国を訪問した町村信孝《まちむらのぶたか》外相が、李肇星《リージャオシン》外相と会談した際も、デモの被害に対する賠償と謝罪を求めると、日本が侵略の歴史を直視し、反省した上で、それを具体的な行動として示すことが先決だと、拒絶する態度をとった。この訪問では、予定されていた温家宝《ウエン・ジャーバオ》首相との会談が直前にキャンセルされている。

日本の国連常任理事国入りの動きが火種となったデモにおいて、歴史問題が焦点化されていった背景には、東シナ海における春暁《チユンシヤオ》ガス田開発をめぐる日中間のあつれきや、四月五日に「新しい歴史教科書をつくる会」が作成した扶桑社《ふそうしや》の中学歴史、公民教科書が検定に合格したことがあげられる。また、三月には、日本と韓国の間で互いに領有権を主張する竹島（独島《ドクト》）をめぐり、日本の歴史認識がやり玉にあげられていた。この中国の立場に配慮する形で、小泉純一郎《こいずみじゆんいちろう》首相が四月二二日、翌日に胡錦濤《フー・ジンタオ》国家主席との首脳会談をひかえ、インドネシアのジャカルタでおこなわれたバンドン会議五〇周年の国際会議で、アジア諸国への侵略と植民地支配に対する「痛切な反省とおわび」を表明している。

二〇一〇年と二〇一二年に発生したデモは、いずれも日中両国が互いに領有権を主張する尖閣諸島（釣魚島《ディアオユーダオ》）がきっかけとなっていた。すなわち、二〇一〇年は九月七日に起こった尖閣諸島沖における海上保安庁の巡視船と中国漁船との衝突事件が、二〇一二年は九月一〇日に閣議決定された尖閣諸島の国有化が、それぞれ導火線となり中国各地でデモが展開されたのである。「抵制日貨」が声高に唱えられ、日本を連想させる車や商店が攻撃の標的にされるなど、デモの基本的な性格は二〇〇五年と変わりない。ただ、二〇一二年九月のデモは、日中国交正常化以降最大規模であった二〇〇五年デモを、さらに上回るスケールかつ過激さであった（図版1－2、1－3）。

たとえば、長沙の平和堂や青島のイオンなど、日系スーパーの建物・設備がデモの群衆によりめちゃくちゃに破壊され、内部の商品が大量に略奪された。また、パナソニックの工場やトヨタ自動車の販売店をはじめとした日系企業も襲撃をうけ、破壊・放火されて建物が全焼するなど、甚大な被害をこうむった。二〇〇五年と比べ、個人が撮影したデモの写真・動画などがネット上に拡散し、その様子をより具体的に知りえるようになったが、日本車に乗っていた中国人男性が、

図版 1-2 2012年の「抗日」デモ。右の旗、横断幕に「釣魚島（尖閣諸島）は中国のもの」、「日本製品を排斥し（抵制日貨）、康師傅《カンシーフ》（中国の食品メーカー）を買おう」という言葉がみえる

図版 1-3 投石などの被害をうけた青島のイオン

頭を鈍器《どんき》のようなもので殴られ、血を流して路上に倒れている光景は凄惨《せいさん》きわまりないものであった。報道によれば、この男性は幸い一命をとりとめたものの、半身不随におちいったという。北京の日本大使館や広州・瀋陽の総領事館にデモ隊が押しかけ、投石で窓が割られたりしたのも、二〇〇五年と同様であった。

これほどの甚大な人的・物的被害が出たにもかかわらず、中国政府はこの二〇一二年デモにおいても、謝罪する姿勢は一貫してみせなかった。中国外交部の報道官は九月一七日、定例の記者会見で、日本政府が不法に尖閣諸島を国有化したことが日中関係をいちじるしく破壊したことは明白で、すべての責任が日本側にあると指摘した。中国の領土主権を侵害したことに、中国国民が正義の叫び声をあげたというのである。

これら二一世紀に起こったデモに、「抗日」の三要素をあてはめるならば、①侵略した歴史を直視せず、領土を不当に占拠する日本人、②日本製品を用いたり、日系企業で働いたりしている裏切り者、③日本の国連常任理事国入りや尖閣諸島国有化などに対し、怒りを爆発させる中国人の若者、といったところになろう。怒りの矛先が、日本人そのものというよりは、日本に関係をもつ中国人に向けられ、多くの被害者を出した点にも注意したい。

二一世紀の「抗日」記念日

中国で生活していると、非日常的なデモに限らず、「抗日」に接する機会が少なくない。さきに述べた映画やドラマもそうであるが、中国各地で定期的に「抗日」的行事がとりおこなわれている。現在、中国では、過去に起こった重大な国民的災難を、国家的に記念する「国家公祭日《グオジヤーゴンジーリー》」として、九月三日の「中国人民抗日戦争勝利紀念日」と一二月一三日の「南京大屠殺（大虐殺）死難者国家公祭日」が定められている。中国人民抗日戦争勝利紀念日は、一九四五年九月二日に日本が降伏文書であるポツダム宣言に調印し、その翌日に中国が戦勝を祝ったこと、南京大屠殺死難者国家公祭日は、いわゆる南京大虐殺が始まったとされる一九三七年一二月一三日を、それぞれうけたものである。

図版 1-4 2017年に南京大虐殺紀念館でおこなわれた「南京大屠殺死難者国家公祭日」の式典の様子

この二つの国家公祭日のうち、より大がかりな行事がおこなわれているのが、南京大屠殺死難者国家公祭日である。八〇周年にあたる二〇一七年の南京大屠殺死難者国家公祭日の式典には、習近平《シー・ジンピン》国家主席や兪正声《ユー・ジエンシエン》・中国人民政治協商会議主席をはじめとした政治のトップが顔を出し、南京大虐殺紀念館の集会広場で、一万人を超える人々が、ほぼ黒ずくめの服装に左胸へ白い花をかざした格好で参列した（図版1－4）。午前一〇時に国歌を斉唱した後、防空警報が鳴り、犠牲者へ黙禱《もくとう》がささげられる。この間、集会広場だけでなく、南京市内における自動車、鉄道、船舶といったあらゆる交通手段が一時停止され、静寂につつまれる。その後、人民解放軍により八つの花輪《はなわ》が祭壇に供えられ、兪正声が犠牲者、および抗日戦争勝利のために命をささげた烈士を追想するメッセージを発した。それから、鐘が三度打ちならされ、放たれた三〇〇〇羽の鳩が上空へと舞ってゆく。これで一通り儀式は終了であるが、午後からも国家公祭日にまつわる各種イベントが夜までつづけられた。まさに、国家あげての一大ページェントである。

実のところ、一二月一三日が国家公祭日に定められたのは、二〇一四年二月二七日のことである。追悼儀式は一九九四年から始められたが、それまで一地方政府によりおこなわれたにすぎなかった。会場となった南京大虐殺紀念館は、日本の文部省が中国への「侵略」を「進出」に書きかえさせたとする、いわゆる歴史教科書問題をうけ、抗日戦争勝利四〇周年にあたる一九八五年八月一五日に開館した。その規模は、敷地面積が二・二ヘクタール、建築面積〇・二五ヘクタールで、館蔵文物は一〇〇〇点に満たなかった。それが二一世紀にはいると、リニューアルを重ね、二〇一五年時点で実に敷地面積一二〇ヘクタール強、建築面積一一・五ヘクタール、館蔵品一七万点以上と飛躍的な拡大をとげた。さらに二〇一五年一二月には、紀念館の分館として、旧日本軍の慰安婦をテーマとした南京利済巷《リージーシャン》慰安所旧址《ジュージー》陳列館が新たに設置されている。

もう一つの国家公祭日である中国人民抗日戦争勝利紀念日も、制定されたのは、南京大屠殺死難者国家公祭日と同じ二〇一四年二月二七日である。七〇周年の二〇一五年には、各国の首脳や国際機関の幹部らをまねき、北京の天安門広場前で大規模な軍事パレードが実施された。ただ、二〇世紀までは、四〇周年や五〇周年といった節目である年に、国家をあげての記念式典が催されただけで、とくに年行事が組まれていたわけではなかった。国家規模で毎年「抗日」的行事を実施するようになったのは、ごく最近のことなのである。

　国家公祭日以外の「抗日」戦争記念日としては、一九三一年九月一八日に起こった満洲事変と一九三七年七月七日の盧溝橋事件に、それぞれちなんだ「九一八紀念日」と「七七抗戦紀念日」がある。「抗日」施設も、盧溝橋事件の五〇周年にあたる一九八七年七月七日に開館した「抗日戦争紀念館」をはじめ、行く先々で目にしないことがないほど、中国国内に数多く存在する。街を歩いていると、「抗日」商品にもときどき出くわすが、中でもあっけにとられたのは、「抗日」という名のコンドームが売られていたことである（図版1－5）。すなわち、コンドームが「絶対に破れない」とかけあわせたネーミングで、パッケージには“Made in China（中国製）”ならぬ、“Mind in China（心は中国にあり?）”と記載されていた。実際に入っていたコンドームが、メイド・イン・マレーシアであったのはご愛嬌であるが。

図版 1–5　「抗日」コンドームのパッケージ

中国人の「知日」熱

　このように中国に滞在すると、さ

図版 1-6 『知日』創刊号

まざまな形で「抗日」に接する機会がある一方で、中国人の日本に対する高い関心、日本を知ろうとする強い意欲を感じることも指摘しなければならない。その一例として挙げられるのが、『知日《ジーリー》』という雑誌である。

この『知日』は、その名の通り、日本を知ることをコンセプトに二〇一一年一月に創刊した。当初は隔月刊で、二〇一三年から月刊となっている。副タイトルとして"**it is Japan**"という英文を用いているように、編集者が「これこそ日本だ」と考えるものを特集テーマに選び、くわしく解説・紹介する誌面構成をとっている。創刊号のテーマは、なんと芸術家の「奈良美智《ならよしとも》」であった（図版1−6）。

『知日』編集長の蘇静《スー・ジン》によれば、創刊号が刊行される以前、奈良美智については、中国の世間一般でほとんど知られていなかったという。社内でも売れゆきが心配された中、奈良美智の作品集とともに売りだし、二カ月で初版の三万五〇〇〇部を売り切った。インターネットを活用した蘇静の販売戦略もさることながら、中国社会に潜在した「知日」欲をみごとに掘りおこしたのである。

つづく第二号のテーマは「制服」。学生服をはじめとして、巫女《みこ》の装束、ＪＡＬ客室乗務員の制服、武士の鎧《よろい》など、多種多様な日本の制服について、その特徴や歴史的変遷が細かく説明されている。その後も、「鉄道」「妖怪」「断捨離《だんしゃり》」「雑貨」「山口組」「枯山水《かれさんすい》」「源氏物語」など、通常日本と聞いて思い浮かべるものではない、かなりマニアックなテーマが設定されている。また、創刊号のように、人物をテーマとした号もあるが、現ＴＳＵＴＡＹＡの創業者である「増田《ますだ》宗《むね》昭《あき》」や、映画監督の「是枝裕和《これえだひろかず》」といった意外性のある人物がとりあげられているのが特徴である。

『知日』は、多い時で一〇万部を超える売れゆきをみせ、ビジネス的に大きな成功をおさめた。日本のメジャーといえない領域にスポットをあてた『知日』が、なぜ中国の読者にうけたのか。蘇静は読者の特徴について、「アメリカへ行って英語を、というのはほとんどが仕事のためだけど、日本へ行きたい、日本語を習ってみたいという読者は、まず日本のカルチャーにものすごい興味を持っていて、もっと知るために習いたい、という人たち」であると語っている（毛丹青ほか『知日』）。『知日』は、その日本文化への関心をうまくくみとったのだといえよう。

中国最大の動画サイトである優酷《ヨウクー》（ＹＯＵＫＵ）とポータルサイトの新狼《シンラン》（ＳＩＮＡ）が発表した「二〇一六年度最も影響力のある旅行家」に、日本の各地を紹介した「小夢Ｔｕｂｅ」が選ばれたのも、中国における「知日」の表れといえる。この小夢Ｔｕｂｅのパーソナリティをつとめるモンちゃん（小夢《シャオメン》）こと金夢《ジン・メン》は、中国の天津出身で、青森県の大学院を卒業した中国人元留学生である。中国人に青森の魅力を伝えようと、県から一年間の事業委託をうけたＦＭ青森が、モンちゃんを起用し、二〇一一年五月から制作・放映したのが、「一路青森　小夢！　幇倒忙！（一路青森　お助け！　モンちゃん！）」という番組であった。

図版 1-7　青森県八戸市の朝市を紹介するモンちゃん（「小夢 Tube」より）

内容は、弘前城のお花見、ねぶた祭り、八甲田山の紅葉、りんごのもぎ取り、田んぼアート、津軽鉄道、小川原湖のワカサギ釣り、雪女コンテストなど、青森県内のローカルな名所、イベントの紹介となっている。これが、中国で意外な反響をよび、動画をアップロードした青森県観光物産情報動画サイトへの、中国からのアクセス数が、一年間で一九〇〇万回を突破した。その後、新たな制作会社がたちあげられ、青森だけでなく日本全国の地域を紹介する「小夢！幇倒忙！Z（お助けモンちゃん！Z）」へと発展をとげた（図版1－7）。この動画を収録したYOUKUのチャンネルが、小夢Ｔｕｂｅである。

小夢Ｔｕｂｅには、二〇一六年末時点で一五六点の動画が投稿され、総アクセスがじつに一億回を超えていた。モンちゃんが訪れた場所は、北は北海道から南は沖縄まで、おもに地方都市である。小夢Ｔｕｂｅが人気を博した理由として、モンちゃんの愛くるしいキャラクターや、豪快な食べっぷりが挙げられるが、東京や大阪、京都など大都市でなく、日本の地方のことをもっと知りたいという、中国人の欲求に応えた点も大きかったと考えられる。

筆者が留学時代、愛聴していたFM局に、上海LOVE RADIO（FM103.7）がある。当時、上海LOVE RADIOでは、毎週日曜日夜九時から一時間、「日本音楽時間」という番組が放送されていた。今でも印象に残っているのは、たんに最新の邦楽を流すだけでなく、尾崎豊《おざきゆたか》やCHAGE&ASKAをとりあげ、その生い立ちやディスコグラフィなどをくわしく解説する本格的な作りであったことである。日本のミュージック・シーンを専門的にあつかったFM放送の番組は、ほかにもいくつか存在していた。

もちろん、ここで挙げた事例だけでは、中国人の「知日」熱を語るには不十分であろう。ただ、こうした「知日」の動きが、「抗日」の機運が高まる中でも、厳然と存在した事実をおさえておかなければならない。これは、同じく「反中」「嫌中」感情が強まっている近年の日本には、みられない現象である。

五四運動とは何か

「抗日」と「知日」。この一見相反する二つの要素が、中国人の対日感情に入り混じっている。これを読み解いていく上で、大きな手がかりを与えてくれると思われる歴史的事件が、ほかならぬ五四運動である。

そもそも五四運動とは何か。名称の由来となっている一九一九年五月四日に起こった出来事に限っていえば、日本の山東省権益をみとめたヴェルサイユ講和条約の決定を不服とした北京の学

図版 1–8 山東省・青島にある「五四広場」のモニュメント。五四運動で湧きおこった中華民族のエネルギーを表現している（筆者撮影）

生らが、抗議デモをおこない、その一部が親日派と目された曹汝霖《ツアオルーリン》・交通総長の邸宅を襲撃し、放火した上、偶然邸内にいた駐日公使の章宗祥《ジャン・ゾンシャン》に瀕《ひん》死《し》の重傷を負わせた事件である。五四運動の定義をめぐっては、論者によって千差《せんさ》万別《ばんべつ》であるが、狭義であっても一九一九年五月四日だけに限定するような見方はなく、その前後に幅をもたせている。（図版1－8）

たとえば、日本で用いられている高校世界史の教科書では、五四運動がつぎのように説明されている。

> 中国では、第一次世界大戦中に日本がドイツの拠点であった青島を占領し、山東権益の継承をふくむ二十一か条要求を中国に認めさせた。中国は戦後のパリ講和会議で山東権益の返還を要求したが、受け入れられなかった。これをきっかけに、一九一九年五月四日、北京で学生を中心とする反日運動がおこり、全国の主要都市にひろがった（五・四運動）。この時期に中国の民族運動が高まったのは、第一次世界大戦下で自国の近代産業が成長し、新文化運動によって国民的な自覚が強まっていたからであった。（木畑洋一ほか『新版世界史A　新訂

版』実教出版、2017）

中国では、専制王朝の清が打倒されたにもかかわらず共和制の理想が実現しないのは、中国人の意識に問題があるとして、文化や思想の変革を求める新文化運動が始まった。この運動の影響を受けた北京大学の学生たちは、山東省のドイツ権益の返還要求や二十一か条要求の問題解決がパリ講和会議でみとめられないことを知ると、一九一九年五月四日、ヴェルサイユ条約反対のデモをおこなった。この五・四運動は、労働者、商人も加わって大運動に発展し、六月末、中華民国（北京政府）は民衆の要求におされて、講和条約への調印を拒否した。（加藤晴康ほか『世界史A』東京書籍、2017）

これらの教科書では、五月四日に発生した事件が発端となり、全国的・全国民的な抗議デモへと拡大したこと、これをうけて中国政府が講和条約への調印を、最終的に拒絶したことが記されている。また、五四運動がひきおこされた思想的背景に、「新文化運動」が存在した点が指摘されている。新文化運動とは、陳独秀《チエン・ドウーシユー》、胡適《フー・シー》、李大釗《リー・ダージヤオ》、魯迅《ルー・シユン》らが雑誌『新青年《シンチンニエン》』を中心に、思想・文化の変革をめざして展開した啓蒙運動のことである。

当事国である中国では、五四運動はどうとらえられているか。ここでは、辛亥革命一〇〇周年にあたる二〇一一年七月に全三六巻が出そろった中国社会科学院近代史研究所編『中華民国史』

をとりあげたい。国家の一大プロジェクトとして、一九七八年に第一分冊が出版され、三〇年以上におよぶ歳月をかけ完成した『中華民国史』では、日中戦争期における蒋介石に対する肯定的な記述が話題となった。この中国共産党の公式的歴史書というべき『中華民国史』で、五四運動はつぎのように叙述されている。

> 中国の民主革命は、五四運動を契機として、前後が新旧に分かれる。ブルジョアジー（資産階級）が主導した旧民主主義革命は、これより次第にプロレタリアート（無産階級）が主導する新民主主義革命へと変化をとげた。五四運動を通じ、中国人民はあらためて、自らの歴史的使命と価値を認識した。一部の先進的な知識人は、マルクス主義の世界観から中国問題を研究し、社会を改造する新たな方法を模索するようになった。孫文をリーダーとするブルジョアジーの民主派とその他の愛国的進歩派も、新たな探究をおこなった。これより封建軍閥と対峙する存在として、ブルジョアジーの民主派にとどまらず、ブルジョアジーの民主派よりもさらに徹底して、さらに強靭なる力をもった無産階級の民主派をうみだしたのである。歴史は、新たな一ページを開き、曲折する道のりを前へと邁進していった。

北洋軍閥政権（北京政府）の誕生後、中国は政治上、暗黒の時代へと突入したが、思想文化面では、かえって華麗で色とりどりの、無数の星が燦然《さんぜん》と輝く、百家争鳴の局面が出現した。これがすなわち、新たな思想啓蒙運動——五四新文化運動である。
五四新文化運動の前期は、半封建的文化革命を主要内容としたのに対し、後期は中国におけるマルクス主義の伝播をもたらした。この運動の生成と展開は、近代中国史上に輝かしい一ページを記している。（『中華民国史』第三巻、傍点引用者）

はじめの引用文では、五四運動を「旧民主主義革命」から「新民主主義革命」へと移り変わる画期として位置づけている。一九四九年に成立した中華人民共和国は、この「新民主主義革命」の勝利を示すものにほかならない。その意味で、今日の中国をうみだした起点が、五四運動に求められているわけである。

また、二番目の引用文は、民主主義革命を前後期にわける同様の立場にたった上で、「五四新文化運動」という語を用いている。いわば、五四運動と新文化運動をひとくくりにした概念である。日本の教科書で、新文化運動が五四運動をひきおこした前提条件とみなされていたように、五四運動と新文化運動が密接不可分、一体のものとしてとらえられているのが分かる。

毛沢東の五四運動観

「民主主義革命」を新旧に分けて考えるという発想には、一体どんな意味がこめられているのか、今ひとつピンとこないかもしれない。「はじめに」で述べたように、このようなことをいいだし

図版 1-9　延安時代の毛沢東

たのは、中華人民共和国の父というべき毛沢東である。毛は五四運動の二〇周年にあたる一九三九年五月、文字どおり「五四運動」と題した文章を発表し、五四運動が民主主義革命の新たな段階を表すものであったと主張した。五月四日当日におこなわれた二〇周年紀念大会でも、五四運動が一つの歴史的転換点であるとともに、めざすべき革命はあくまで民主主義革命であり、その範囲を超えるものではないことを強調していた（「在延安五四運動二〇周年紀念大会的演講」）。

こうした毛沢東の立場を、さらに精緻化させた形で示したのが、一九四〇年一月に発表された「新民主主義論」である。

周・秦の時代より中国は封建社会である。それが外国からの資本主義の侵略により、中国は次第に、「植民地・半植民地・半封建的社会」へと変化した。毛沢東は当時の中国社会の性質をこう分析する。「植民地」というのは列強に占領された地域、「半植民地」は完全に占領されていない地域をそれぞれ指しているが、どちらも「封建制度」が優勢を占める社会だというのである。

マルクスが説いた唯物史観では、あらゆる社会はアジア的生産様式、古代的生産様式、封建的生産様式、近代ブルジョア的生産様式という経済的な発展段階を順にたどっていくとされる。この封建的生産様式から近代ブルジョア的生産様式へと移行するにあたっては、イギリス革命（清教徒革命・名誉革命）やフランス革命のような「民主主義革命」、すなわちブルジョア革命を経る必要がある。また、近代ブルジョア生産様式の先にみすえられていたのが、プロレタリア革命による社会主義の実現である。それゆえ、中国の現状が植民地・半植民地・半封建的社会にあるとすれば、中国共産党がとりくむべき当面の目標は、プロレタリア革命でなく、封建的要素を一掃する民主主義革命の完遂となる。

毛沢東によれば、この中国における民主主義革命の性質が、五四運動を境に大きく変化したという。それがすなわち、「旧民主主義」から「新民主主義」への移行であり、その違いは、主として革命の担い手に求められていた。ここで「はじめに」で紹介した毛の文章を、ふたたび引用したい。

> 一九一九年の五四運動以前（五四運動は一九一四年の第一次帝国主義大戦と一九一七年のロシア一〇月革命の後に発生した）、中国ブルジョア民主革命の政治指導者は、中国のプチ・ブルジョアジーとブルジョアジー（および彼らの知識人）であった。この時、中国のプロレタリアートはまだ、自覚した独立の階級的パワーをもって、政治舞台に登場したといえず、プチ・ブルジョアジーとブルジョアジーの追随者として革命に参加していた。たとえば、辛亥革命時のプロレタリアートは、そうした階級にすぎなかった。

> 五四運動以後になると、中国ブルジョア民主革命の主要な政治指導者が、中国ブルジョアジーでなくなり、中国プロレタリアートが参画していった。この時、中国プロレタリアートは、自らの成長とロシア革命の影響により、急速に自覚した独立の政治勢力へと変わったのである。（傍点引用者）

中国ブルジョアジーが担っていた「ブルジョア民主革命」が、五四運動によりプロレタリアート主導のものへと移り変わる。こうした見立てが、さきに紹介した『中華民国史』の記述内容と、基本的に一致することは明らかであろう。

毛沢東はさらに、新文化運動についても、五四運動が一つの転換点となり、その担い手が一変したと主張していた。

> 「五四」以前、中国の新文化は、旧民主主義の性質をもった文化であり、国際的ブルジョアジーによる資本主義的文化革命の一部分に属していた。「五四」以後、中国の新文化は、新民主主義の性質をもった文化となり、国際的プロレタリアートによる社会主義的文化革命の一部分に属している。
>
> 「五四」以前、中国の新文化運動、および中国の文化革命は、ブルジョアジーが主導していた。彼らは主導するだけの力をもっていた。「五四」以後、このブルジョアジーの文化・思

想はかえって、その政治上のお荷物となった。主導する力をまったく失い、せいぜい革命の一時期、同盟者に加えられるにすぎない。盟主の資格にいたっては、プロレタリアートの文化・思想の双肩にかからざるをえない。これは紛れもない一般的事実であり、誰も否定することができない。

いわゆる新民主主義の文化とは、人民大衆による反帝国主義・反封建主義の文化である。それは今日、抗日統一戦線の文化である。（「新民主主義論」）

五四運動以前の新文化運動は、ブルジョアジーとその仲間である知識人が中心で、五四運動以後になると、その主導権がプロレタリアートへと移ってゆく。それにともない、新文化運動は反帝国主義・反封建主義の旗幟《きし》を鮮明にし、抗日統一戦線の基礎を形づくる。こうした主張もまた、『中華民国史』の説明とほぼ合致しよう。

毛沢東が率いた中国共産党は当時、蔣介石《ジャン・ジエシー》の国民党と第二次国共合作を結び、抗日戦争にあたっていた。「ブルジョアジー」政党である国民党と共闘し、国内の「封建主義」勢力と結託した日本「帝国主義」に立ち向かう。ただ、その共同戦線の手綱《たづな》は、あくまで「プロレタリアート」を代表する共産党が握らなければならない。「新民主主義論」は、このような毛沢東の革命戦略が色濃く反映されたものであった。マルクスの唯物史観を中国の現状に何とか適用しようと、民主主義革命が新旧に分けられ、その転換点が五四運動に求められたのである。

竹内好の五四運動観

毛沢東の「新民主主義論」でうちだされた五四運動観は、中国のみならず、日本にも圧倒的といえる影響をおよぼした。それを支持するか否かにかかわらず、日本人が五四運動を考える上での準拠枠となったのである。そうした中、毛の新民主主義論を基本的にうけいれつつ、日本との比較で独自の五

図版 1-10　竹内好

四運動論を展開した人物に、竹内好《たけうちよしみ》（1910-1977）がいる。

西洋の近代化と異なる、アジアにとっての真の近代は何かについて問いつづけたことで知られる竹内好。その竹内が戦後間もない頃、フランス革命やロシア革命と比肩する「真の革命」として高く評価したのが、五四運動であった。五四運動の歴史的意義は、単なる政治的な変革だけでなく、精神の解放をもたらした点にある。竹内は、五四運動が中国における「近代の転換点」であったとして、日本人の読者にこう注意をうながしていた。

新しい人間を可能にしたものが五四である。それは一切の伝統をよみがえらせた。古いものが新しくなり、新しいものが古くなるという、革命に固有の現象が、そこに認められる。だから、そのような運動を経過しない（つまり革命を経験しない）日本からは、五四は理解し

にくいのである。……辛亥革命を国民革命に媒介したものが五四であり、そのような方向を本来に含んでいたことによって、辛亥は明治維新とちがって真の革命であった。だから今日、私たち自身が五四をもとうとする方向、つまり明治維新を否定する方向においてでなければ、五四は理解できぬであろうし、五四を理解しようと努力することは、必然に私たちの精神の位置をあきらかにすることになるであろう。(「五四記念日について」)

五四運動は、清朝転覆のみに終わった辛亥革命の失敗を、内部から否定する形で起こった真なる革命の一環である。それゆえ、単なる政権交代に終わった日本の明治維新とも、根本的に異なっている。竹内はこのように論じ、戦後の日本がめざすべき指針を、五四運動に求めたのである。竹内は後年、西洋による世界の均質化に異を唱え、「方法としてのアジア」という概念をうちだした。「西欧的な優れた文化価値を、より大規模に実現するために、西洋をもう一度東洋によって包み直す、逆に西洋自身をこちらから変革する、この文化的な巻返し、あるいは価値の上の巻返しによって普遍性をつくり出す」。この独特な言い回しで示された「東洋」なるものについて、実のところ、竹内は何も語っていない。「実体」がないからこそ、「方法」としてのアジアとなるのだが、その歴史的事例としてふれられているのは、やはり五四運動であった。竹内は、アメリカの哲学者ジョン・デューイの説を引き合いに出しつつ、つぎのように語っていた。

日本の近代化の原点をかりに明治維新とすれば、一八六八年ですね。中国における近代化はいつからかというと、いろいろな説がありますが、仮に五・四運動とすれば一九一九年ですね。五十年違う。日本のほうがずっと早くて、中国はずっと遅い。なぜ時期が違うかということが一つ問題である。これは日本のほうが適応性があったということで説明できる。封建制を解体して、近代国家をつくる、近代文化を取り入れることに早く成功したわけです。ほかの国はそうでなくて、インドとか中国は植民地化される。これが一つ。しかし同時に、別の問題がある。その後に出て来る近代化の質についてです。日本の場合ですと、構造的なものを残して、その上にまばらに西洋文明が砂糖みたいに外をくるんでいる。中国はそうでなくて、デューイの考え方によれば、元の中国的なものは非常に強固で崩れない。だから近代化にすぐ適応できない。ところが一旦それが入って来ると、構造的なものをこわして、中から自発的な力を生み出す。そこに質的な差が生ずるということです。(「方法としてのアジア」)

「内発的」な五四運動と「外発的」な明治維新。ここでも、日中両国の近代化を比較する観点から、五四運動と明治維新がとりあげられ、前者の方がより徹底的で、自発的なものであったことが強調されている。

竹内の主眼は、日本の近代化が抱える問題の摘出《てきしゅつ》にあり、それを映しだす鏡として、五四運動が用いられたといえる。「方法としてのアジア」が提起されたのも、新日米安全保障条約の問題がくすぶりはじめた一九六〇年一月末のことであった。毛沢東の新民主主義論にひきつけていえば、「旧民主主義革命」であった明治維新しか経験していない日本に、五四運動に相当する「新民主主義革命」が必要であることを説いたのである。

「思想運動」としての五四運動

中国文学者であった竹内好は、魯迅の研究をライフワークとしていた。竹内の処女作は『魯迅』(1944)で、第二作が『世界文学はんどぶっく・魯迅』(1948)、第三作も『魯迅雑記』(1949)である。新文化運動の旗手であった魯迅にとりくんだ竹内が、その延長線上で五四運動に着目したのも何ら不思議ではない。だが、西洋と異なる近代化のあり方を見出し、さらに西洋近代へ対抗する原理をみいだすような竹内の五四運動像は、あまりに理想化されすぎていたといわざるをえない。

これに対し、本書では、「抗日」と「知日」が交錯する中国人の複雑な対日感情が、五四運動を通じ、形成されていった面に着目したい。とくに、五四運動で噴出した「抗日」意識は、中国人に国民的自覚をよびおこし、一つに結集させる強固なナショナル・アイデンティティとなった。本章のはじめで指摘した①自らの身勝手な価値観をおしつける冷酷な日本人、②その日本人にもねる中国人の裏切り者、③日本の不当極まりない行為に対し、奮然とたちあがる中国人の民衆、という「抗日」の三要素も、五四運動にその原形をみとめることができる。

このように、本書の五四運動に対する関心・評価は、竹内と異なるが、彼が日中両国近代化の起点として、早くより五四運動と明治維新に焦点をあて、対比的に論じたことは慧眼《けいがん》といえる。日本人にとって、明治維新は、現代社会の行く末を考える上で、絶えずふりかえられ、その評価が問い直される歴史的事件である。五四運動も同様に、中国人が社会の転換期に直面するごとにたちかえり、その歴史的意義をみつめ直す時代の画期となっている。実際、「はじめに」でも述べたように、今日の中国では、一般に五四運動をもって「近代」から「現代」へと時代が移り変わった転換点とみなされている。

また、竹内が五四運動の精神的な側面に、重きを置いていたことも重要である。政治から距離をとっていた新文化運動が、逆説的に徹底的な政治的変革をもたらした。その意味で、五四運動は「政治革命」というよりも、「精神革命」であったというのである。

この「精神革命」を導いたのが、新たな「知識人《インテリゲンツィア》」として台頭してきた学生であった。竹内は、五四運動で学生が主体となりえた要因を、こう分析していた。

中国革命の輝かしい第一章で、なぜ学生が先頭に立ちえたか。この問題は、中国革命の特殊性として内外のさまざまな条件から検討されなければならない。大ざっぱに見れば、清末以来の学制の改革（これは上からの革命の企図で行われた）と、長期にわたる啓蒙運動（文学革命とよばれる）によって、伝統文化にたいする批判力をもった、知的水準の高い学生群が大量にうまれ、それが弱体の民族資本に吸収されずに社会的にはみ出した結果、批判者の立場から当時まだ登場しないプロレタリアートに代って国民的意志を代弁しえた、ということができる。（「歴史を変えた学生たち」、傍点引用者）

旧来の科挙制度が見直しをせまられ、新たに採用された学制にもとづき、高等教育の裾野がひろがってゆく。そこで新文化運動の洗礼をうけた学生たちが、五四運動をひきおこしたというのである。

五四運動研究における先駆的著作である周策縦《ジョウ・ツェゾン》（Chow Tse-tsung）の『五四運動（*The May Fourth Movement*）』（1960）も、サブタイトルを「近代中国における思想革命（**intellectual revolution in modern China**）」としているように、五四運動が「思想革命」であったとみなしていた。新文化運動と五四運動については、それぞれ切り離して考えるべきだという見解もあるが、本書では、竹内や周策縦にならい、この両運動を一つの「思想運動（intellectual movement）」として考えてゆきたい。その担い手となった大学の学生・教員ら「知識人（intellectuals）」の成り立ちについても、竹内が指摘するように、清末以来の教育制度改革にまでさかのぼってみる必要がある。

ところで、興味ぶかいことに、中国の五四運動とちょうど同じ頃、日本でも大学の「知識人」

を中心とした「思想運動」、すなわち大正デモクラシー運動が展開されていた。吉野作造や福田《ふくだ》徳三《とくぞう》ら、大正デモクラシーのオピニオン・リーダーからなる啓蒙団体「黎明会《れいめいかい》」と、東京帝国大学の学生運動団体「新人会」が結成されたのは、いずれも一九一八年一二月のことであった。注目すべきは、この日中両国における「思想運動」が、密接に連動しあい、お互いを不可欠の一環としていたことである。五四運動と大正デモクラシーは、新たに登場した「知識人」による国家の枠組みを超えたトランスナショナルな「思想運動」であった。

中でも、日中両国の思想交流に大きな役割をはたしたのが、「はじめに」でもふれた吉野作造と李大釗である。北京大学図書館主任であった李は、学生たちからの信望も厚く、彼らが組織したさまざまな結社の後見人をつとめていた。そうした結社のうち、日本の新人会に類似したものとして「少年中国学会」がある。新人会のメンバーも、もともと吉野のもとに集ってきた学生らからなっていた。この新人会と少年中国学会が、吉野と李を通じ、五四運動で日中関係が険悪化する中、意思疎通をはかっていく。そこには、中国の「抗日」にどう向きあうべきか、我々が今なお参考とすべきヒントが隠されているように思われる。

日中両国を舞台とした「思想運動」としての五四運動。その五四運動がおりなした「抗日」と「知日」のドラマをこれから探ってゆくことにしたい。

「抗日」と「知日」

さて、ここまでとくにことわりなく、「抗日」と「知日」という語を用いてきたが、中国人の対日感情を表す用語としてはもちろん、この二つ以外にもさまざまなものがある。たとえば、「親日《チンリー》」。文字どおり、日本に親しみの感情をもつ者を意味している。この「親日」という二つの漢字からなる熟語は、「しんにち」の読みで日本語にも存在し、中国人に限らず、広く一般の外国人に対して肯定的な意味で用いられている。

ただ、中国語で「親日」というと、どこか否定的なイメージがつきまとう。とくに日中戦争中に、日本との和平をはかり、南京国民政府をうちたてた汪兆銘《ワン・ジャオミン》が、典型的な「親日派《チンリーパイ》」と目されており、中国を裏切った者を指す「漢奸《ハンジエン》」という言葉とともに、連想される場合が多い。

図版 1-11　日本のアニメ『ラブライブ！』のポスターの前で、ケーキを差しだし、土下座する中国のオタク

また、日本に好意的な印象をもつ者を表現する用語として、「哈日《ハーリー》」がある。これはもともと、台湾の漫画家である哈日杏子《ハーリー・シンズ》が、四コマ漫画『お早う!!　日本（早安!!　日本）』（1996）で使いはじめた造語である。『お早う!!　日本』の主人公は、作者の分身で、日本が好きでたまらないという「哈日症」にかかった「阿杏《アーシン》」。日本を好きなあまり、奇怪な行動にでてしまう阿杏を、コミカルなタッチで描いている。

この漫画がきっかけとなって、日本の漫画やアニメ、テレビゲームをはじめ、日本文化全般を愛好する者を表す「哈日族《ハーリーズー》」という語がうまれた。彼らは、日本の流行語にも敏感で、「オタク」を意味する「宅男《ジャイナン》」「宅女《ジャイニュー》」「御宅《ユージャイ》」や「腐女《フーニュー》」「萌《メン》（「好萌《ハオメン》（萌える）」と用いることが多い）」など、多くの日本起源の言葉を日常語としてとりいれている。自らが「哈日」であると自称する中国人の若者をよくみかける一方で、日本に心酔しきっているようなニュアンスも感じられる言葉である。（図版1－11）

さらに最近では、「精日《ジンリー》」という語も耳にするようになった。「精日」とは、「精神日本人《ジンシエンリーベンレン》」をつづめた略語である。日本を崇拝し、精神的に日本人に同化してしまっている中国人を指している。旧日本軍人のコスプレをおこない、愛国教育施設や戦争遺跡の前で、記念写真をとるなどした若者たちを非難する言葉として使われたのがはじまりである。そのため、まったく否定的な意味合いをおびている。二〇一八年三月、外交部部長の王毅《ワン・イー》が記者の質問に答え、「精日」を「中国人のクズ」だと切りすてたのも記憶に新しい。

他方、日本への反感を示す用語として、通常使用されているのは、「抗日」よりも「反日《ファンリー》」であろう。さきに論じた二一世紀の「抗日」デモについても、中国で一般に「反日遊行《ファンリーヨウシン》」「反日示威《ファンリーシーウェイ》」といった言葉が用いられている。「抗日」は、どちらかといえば過去、とくに日中戦争にねざした感情を表すのに使われるケースが多い。

このように複数の用語がある中で、なぜ「抗日」と「知日」なのか。それは、「抗日」と「知日」が一見、相対立するようで共存しうるものだからである。これが「反日」と「親日」、「反日」と「哈日」となると、まったく二項対立的な概念となり、同一人物のうちに存在しえないものとなってしまう。日本に「抗」するとともに、日本を「知」る。こうしたアンビバレントな中国人の対日感情は、五四運動により確立し、今日にまでいたっている。本書では、こうした観点から、「抗日」と「知日」をキーワードに、中国人の日本観をよみといてゆくことにする。

第二章

清末の教育改革と日本

きる。

転機としての日清戦争

五四運動の担い手は、北京大学を中心とする高等教育をうけた若い青年たちであった。彼らをうみだした近代中国の教育制度。その起点は、一八九四年に起こった日清戦争に求めることができる。

日清戦争は、中国にとって教育分野のみならず、国のあり方全体を考え直す大きな転機となった。東夷《とうい》の小さな島国である日本に敗れたことは、中国人に大きな衝撃をもたらしたのである。日清戦争の講和交渉で全権を委任され、日本にやってきた李鴻章《リー・ホンジャン》（1823–1901）。李は、その二〇年ほど前に森有礼《もりありのり》（1847–1889）と会談した際、衣服の洋装化までいとわない日本の「西洋かぶれ」をくさし、「独立の精神を棄て、ヨーロッパの支配をうけいれることを恥ずかしく思わないのか」と問いただしたといわれている。この会談では、森は西洋の学問が一〇〇パーセント有用であるのに比べ、中国の学問は三割しか役に立たないと指摘したようだ（「李鴻章与森有礼問答節略」）。李の発言は、これをうけての反論であったともとれるが、日清戦争の敗北でそうした考えを根本的に改めざるをえない状況にたちいたったのである。

李鴻章が一八九五年三月、日本の下関に到着して以降、講和に反対する上書《じょうしょ》が、清朝の官僚や挙人らより、朝廷へ続々と提出された。挙人は、科挙の第一段階である郷試《シャンシー》に合格した者で、いわば当時の教育体制におけるエリートの卵であった。ちょうどこの時期、挙人たちが次のステップである進士《ジンシー》となるべく会試《フイシー》をうけようと、試験会場の北京に集っていた。その彼らが下関条約締結のニュースを聞き、朝廷に連名で申し立てをおこなったのである。これを「公車上書《ゴンチエーシヤンシユー》」という。

一般に、この公車上書で知られているのが、康有為《カン・ヨウウエイ》（1858–1927）が梁啓超《リヤン・チーチヤオ》（1873–1929）とともに作成したものである。日清戦争後の教育改革は、この二人により先鞭がつけられ、基礎が形づくられたといっても過言ではない。

康有為は、広東省南海《ナンハイ》県（現在の仏山市）の出身。それにちなんで、「康南海」「南海先生」ともよばれている。康の祖父、父は地方官僚で、彼も科挙にうかるべく、幼少期から四書五経をはじめとした伝統的な教育をほどこされた。

康有為に転機がおとずれたのが、北京で郷試をうけた一八八二年のことである。あえなく不合格に終わった康は、その帰りに上海へたちより、そこで外国人の居住区域である租界の繁栄を目の当たりにした。これにより、西洋の制度・文化の優位性を認識するにいたったという。

一八八八年、ふたたび郷試受験で上京した康有為は、「旧法」にこだわらず、「変法《ビエンファ》」につとめるべしとする上書を朝廷に提出した。これが、康にとってはじめ

図版 2-1　康有為

図版 2-2 梁啓超

ての上書で、「上清帝第一書」といわれる。広東省にもどった康のもとには、その主張に共鳴した梁啓超らが集ってきた。康は一八九一年、「万木草堂《ワンムーツアオタン》」という学校を開き、彼らに変法を通じた救国を説くこととなる。

梁啓超の出身は、康有為と同じく広東省の新会茶坑《シンフイチャーカン》村（現在の江門《ジャンメン》市）である。中農の家に生まれた梁も、幼いころから科挙のための教育をうけていた。科挙の出世コースを順調に進み、一八八九年には、康より一足さきに挙人となっている（狭間直樹『梁啓超』）。

梁啓超が西洋へと目を開かされた場所も、上海であった。すなわち一八九〇年、北京での会試に落ちた梁は、帰りの上海で外国の翻訳書に接し、西洋の文化・制度に関心をいだくようになったのである。変法で名のしれた康有為のもとに弟子入りしたのも、自然な流れであった。

公車上書は、康有為が企てた二度目の上奏にあたり、「上清帝第二書」ともいう。実際のところ、これは第一書と同様に、光緒帝《グウアンシユーデイー》（1871–1908）のもとまで届かなかったが、ほどなく『公車上書記』として公刊され、大きな反響をよびおこした。『公車上書記』では、日本への領土の割譲や多額の賠償金をみとめた下関条約の内容を批判するとともに、国家の危機を救う方策として、信賞必罰、遷都、練兵、「変通新法《ビエントンシンファ》」がかかげられた。ここでいう「変通新法」とは、国を富ますための新たな施政であり、そこで強調されたのが「教民《ジヤオミン》」、すなわち一般大衆への教育であった。西洋が「富強」となった所以は、「炮械軍兵《パオシエジュンビン》（戦闘機器や軍隊）」でなく、「窮理勧学《チョンリーチュエンシュエ》（理を窮《きわ》め、学を勧めること）」にある。こうした考えのもと、康有為は、それまでの「武科」を廃して各地に「芸学」書院を開き、科学技術や語学を専門的に学ぶ学校を設置するよう唱えたのである。一九一九年の五四運動から、およそ四半世紀前の出来事であった。

科学技術・語学を教える教育機関自体は、『公車上書記』が出される以前にも、いわゆる洋務運動の一環で設立されていた。洋務運動は一八六〇年代以降、開明的な官僚らによりおしすすめられた欧化政策である。あくまで儒学を中心とした中国の学問を基礎としつつ、西洋の先進的な科学技術をとりいれてゆく。その科学技術を導入するにあたり、それをあつかえる人材の育成が急務とされたのである。

代表的な外国語学校としては、一八六二年に開学した北京の京師同文館、上海の広方言館（一八六三年設立）、広州同文館（一八六四年）が挙げられる。そこでは、語学のほかに、天文学や地理、数学、化学などの知識も教えられていた。また、造船や航海術を学ぶ海軍学校の福建船政学堂（一八六六年）や陸軍学校の天津武備学堂（一八八五年）、電報技術・業務を習得する天津の北洋電報学堂（一八八〇年）など、それぞれの分野に特化した専門学校も存在した。だが、梁啓超が『変法通議』（1896）で、「現在の同文館、広方言館、水師学堂、武備学堂、自強学堂、実学館の類で、優れた人材がえられないのはなぜか。技芸ばかりで、政教にふれることが少ない。その芸文なるものは、言語理解が浅く、兵学も末節で、その大局を追求せず、その根本を把握していない。たとえその道をきわめても、得るものはきわめて少ない」と嘆いたように、その教育レベルは高くなかった。「方言館」という言葉にみられるように、外国語はあくまで標準語である中国語の一「方言」とみなされていたのである。

　梁啓超は、これら従来の学校の問題点として、①科挙制度を改めておらず、就学する人材が乏しいこと、②師範学校がなく、教師がいないこと、③専門に分けられず、精密さに欠けること、の三点を挙げていた。とくに、②については、日本の実例をもとに、教師を養成する師範学校の重要性を強調している。日本では大学が創設される前に、師範学校が小学校とともに設置された。そして、小学校の生徒が中学校、大学へと進学するように、師範学校を出た小学校の教師を中学校、大学の教師へと昇進させていった。このように師範学校を立てれば、社会教育の基礎が定まるというのである。また、日本の尋常師範学校で教えられている科目についても、具体的な紹介がなされている。梁啓超は、こうした日本の経験にならい、中国各地に師範学校を設立することを主張したのであった。

　一八九六年六月、刑部左侍郎《シンブーズオシーラン》の李　端　棻《リー・ドゥアンフェン》が光緒帝に、「請推広学校摺」を奏上した。これは、李の寵愛《ちょうあい》をうけた梁啓超が起草したものといわれている。この請推広学校摺でも、旧来の教育機関が優れた人材をうみだせなかった問題点を挙げた上で、北京をはじめ各省、府、州、県にそれぞれ学校を設けることが提起されていた。その具体案はこうである（図表2－1）。

　府学校、州学校、県学校では、一二歳から二〇歳までの優秀な子弟を対象に、『四書』や『資《し》治《じ》通《つ》鑑《がん》』といった中国の古典・歴史書から、外国語、数学、天文、地理などの基礎知識を三年の期間で学習させる。その上の省学校は、二五歳以下を対象とし、より高度な内容を三年間で教授する。さらに、北京の京師《ジンシー》大学で、三〇歳以下の挙人らを選抜し、専門分野の知識を同じく三年間で身につけさせる。いわば、京師大学を頂点とした全国的な教育体制の確立をうったえたのである。一八九八年七月に創設された京師大学堂、のちの北京大学は、この請推広学校摺がルーツとなっている。

「才智ある民が多ければ国は強くなり、才智ある士が少なければ国は弱くなる」。『公車上書記』でこう記されていたように、康有為と梁啓超は、中国再生にあたって何よりも「才智《ツァイジー》」の育成を重んじていた。こうして日清戦争の敗北を機に、彼らが中心となり教育改革が唱えられたのである。

図表2-1 「請推広学校摺」で示された学校制度案

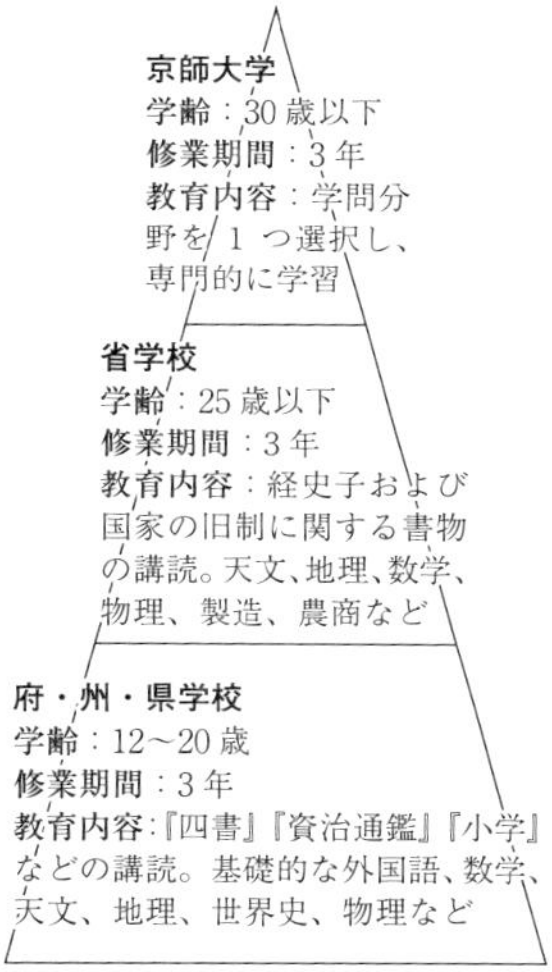
京師大学
学齢：30歳以下
修業期間：3年
教育内容：学問分野を1つ選択し、専門的に学習
省学校
学齢：25歳以下
修業期間：3年
教育内容：経史子および国家の旧制に関する書物の講読。天文、地理、数学、物理、製造、農商など
府・州・県学校
学齢：12〜20歳
修業期間：3年
教育内容：『四書』『資治通鑑』『小学』などの講読。基礎的な外国語、数学、天文、地理、世界史、物理など

（筆者作成）

中国訳された『日本の教育』

日清戦争前における中国の新式教育を考える上で、欧米からきた宣教師たちの存在を無視することができない。アヘン戦争で結ばれた一八四二年の南京条約により、香港がイギ

リスに割譲《かつじょう》され、広州、アモイ、福州、寧波《ニンボウ》、上海の五港が開かれると、ポルトガルの勢力下におかれたマカオを含めたこれらの地域に、教会学校が設立された。この教会学校では、中国語のほか、英語、数学、天文、地理などの授業がおこなわれていた。その数は一八六〇年までに五〇校におよび、一〇〇〇人以上の学生が在籍していたという（熊月之『西学東漸与晩清社会』）。

京師同文館でも、総税務司であったイギリス人のロバート・ハート（中国名は赫徳《ヘーデー》）が人事・運営を掌握する監察官となった。税務司とは、中国の税関業務を担った外国人の官職である。その長である総税務司には、ハートが四〇年以上にわたり在任した。ハートは、税関だけでなく、教育や外交など中国の行政全般に、絶大な影響力を行使したのである。

京師同文館ではまた、アメリカ人宣教師のウィリアム・マーティン（丁韙良《ディンウェイリヤン》）が、二〇年以上教育の長たる「総教習」をつとめるなど、多くの欧米人が関与していた。マーティンは、日本に伝わり、大きな影響をおよぼした国際法の解説書である『万国公法』の漢訳をてがけたことで知られている。同じく京師同文館で英語を教えていたイギリス人宣教師のジョン・フライヤー（傅蘭雅《フーランヤー》）は、一八七六年に科学技術を教える学校である格致書院を上海に創設した。さらに、ジョン・アレン（林楽知《リン・レージー》、1836–1907）も一八八一年、上海で中西書院を開学し、院長として中国人の教育にあたっていた。

ジョン・アレンは、アメリカのジョージア州出身である。幼くして両親を亡くし、キリスト教に救いを求めた。地元の大学を卒業したアレンは、アメリカ南メソジスト監督教会の宣教師として一八六〇年、上海に赴任した。一八六四年に半年間、および一八六七年から一八八一年まで、上海広方言館で英語教師をつとめた。その間、一八七〇年に上海広方言館が江南機器製造総局内に移設されると、同じ施設内にあった翻訳館でも仕事をこなした。この約一五年におよぶ教育経験をもとに、中西書院の院長として独立をはたしたのである。

アレンは中西書院での活動のほか、翻訳・執筆業にもひきつづき積極的にたずさわった。一八八七年に設立された出版社の広学会（元の名は同文書会）からは、アレンが編集した著作が一〇冊あまり出版されている。その中で、もっとも大きな反響をよんだのが、一八九六年四月に公刊された『中東戦紀本末《ジョンドンジャンジーベンモー》』である（図版2―4）。ここでいう「中東」とは「中国と日本」を意味しており、「中東戦紀」は日清戦争のことにほかならない。

図版 2–3　ジョン・アレン

『中東戦紀本末』では、上奏文や電報、条約文書など、日清戦争にまつわるさまざまな資料が翻訳・紹介されるとともに、アレンとその助手をつとめた蔡爾康《ツァイ・エーカン》の論説が収録されていた。なぜ大国の中国が、「東海の一黒子」にすぎない日本に敗北を喫したのか。その理由として、アレンは日中両国にみられる「西学」、すなわち西洋の学問に対する姿勢の違いを挙げている。ほんの三〇年前までは、欧米人の目からみて、中国と日本の社

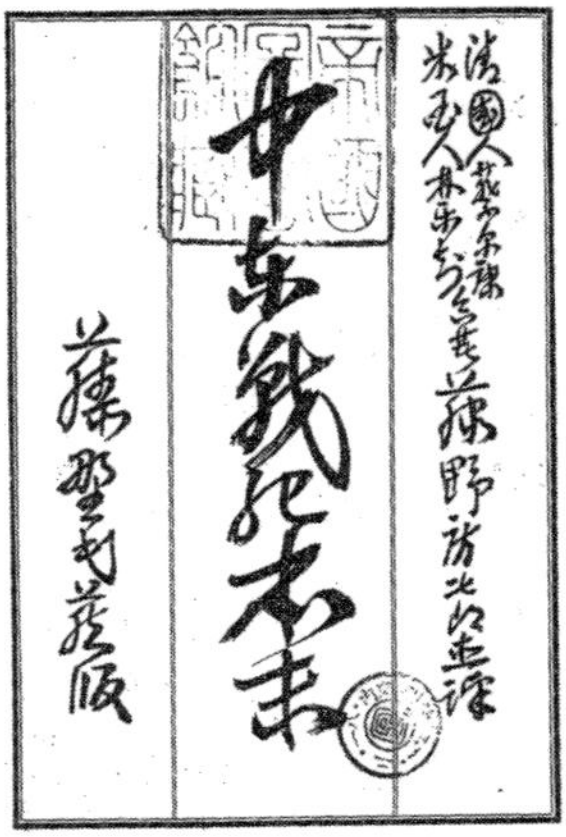

図版 2-4『中東戦紀本末』は、すぐに日本語へと翻訳された。写真は、その日本語訳版（1898）の扉

会状況にほとんど差がなかった。だが、日本はその後、多くの優秀な若者を欧米へと留学させ、帰国後は貴重な人材として、政府の要職につかせている。他方、中国も同じ時期、児童をアメリカ留学へと送りだしたものの、すぐに中止してしまい、学業を修めて帰国した者は不遇なあつかいをうけている。

日本はまた、留学経験者が教師となって、小学校から大学、さらには女子教育にいたるまで、「西学」を教える体制を全国にくまなく整備した。これに対し、中国人は主体的に「西学」教育にとりくもうとせず、アレンが創設した中西書院をはじめ、外国人により運営されている学校にもっぱらゆだねている。日本と比べ、こうした中国の「西学」に対する消極的な態度の奥底には、「外夷」の西洋から学ぶことは恥であるという意識がひそんでいるというのである。

中国は日本をみならい、考え方を根本的に改めなければならない。アレンは、日清戦争の勝敗を分けた要因を、こう結論づけていた。

中国が日本に敗れたのは、器械が劣っていたからでなく、文武や道徳が修まっていなかったからである。このたび勝敗が決し、強弱が明らかとなった。およそ国の衰退は、道徳が修まらないことからはじまる。そして、その道徳がよく修まるためには、学問の精進からはじめなければならない。中国人の学問はおおよそ、古いものを守り、新しいものを求めようとしない。その結果、その古いものまでも失ってしまうのである。

この引用文で用いられている「道徳」とは、「報国の心」を意味している。いわばナショナリズムである。アレンは、新たな知識を求めると同時に、ナショナリズムをつちかうような学問の必要性を説いたのである。

図版 2-5　森有礼

『中東戦紀本末』は、初版三〇〇〇部がまたたく間に完売し、光緒帝や李鴻章から高い評価を獲得した。これをうけ、アレンは一八九七年二月、『中東戦紀本末』の続編を出版した。この続編も、日清戦争関連の資料、およびアレン自身をふくめた中国内外識者の論説から構成されている。ここで注目したいのが、その巻末に『文学興国策《ウエンシュエシングオツエ》』が付録として掲載されていた点である。これは、日本の初代文部大臣となった森有礼が一八七三年、ニューヨークの出版社から出した『日本の教育(*Education in Japan*)』の中国語訳であった。

『文学興国策』の「文学」とは、今日我々が用いる「文学」よりも幅広く、学問全体を指している。このタイトルからは、『日本の教育』が学問により国を興す策が記されているとうけとめられたことが読みとれよう。その内容は、ワシントンで外交官をつとめていた森が、日本の教育方針について、アメリカの有識者一三名と交わした往復書簡集となっている。

アレンは『文学興国策』の序で、これを翻訳した理由をつぎのように語っていた。

学問の旧《ふる》い方式を変え、愚昧《ぐまい》な人心を啓蒙し、富強な国勢にしたいというのが、この『文学興国策』を翻訳した理由である。古今の時変を広く見渡し、万国の盛衰をながめてみて、日本が西洋の方式を尊んだことをたたえたい。その変化は純全で、効果も早く、じつに天下古今におよぶものがないほどである。日本は東方の僻地《へきち》にあり、もともと海に浮かぶ島国にすぎなかった。それが開国以来、政権を改め、学問を振興し、人々の生活を日々向上させ、財物を日々豊かにし、国勢を日々強めてゆき、ほとんど欧米の諸大国と肩を並べている。どうして道理なしに、このようなことを達成できようか。

日本では、『文学興国策』の提言にもとづき、新しい学問の導入が積極的にはかられた。中国における学問の刷新を唱えたアレンは、自らの主張を補強するものとして、森有礼の『日本の教育』を翻訳したのである。

森有礼の中国観

ここで、『日本の教育』の内容について簡単にみてゆきたい。

一八七二年二月、森有礼はアメリカの有識者たちに宛て、日本の教育方針についての質問状を送った。質問状では、森が任務の一つとして、日本の教育問題にとりくむよう命ぜられたことが記されている。そして、日本の知的、道徳的、身体的状況を向上させるために、教育が国家の①物質的な繁栄、②商業、③農業・工業上の諸利益、④国民の社会的、道徳的、身体的状況、⑤法律と政治、へと与える影響についての助言が求められた。実際、この質問状への回答は、そのつど日本政府へと報告され、一八七二年八月に発布された学制を制定する際の参考資料となっている（尾形裕康『学制実施経緯の研究』）。

森有礼の質問状に対し、ハーバード大学学長のC・W・エリオットや、のちに第二〇代大統領となったJ・A・ガーフィールド下院議員をはじめ、一三名から回答が寄せられた。いずれも教育の重要性を説き、その多くでキリスト教を中心とした宗教教育の充実が提唱されている。また、商業が個人を相互に結びつける役割をはたすことが指摘される一方で、不健全な競争が生じるのを防ぐために、道徳教育の必要性が唱えられていた。とくに、ラトガース大学教授のD・マレーは、日本がヨーロッパ大陸とアメリカ東海岸の間に位置するイギリスのように、太平洋の要所を占め、水上のどこからでもアクセスできる島国の利点を有しており、適切な教育をおこなえば、東洋の一大貿易国家（the great commercial nation of the East）になれるとコメントしていた。

これらの往復書簡を一つにまとめた『日本の教育』には、森による序文が付されている。マレーらが指摘する商業にとっての地の利を活かすために、日本はどうすればよいのか。森はそこで、驚くべきことに、将来日本語の使用を廃止し、英語を採用することを主張したのである。

英語を話す民族の商業力（the commercial power）は、今や世界を支配し、我々は彼らの商業的慣習に関する相当の知識を身につけるようせまられている。こうして、英語を習得する絶対的必要性が、我々にのしかかってくる。それは、国際社会で我々が独立を維持するために必要である。この環境の下で、我々の貧弱な言語は、国外でけっして用いられず、なかんずく蒸気や電気の力が国内に行き渡ってしまえば、英語の支配に委ねられることが運命づけられている。

貧弱な日本語を用いては、商業国家として生きのこってゆくことができず、英語の採用が不可避である。この突飛といえる英語採用論に対しては、手紙を送ったイェール大学教授のW・D・ホイットニーが、多くの国民に新しい言語を学ぶ余裕などなく、いたずらに社会の二極化をまねきかねないとして、疑問をなげかけていた。

森の英語採用論は、馬場《ばば》辰猪《たつい》や福沢諭吉からも非現実であると批判をうけた（拙稿『近代日本の社会科学と東アジア』)。だが、当時の森はいたって真面目だったようである。実際、アメリカでの任務を終え、一八七三年七月に帰国した森は、さっそく東京会議所へ商業教育の必要性を働きかけ、商業学校設立願を東京府知事宛に上申させている。こうして一八七五年九月には、森の私立学校として商法講習所が銀座に開学した(図版2-6)。日本で最初の商業学校であり、今日の一橋大学の前身にあたる。そのカリキュラムは、森の主張を反映する形で、英語と実践教育に重点がおかれていた(三好信浩『日本商業教育成立史の研究』)。

このように英語圏の商人に対抗しようと、大胆な提言をおこなった森の認識には、興味深いことに、特命全権公使として中国へと渡った一八七五年一一月以降、大きな変化がみとめられる。森は中国滞在中、自らの目で現地の実情をつぶさに観察したであろう。本章のはじめでとりあげた李鴻章との会談も、この時期におこなわれたものである。

図版 2-6　商法講習所跡(筆者撮影)

森は一八八四年二月、つぎの赴任先であったイギリスを去る際、ベトナム領有をめぐる清仏の対立にふれ、フランスがたとえ軍事的に制圧しても、商業面では中国人に圧倒されるであろうと語っていた。軍事的な戦争は一時的にすぎないのに対し、商業上の争いは不断で激烈である。ヨーロッパ人主導の商業交渉に甘んじていた中国人が、しだいに西洋的方法の極意(the secret of the Western methods）を習得し、凌駕《りょうが》するにいたったのは、極東アジアで進行中の偉大な革命（a great revolution that is in progress in far Eastern Asia）にほかならないというのである（「英京退去に際し会見筆記」）。

森はさらに、一八八五年四月に大阪商法会議所でおこなった講演でも、アメリカにならって商業学校を設立する必要性を説く一方、中国の商人が日本商人よりも、はるかに勝っていることに、こう注意をうながしていた。

日本商人は支那商人に比すれば、無論商法上取組の出来兼《できか》ねる商人にして、動《やや》もすれば彼等の銃丸《じゅうがん》に中《あ》てらるるなり、残念千万《せんばん》の至りと謂《い》うべし。然《しか》るに兎角《とかく》我国の商人は支那と云えば、之を馬鹿にし軽蔑《けいべつ》するの傾きあれども、少しく実際を考え見れば、畢竟《ひっきょう》彼等に馬鹿にされ軽蔑さるるなり。元来我国商人の弊《へい》は欧米の商人を鬼神《きしん》視して其《その》一挙手一投足も何となく薄気味悪きの感を為し、偶々《たまたま》内地雑居の話を耳にするときは惴々焉《ずいずいえん》として危ぶむの輩《やから》少からず。惑《まど》えるも亦甚《またはなはだ》し。実際欧米の商人は正面的に商法上の軍略を為《な》すものにして左《さ》のみ畏怖《いふ》するに及ばざるなり。寧《むしろ》畏怖すべきは夫《そ》れ彼の支那商人乎《か》。（「商業教育の必要性に関する演説」）

日本にとって真に恐るべきは、中国人商人である。欧米商人ばかりを崇めるのは誤りであるという指摘は、かつての自己批判ともうけとれよう。

近年のアジア経済史研究では、日本の商業活動が幕末開港後、東アジア市場で中国人商人と激しく競合したことが指摘されている。とくに、日本の対アジア貿易が拡大した一八八〇年代には、勢力を増す中国人商人にどう対抗してゆくかが大きな課題となっていた（籠谷直人『アジア国際通商秩序と近代日本』）。この引用文にみられる森の危機感も、こうした現実を反映したものと考えられる。

このように、李鴻章との会談で中国の学問を見下すような発言をした森は、のちに中国の実情をつぶさに観察し、その商業的能力を高く評価していた。教育を通じ、中国商人に対抗できるような人材を育成しなければならない。そう唱えるようになった森が日本を商業国家にみちびこうと著したのが、『日本の教育』であった。興味深いことに、この『日本の教育』が日清戦争後、まったく思いもよらない形で、中国が教育改革をすすめるにあたってのモデルとして、中国語へと翻訳されたのである。

戊戌変法への道

さて、公車上書をおこなった際の会試で、進士に合格した康有為は、土木・建設などをつかさどる工部主事に就任した。西洋が「富強」となった所以は、「炮械軍兵」でなく、「窮理勧学」にある。康はふたたび、公車上書と同様の主張を記した上奏文を提出し、変法の必要性をうったえ

図版 2–7　北京強学会の旧跡

た。これが「上清帝第三書」である。

三度目の正直というべきか、この上清帝第三書が、政務を監察する都察院《ドゥーチャーユエン》を通じ、はじめて光緒帝のもとへと届けられた。これを読んだ光緒帝は、その抜き書きの作成を命じ、それを各省の地方長官である督撫《ドゥーフー》に配布しており、康の主張に大きな関心をいだいたことが分かる。

康有為はまた、自らの主張を広く知らしめようと、一八九五年八月に『万国公法《ワングオゴンバオ》』（一二月に名称を『中外紀聞《ジョンワイジーウエン》』と変更）を創刊した。これにともない、出版や図書館・博物館の開設を通じ、「中国自強の学」の普及をかかげた強学会《チャンシユエフイ》という結社が、北京で結成された（図版２－７）。まもなく上海にも分会が組織され、機関誌『強学報《チャンシユエバオ》』が新たに刊行されている。数十名にのぼる強学会の会員には、康や梁啓超のほか、若き袁世凱《ユエン・シーカイ》（1859–1916）も名を連ねている。光緒帝の師をつとめた翁同龢《ウエン・トンヘー》（1830–1904）、両江総督兼南洋大臣の劉坤一《リュー・クンイー》（1830–1902）や湖広総督の張之洞《ジャン・ジードン》（1837–1909）、広学会の総幹事であったティモシー・リチャード（李提摩太《リーティーモータイ》）も、強学会に理解を示し、支援をおこなっていた。

強学会の活動自体は短く、社会秩序を乱すとの弾劾《だんがい》をうけ、一八九六年一月に解散をよぎなくされた。これに対し、強学会を支持していた高官らにより、その事業をうけつぐべく官書局《グウアンシュージュー》が設置された。また、わずか三号で廃刊した『強学報』の後をうける形で、梁啓超が主筆をつとめる旬刊《じゅんかん》雑誌『時務報《シーウーバオ》』が創刊された。さきにとりあげた梁の『変法通議』も、もともと『時務報』で連載された論説をまとめたものである。変法を旗印にかかげた『時務報』は、世間の好評をはくし、当初四〇〇〇部前後であった発行部数も、最大で一万七〇〇〇部にまで増加している（坂元ひろ子『中国近代の思想文化史』）。

「日本は地勢的に我々に近く、政治・風俗も我々と同じで、期待される効果はもっとも速い。その条理をきめ細かに採用すれば、はなはだ容易に事が進むであろう」。——一八九七年末から一八九八年初にかけて提出した「上清帝第五書」と「上清帝第六書（請大誓臣工、開制度新政局摺）」において、康有為はこの同一の文句を用い、日本の明治維新をモデルとした変法をおこなうことを主張した。その見習うべき明治維新について、新政府が成立した明治元（一八六八）年から、第一回帝国議会が開かれた明治二三（一八九〇）年まで、時系列に起こった出来事をくわしく記したのが、『日本変政考《リーベンビエンジエンカオ》』である。これも康が数年来、収集・翻訳した著作として、光緒帝に進呈されている。

図版 2-8　光緒帝

『日本変政考』では、明治政府が一八七二年八月に公布した最初の教育法令である学制について、多くのページを割《さ》き、説明している。「学問は身を立《たつ》るの財本ともいうべきものにして、人たるもの誰が学ばずして可《か》ならんや」と、学問の必要性をうたった「学制序文（被仰出書《おおせいだされしよ》）」が全訳されるとともに、日本全国を学区に区分し、それぞれに定められた数の小学校、中学校、大学校を設置することや、男女を問わず六歳以上の者の就学義務をさだめた学制の内容がくわしく紹介されていた（『日本変政考』巻五）。実のところ、この学制に関する箇所には種本があり、黄遵憲《ファン・ズンシエン》（1848–1905）が著した『日本国志《リーベングオジー》』の巻三十二「西学」や巻三十三「学制」の記述と、きわめてよく似ている（汪婉『清末中国対日教育視察の研究』）。『日本国志』は、外交官として約四年間、日本に滞在した黄遵憲の経験をもとに、書かれたもので、中国人による初の本格的な明治維新論である。中国も日本の明治維新のように、変法自強につとめなければならない。そう考えた黄は、一八八七年に書き終えた『日本国志』の写しを、外交をつかさどる総理衙門《ゾンリーヤーメン》と李鴻章、張之洞にそれぞれ送った。しかし、黄が期待したような反応はえられなかった。その後、一八九〇年初に木版で印刷されたものの、刊行までにいたらず、ようやく陽《ひ》の目をみたのが、日清戦争後の一八九五年のことであった（山室信一『思想課題としてのアジア』）。

　黄遵憲の『日本国志』について、康有為は「我が国民の耳をそばだてさせた。その意図するところはきわめて深い」と手放しでほめており、大きな感化をうけたことがうかがえる（「黄遵憲『日本雑事詩』序」）。黄は、強学会の会員でもあり、『時務報』の創刊・運営に助力していた。一八九七年一〇月、教育改革を実践すべく、湖南の長沙に新式の学校である時務学堂が創設された際、梁啓超を長である「総教習」に推薦したのも、黄である。

『日本国志』は、康有為ら維新派の志士のみならず、光緒帝にも愛読された。康の「上清帝第六書」をうけとった光緒帝は、『日本変政考』も読んでおり、明治維新への関心を大いにかきたてられたであろう。康はさらに、新政をおこなうにあたり、明治天皇が示した五箇条《ごかじょう》の御誓文《ごせいもん》のように、国是を定めることを光緒帝に求めていた。

これをうけ、光緒帝は一八九八年六月一一日、「国是を明確に定める」という詔書《しょうしょ》（明定国是詔）を下した。いわゆる戊戌変法《ウーシュービエンファ》のはじまりである。当時、光緒帝の年齢は二六歳。わずか三歳で即位した光緒帝には、摂政である垂簾聴政《チュイリエンティンジエン》が布かれ、伯母である西太后が実権をにぎっていた。一六歳となった一八八七年に政権を委譲されたものの、西太后が訓政《くんせい》をおこない、依然として最高権力を保持した。一八八九年、西太后の姪《めい》と結婚した光緒帝が親政を宣言した後も、西太后は大権に干渉しつづけた。そうした中で、光緒帝が国是を明示したことは、西太后のくびきを脱し、自らが国政を担うという確固たる決意の表れであったといえる（戴鞍鋼『晩清史』）。

この詔書で注目されるのは、何よりも早急におこなうべき施策として、京師大学堂の創設が挙げられていた点である。これは、さきに紹介した「請推広学校摺」における京師大学の設立案を具体化したものにほかならない。京師大学堂での勉学を希望する者には、ひとしく入学をみとめる。因習や私情にとらわれず、人材を輩出し、困難をのりこえることがめざされたのである。

挫折した戊戌変法

戊戌変法の戊戌とは、一八九八年の干支《かんし》にあたる。六月一一日にはじまった戊戌変法は、その年の九月二一日に終焉をむかえたため、百日維新ともよばれる（当時中国で用いられていた旧暦では、四月二三日から八月六日まで）。この一〇三日という短い間に、

図版2-9　譚嗣同

光緒帝が下した勅諭は、二三〇件あまりにのぼる（秦国経『明清檔案学』）。戊戌変法を主導したのが、総理衙門の実務をになう章京《ジャンジン》に任命された康有為であり、その弟子である梁啓超や譚嗣同《タン・シートン》（1865–1898）らであった。

譚嗣同は、北京生まれ。父は官僚で、譚もご多分にもれず、幼少期より四書五経などの典籍を学び、文章の才覚をあらわした。ただ、科挙に求められる特殊な文体である八股文《バーグーウエン》には、拒否感を示し、郷試に落ちつづけた。

各地を回り、民衆の窮状に心を痛めていた譚嗣同にとって、日清戦争敗北は変法の必要性を確信させるものであった。一八九七年に書きあげた『仁学《レンシユエ》』では、君主制を痛烈に批判している。その翌年三月、譚は黄遵憲らの要請をうけ、祖先の出身地である湖南省に赴き、時務学堂で働きはじめた。ほどなくして戊戌変法がはじまると、それに加わろうと、北京へとはせ参じたのであ

る。
戊戌変法の対象は、政治、経済、文教、軍事と各方面におよび、国家の成り立ちそのものを根底から改革しようとする試みであった。このうち、教育改革に着目すると、何といっても目玉は、詔書にもあった京師大学堂の創設である。一八九八年七月三日、改めて京師大学堂を開設する詔書が下され、その法規である「京師大学堂章程」が示された。これは、梁啓超が日本の学校制度などを参考に起草したものであった。

京師大学堂章程は、全八章五四節からなり、第一章第一、第二節で京師大学堂が各省の模範となり、その学堂を統括し、法規やカリキュラムを定めることが明記されていた。いわば、全国の教育機関を管轄する、今日でいう日本の文部科学省のような役割も期待されたのである。つづく第二章以下では、中国伝統の学問である「中学」と「西学」をくみあわせたカリキュラム構成や入学・就学規則、教師の雇用、役職、給与などの諸経費が定められていた。

この京師大学堂章程にもとづき、京師大学堂の長である管学大臣《グワンシュエダーチエン》に、強学会の後継組織である官書局をきりもりした孫家鼐《スン・ジャーナイ》が任命された。また、総教習には、海外経験が豊富な工部左侍郎の許景澄《シュー・ジンチエン》が就任した。さらに、京師同文館の総教習であったウィリアム・マーティンが、洋学総教習として招聘されている。既存の教育関連組織を統合する形で、中央教育行政機関・最高学府の設立がはかられたのである。

京師大学堂開設につづき、康有為は各省にある書院を中学堂に、村の神社を小学堂に変え、六歳になった子供をみな就学させるべしとする上奏文を提出した（「請改直省書院為中学堂、郷邑淫祠為小学堂、令小民六歳皆入学摺」）。これは、康が『日本変政考』で紹介した日本の学制を、そのまま中国へと移植しようとするものであった。これにかかる費用はどう捻出するか。康は、各省の督撫が接待などで用いている遊興費や、行政機関にみられる無駄な経費を精査し、削減につとめるとともに、篤志家《とくしか》に広く募金をつのることを提案した。教育面ではほかに、科挙制度の改革、海外への留学生派遣、外国書籍を翻訳する訳書局の設立といった諸政策が、つぎつぎとうちだされている。

「ヨーロッパは三〇〇年の変法で強くなり、日本は三〇年の変法で強くなった。我が中国の偉大な民衆が、大変法をおこなえれば、三年で強くなるだろう」。上奏文の中で、康有為は変法運動の行く末に、こう楽観的な見通しを語っていた。だからこそ、準備期間や根回しもなく、やつぎばやに改革案をうちだしたのであろう。だが、あまりに性急で、ラディカルなやり方は、朝廷内における守旧派の不満をかきたてた。とくに、無駄な官職を削減する措置は、今日でもそうであるが、そのポストに利害関係をもつ者らの大きな反発をまねいた。強学会以来、康らがかかげた変法の考えに理解を示していた劉坤一や張之洞らも、戊戌変法を支持せず、傍観あるいは反対の立場をとったのである。

こうした状況に対し、戊戌変法に反感をもった勢力を結集させるシンボルとなったのが、頤和園《イーフーユエン》に退居していた西太后であった。西太后自身も戊戌変法直後、康有為と光緒帝の橋渡しをした翁同龢を罷免したり、康を批判していた栄禄《ロン・ルー》（1836–1903）を直隷総督兼北洋大臣に就任させたりするなど、光緒帝の動きを強く牽制《けんせい》していた。その西太后に、御使の楊崇伊《ヤン・チョンイー》がふたたび訓政をおこなうよう密奏したのが、一八九八年九月一八日のことである。

風雲急を告げる中、維新派グループも機先を制そうと行動をおこす。楊崇伊の密奏と同じ日、譚嗣同が意を決し、光緒帝に謁見《えっけん》するため北京に滞在していた袁世凱のもとへかけつけた。かつて強学会のメンバーであった袁は当時、直隷按察使として、天津で陸軍を統率・教練していた。これは新建陸軍《シンジエンルージュン》とよばれ、国内外から高い評価があたえられていた。譚嗣同は袁に、天津にもどって栄禄の軍事権を奪い、北京に進軍することを要請した。そして、袁に頤和園を包囲してもらい、湖南からの決死隊が突入し、西太后を殺害する計画をもちかけたのである。

図版 2–10　西太后

これを聞いた袁世凱は、驚きながらもその任務に応じたとされる。譚嗣同は大いに喜び、その場を後にした。だが、袁はそれから思い直し、二〇日に光緒帝への謁見をすませると、すぐに天津へ戻り、譚からうちあけられた謀略を栄禄につたえた（岡本隆司『袁世凱』）。栄禄からそれを知った西太后は、すでに準備の整っていたクーデター計画を、前倒しで実施することを決意した。すなわち、明くる二一日の早朝、光緒帝の身柄を拘束するとともに、維新派の殺害を命じ、訓政の復活を宣言したのである。

光緒帝は、紫禁城（故宮）わきの南海に浮かぶ瀛台《インタイ》という小島に幽閉された。また、譚嗣同をはじめとする維新派六名が捕らえられ、抗弁の余地なく処刑された。譚は、逃亡する機会があったにもかかわらず、流血なくして変法はなしとげられないとの考えから、あえて犠牲になったといわれる。康有為は、イギリスの援助をうけつつ、香港経由で日本へと亡命した。梁啓超も北京の日本公使館へとかけこみ、天津から手配された軍艦に乗り、日本へと逃れた。こうして、西太后が発動した戊戌政変により、戊戌変法はあっけなく挫折したのである。

張之洞と光緒新政

戊戌変法前、新式教育の導入がさかんであった地域に、湖北省の武昌《ウーチャン》がある。一八九〇年代以降の新たな教育施設だけでも、一八九〇年に設立された両湖書院、湖北方言商務学堂（一八九一年開学）、湖北算術学堂（一八九一年）、湖北自強学堂（一八九三年）、湖北武備学堂（一八九六年）、湖北農務学堂（一八九八年）、湖北工芸学堂（一八九八年）があり、その名称からうかがえるように、実にさまざまな分野にわたっている。これらはいずれも、張之洞が湖北・湖南を治める湖広総督の時期に設立されたものであった。

張之洞の生まれは貴州省の貴陽《グイヤン》とされる。幼いころより頭角をあらわし、一六歳でうけた北京での郷試（順天郷試）で、第一位（解元《ジエユエン》）となった。その後、父親が亡くなるなどの不幸にみまわれたが、それでも二六歳の時に殿試で第三位（探花《タンフア》）となっている。

出世街道を着実にすすんだ張之洞は一八八四年、山西巡撫から湖広総督へと昇格をはたした。ベトナムの領有をめぐり、フランスとの間でおこった清仏戦争（一八八三－八五）でも功績を残している。また、以前より西洋の科学技術・制度に関心をよせていた張は、自らが治める地域で、積極的にそれらの導入をはかり、殖産興業をおしすすめていったのである（岡本隆司『近代中国史』）。

図版 2-11　張之洞

戊戌変法最中の一八九八年七月、張之洞が著した『勧学篇《チユエンシユエピエン》』が光緒帝に進呈された。このタイトルを日本語に訳せば、「学問のすすめ」となろう。中国の学問を根本とし、西洋の学問を応用するいわゆる「中体西用」論の主唱者として知られる張之洞。張は『勧学篇』で、その「中体西用」論の立場から、中国の学問ばかり固守して西洋の学問を排斥したり、それとは反対に西洋学問のみを追い求めて中国学問を顧みなかったりする一方に偏った「邪説」を批判した。この「邪説」には、張が支持しなかった戊戌変法も含まれており、それに代わる教育改革を示すねらいがあったと考えられる。

他方で、『勧学篇』を読んだ光緒帝が、「その議論は、公平で道理をわきまえており、学術や人心

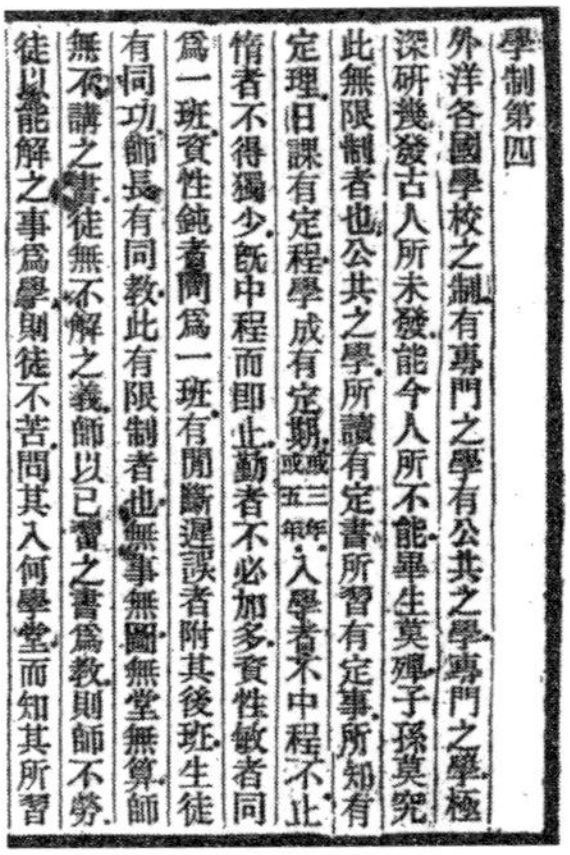
學制第四
外洋各國學校之制有專門之學有公共之學專門之學極深研幾發古人所未發能今人所不能畢生莫殫子孫莫究此無限制者也公共之學所讀有定書所習有定事所知有定理日課有定程學成有定期（或三年或五年）入學者不中程不止惰者不得獨少既中程而即止勤者不必加多資性敏者同爲一班資性鈍者同爲一班有間斷遲誤者附其後班生徒有同功師長有同教此有限制者也無事無圖無堂無算師無不講之書徒無不解之義師以已習之書爲教則師不勞徒以已能解之事爲學則徒不苦問其入何學堂而知其所習

図版 2-12 『勧学篇』の「学制第四」

に大いに利益がある」と高く評価し、各省の督撫や教育を管轄する「学政《シユエジエン》」に配付を命じたように、改革の方向性は戊戌変法と大筋で一致していた。たとえば、『勧学篇』外篇「学制第四」では、さきに紹介した康有為の上奏文と同じく、小学を数万区、中学を数千区、大学を百数区と、全国を学区に区分することが唱えられていた（図版2－12）。

また、康有為は戊戌変法にさきだち、幕末維新期の日本をみならい、優秀な人材を海外に留学させることを提起した。その留学先としては西洋よりも、政治・風俗・文字が同じで学びやすく、近くて費用も安くすむ日本が推奨されている（「請議遊学日本章程片」）。これに対し、張之洞も『勧学篇』外篇「遊学第二」で、日本の経験をあげつつ、一年間の留学が西洋の書物を五年間読むことに勝ると主張した。留学先はやはり、康と同様の理由から、「西洋」よりも「東洋」、すなわち日本が挙げられている。

実際、張之洞は一八九九年一月、二〇名の留学生を湖北省から日本へと送りこんだ。このうち、一〇名が湖北武備学堂の学生、九名が両湖書院の学生、そして残る一名が張の孫であった。張はその後も、積極的に留学生を派遣しており、一九〇六年時点で全中国人日本留学生のうち、湖北省からの者が約四分一を占めたともいわれている（陳青之『中国教育史』）。中国人の日本留学については、第三章で改めてとりあげたい。

　挫折におわった戊戌変法の教育改革のうち、政変後もうけつがれた唯一のものといえるのが、京師大学堂である。孫家鼐がひきつづき管学大臣をつとめ、一八九八年一二月に開学へとこぎつけた。だが、校舎もまだ、まともにできあがっておらず、学生は開学前に五〇〇名を選抜しながら、一六〇名しか入学しなかった。カリキュラムも、学生を「詩経」「書経」「易経《えききょう》」「礼記《らいき》」「春秋」のクラスに分けるなど、梁啓超が「京師大学堂章程」でえがいた構想と大きくかけはなれたものであった。

　ともあれ、中国の最高学府としてスタートした京師大学堂であるが、開学一年あまりで義和団戦争にまきこまれてしまう。義和団は、もともと反キリスト教活動を展開していた山東省の義和拳と神拳という武闘組織が融合して生まれた集団であった。「扶清滅洋《フーチンミエヤン》（清を扶《たす》け、洋を滅ぼす）」というスローガンをかかげた義和団の活動範囲は、一八九九年後半になると、山東省を越えて広がり、翌年春には北京、天津にも波及した。

図版 2-13　現存する京師大学堂の建築物（筆者撮影）

　義和団は、キリスト教徒の殺害、教会の破壊にとどまらず、「洋」に関連する施設、同胞にまでも危害をおよぼした。列強は軍隊を北京に派遣するとともに、清朝に抗議し、義和団をとりしまるよう要求した。この対応をめぐり、清朝内部で意見がわかれたが、最終的に西太后が義和団を支持することに決し、一九〇〇年六月二一日に列強へ宣戦を布告した。その翌月、京師大学堂は義和団に包囲され、閉鎖へとおいこまれている。

結局、西太后の決断は裏目にでて、日本をふくめた八カ国からなる連合軍が、八月一四日に北京を制圧した。西太后自身も、光緒帝をともない、北京から西安へと逃げのびた。それから一カ月後の九月一四日、清朝は一転して、義和団の鎮圧令を出すことを余儀なくされたのである。

義和団戦争が清朝の敗北で終息にむかう中、西安の西太后は一九〇一年一月、光緒帝の名義で詔書を下し、広く改革案をつのった。また、「新政」をおこなうため、四月にその専門機関である督弁政務処《ドゥーバンジエンウーチュー》が設立された。督弁政務処の参与政務大臣となった張之洞と劉坤一は、西太后の詔書をうけ、連名で三つの上奏文「江楚会奏変法三摺」を提出した。そのうちの一つ、「籌議変通政治人材為先摺」では、小学・中学・大学にわたる文武それぞれの学堂の設置、数学や地理など実学をとりいれた科挙の改革、武官を登用する試験である武科挙の廃止、日本への留学生派遣がかかげられていた。張と劉は上奏文で、康有為の「邪説」を批判しているものの、そこで示された改革案は、戊戌変法と基本的に変わらないものであった。西太后は、数ある改革案の中でも、この張と劉のものを支持し、それに沿って改革をすすめるよう命じた。こうして西太后から信任をうけた張之洞が中心となり、いわゆる「光緒新政《グヴァンシューシンジエン》」の教育改革がスタートするのである。

京師大学堂の再興と「壬寅学制」

一九〇一年九月、清朝は各省にある書院を大学堂に改めるとともに、各府庁・直隷州が中学堂を、各州県が小学堂ならびに蒙養学堂（幼稚園）を、それぞれ設置することを命じる「興学詔書」を下した。これは、張之洞が『勧学篇』や「籌議変通政治人材為先摺」で示した改革案を、そのまま焼きなおしたものであった。義和団戦争で閉鎖していた京師大学堂も、一九〇二年一月に張百熙《ジャン・バイシー》（1847–1907）が新たに管学大臣となり、再興がはかられた。張百熙は、さしあたって本科でなく、「政科」と「芸科」からなる「予備科」を設けるとともに、いち早く人材を育成する必要から、「速成科」を開設した。速成科はさらに、教員を養成する「師範館」と官人を対象とした「仕学館」に分けられた。また、統合化した京師同文館が、外国語を学ぶ「訳学館」となっている。

図版 2-14　再興した京師大学堂の蔵書楼前でとられた集合写真

興学詔書発布から約一年たった一九〇二年八月、張百熙は中国で最初の近代学制となる「欽定学堂章程（壬寅《レンイン》学制）」を公布した。「欽定蒙学堂章程」「欽定小学堂章程」「欽定中学堂章程」「欽定高等学堂章程」「欽定京師大学堂章程」「考選入学章程」という六つの章程からなる壬寅学制では、欧米や日本の学制を参考に、初等教育が「蒙学堂」四年、「尋常小学堂」三年、「高等小学堂」三年の計一〇年、中等教育が「中学堂」四年、高等教育が「高等学堂あるいは大学予備科」三年、「大学堂」三年の計六年と、あわせて二〇年の教育課程が定められた。大学堂の上には、さらに「大学院」も置かれている。

また、「欽定京師大学堂章程」の第一章第二節では、外国の学校が知育・体育以外に、徳育を重んじていることが、「倫常道徳」にもとづく中国経典の教えと似ていると記されていた。それゆえ、北京内外の大小学堂は、人材養成の基礎とするために、修身倫理の科目に注意をはらわなければならないとしている。他の小中高の章程でも、この第一章第二節にしたがうことが明記されていた。

これにさきだち、張百熙は、総教習に任命した呉汝綸《ウー・ルールン》（1840–1903）に教育視察を命じ、日本へと派遣した（図版2－15）。桐城《トンチエン》派の文人として日本でも知られた呉は、一九〇二年六月二〇日に長崎へ到着すると、西へと移動し、各地で歓迎をうけつつ、地元の幼稚園、小中学校、京都帝国大学などをみてまわった。東京を拠点とした後も、東京帝国大学や高等師範学校、東京高等商業学校、華族女学校、成城学校、陸軍幼年学校など、数多くの学校を精力的に視察するかたわら、文部省で日本の教育行政や制度についての特別講義をうけていた（容應萸「呉汝綸と『東遊叢録』」）。この間、呉は新聞の取材をうけ、日本の学制に非の打ち所がなく、義務教育である小学校教育が全国のすみずみまで、ゆきとどいていることに感銘したと語っている（『東京朝日新聞』一九〇二年七月七日）。実際、四カ月にわたる視察を終えて帰国した呉は、小学校を整備し、国民に基礎教育をほどこすことが、強国となるもっとも重要な要件であり、義務教育を実施すべきであると張百煕に報告していた。

図版 2-15 呉汝綸の訪日団一行。前列左から５番目が呉（『東京朝日新聞』1902年６月25日より）

こうした呉汝綸の提言をふまえてであろう、結局施行されるにいたらなかった壬寅学制に代わり、一九〇四年一月に新たな学制である「奏定学堂章程（癸卯《グイマオ》学制）」が公布された。癸卯学制では、初等教育の前段階として、日本の幼稚園にあたる「蒙養院」があらたに設けられた。その上で、初等教育は「初等小学堂」五年、「高等小学堂」四年の計九年、中等教育が「中学堂」五年、高等教育が「高等学堂あるいは大学予科」三年、「分科大学および大学選科」三〜四年の計六〜七年に変更され、壬寅学制と比べ、日本の学制により近い教育課程となっている（図表２－２）。また、「奏定初等小学堂章程」では、外国の義務教育にふれ、各地方の官紳が入学者をできるだけ増やすよう、つとめるべきことが定められていた。
呉汝綸は日本滞在中、教育機関の長とも積極的に意見を交換していた。東京帝国大学では、総長の山川健次郎《やまかわけんじろう》、文科大学長の井上哲次郎《いのうえてつじろう》と会談している。彼らはいずれも、西洋の学問をとりいれる上で、修身といった愛国心をつちかう精神教育の重要性を、呉に説いていた（呉汝綸『東遊叢録』）。

井上によれば、日本では一八八〇年代に、進化論やキリスト教がはいってきて、精神上の問題が生じたために、倫理・哲学教育を重んじるようになったという。たしかに、一八八六年四月に公布された小学校令までは、小学校の目的が、たんに普通教育をほどこすとされていた。それが、「小学校は児童身体の発達に留意して、道徳教育および国民教育の基礎、ならびに其《そ》の生活に必須なる普通の知識技能を授《さず》くるを以《もつ》て本旨《ほんし》とす」と、第一条で「道徳教育」「国民教育」をかかげるようになったのは、一八九〇年一〇月の第二次小学校令からである。「奏定初等小学堂章程」では、この第一条とほぼ同じ内容の文章が、冒頭「立学総義章第一」の第一節に記されていた（阿部洋『中国の近代教育と明治日本』）。

癸卯学制公布と同じ一九〇四年一月、張之洞らが新式学校を普及させるため、その障害となっている科挙の段階的な廃止を上奏した。当然ながら、これに抵抗する勢力があり、遂行が危ぶまれたが、張や袁世凱らが改めて即時撤廃を上奏し、一九〇五年九月に完全な廃止へとふみきった。また、科挙廃止にともない、日本の文部省をモデルとした「学部《シュエブー》」が設置され、かつて京師大

図表 2-2　壬寅学制、癸卯学制、日本の学制における初等教育から大学までの標準的な進学過程

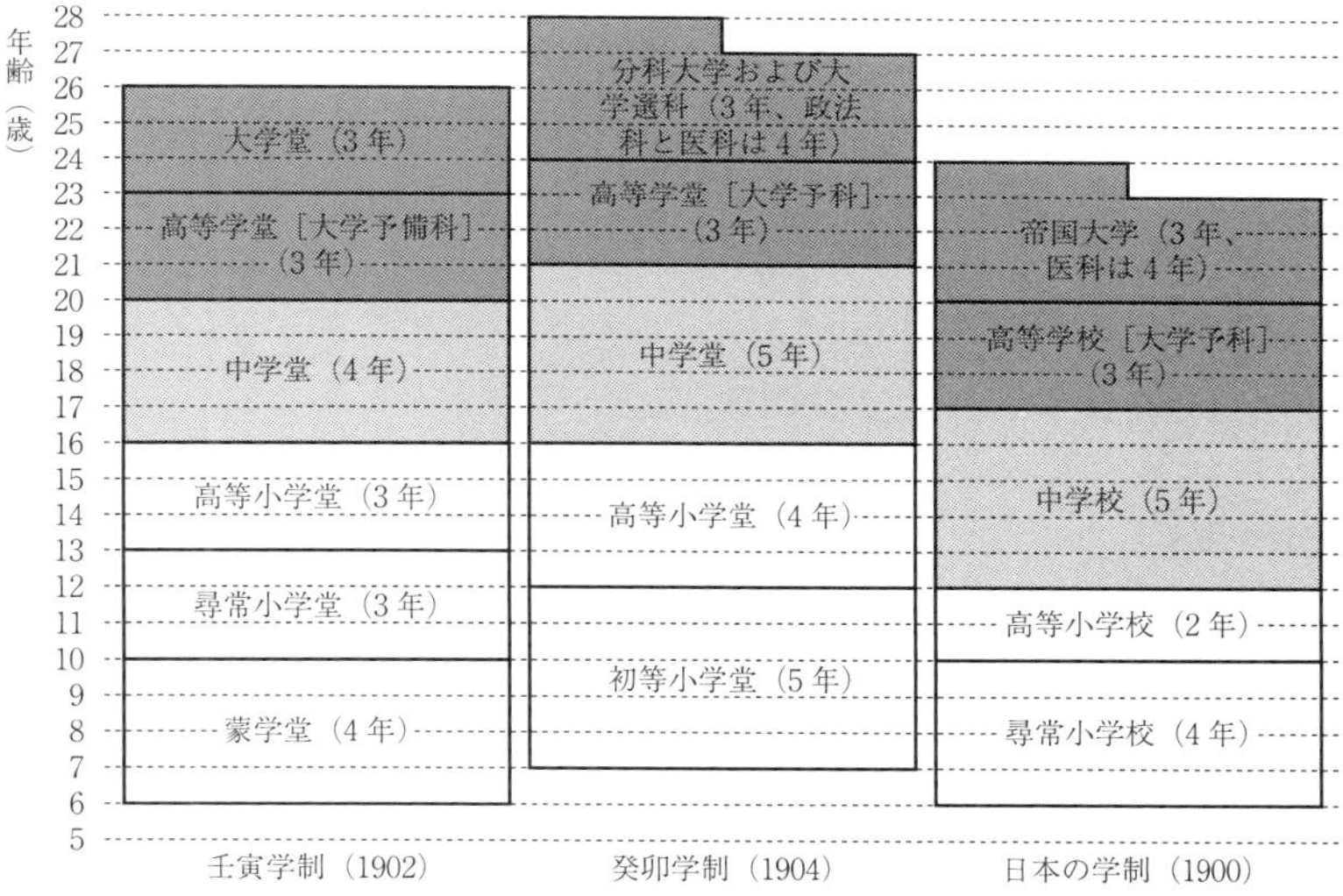

□は初等教育、▒は中等教育、▓は高等教育。壬寅学制で3段階に分かれていた初等教育が、癸卯学制では日本のように2段階となった。中等教育の修業年限も、日本と同じ5年へと変更されている。また、この図では省略したが、師範学校や実業学校に関しても、癸卯学制はより日本の学制に近い形となっている

学堂が担っていた教育行政機関としての機能を移管した。さらに、この学部が一九〇六年三月、「忠君」「尊孔」「尚公（公を尚《たっと》ぶ）」「尚武」「尚実」という五つの徳目をかかげた中国版教育勅語ともいうべき「教育宗旨」を公布している。

以上のように、光緒新政以降の教育改革は、何よりも日本をモデルとしていた。日本の教育システムを全面的にとりいれる形で、中国の新たな教育体制が整備されていったのである。

理念と現実のギャップ

本章では、日清戦争後から一〇年にわたる中国の教育改革について概観してきた。日本が中国をしのぐ強国となった所以は何か。康有為や梁啓超は公車上書で、その主要な要因を「才智」の育成に求めていた。この「才智」をうみだす教育の重要性は、ジョン・アレンなど、中国で長年活動した欧米の宣教師らも、ひとしく指摘するところであった。こうした意識のもと、戊戌変法では、日本の学制をモデルに、新たな教育制度の導入がはかられたのである。

戊戌変法の急進的な改革は、西太后らの反発をまねき、三カ月あまりで挫折した。だが、それから義和団戦争をへて、張之洞や劉坤一らが主導した光緒新政は、やはり日本の学制にならい、改めて全国を学区に分け、それぞれに一定数の小中高等学校を設置し、初等教育を義務教育化することをめざした。癸卯学制としてあらわれた学制の内容は、康有為や梁啓超がめざしたものと、基本的に一致するものであった。ほかにも行政機構や教育勅語など、日本の経験がフルセットで参考とされ、それに類似した教育政策がつぎつぎとうちだされていったのである。

しかし、制度が定められたからといって、実効性がともなわなければ、絵にかいた餅にすぎない。実際、その後の中国が直面したのは、初等教育が思いえがいたように、地域に浸透していかないという現実であった。癸卯学制施行からまもなくして、各地で新設の学堂をうちこわす「毀学《フイシユエ》」事件が頻発しているのが確認できる（田正平「清末毀学風潮与郷村教育早期現代化的受挫」）。その理由としては、新教育の意義が広く一般に理解を得られなかったことが大きいであろう。また、学堂の運営費をまかなうために、強制的に学費や寄付金を徴収したりしたことも、庶民から反感をかった要因の一つであった。

そうした中、学部は一九〇七年、各省に修学を促す「勧学所《チユエンシユエスオ》」を広く設置すること、七歳になった児童には就学義務があり、就学させないのは父母の罪であることなどを定めた「強迫教育章程」を公布した。中国で義務教育の実施を明確にうたった最初の法律である。それでも、なかなか初等教育は普及せず、先進地域であった奉天省（現在の遼寧省）でも、一九〇八年時点で初等小学堂が一九二五校（学生数六万八七五二名）、高等小学校六校（学生数五五〇名）、初等・高等一貫である両等小学堂一〇九校（学生数一万一五〇三名）となっており、就学率は一一％前後にとどまっていた。（鞏琢璐「清末遼寧地区設立勧学所」）。

これに対し、日本では、学制公布から三年がたった一八七五年時点で、約二万四〇〇〇校（学生数一九二万八一五二名）の小学校が開設された。その多くは、それまでの教育施設であった寺子屋や私塾を改変・統合したものであった。単純に学校数だけをみれば、今日（二〇一五年で約二万校）を上回っている。

たしかに日本でも、高い授業料を払ったり、農家の貴重な労働力をうばわれたりすることへの反発から、小学校の就学率が一八七五年時点で三五・四％（男子五〇・八％、女子一八・七％）にとどまっていた（文部省編『学制百年史』）。だが、その後着実に増加してゆき、一九〇五年には、九五・六％（男子九七・七％、女子九三・三％）にまで達している。これとは対照的に、中国の就学率は、一九四九年の中華人民共和国成立にいたる段階で、二〇％前後にすぎなかったとされる。

このように、日本は何よりも初等教育の充実に力をそそぎ、小学校を全国にくまなく設置した。他方で高等教育については、学制で当初、全国を八つの大学区に区分し、それぞれに大学を設置する計画であった。ただ、小学校と比べると歩みは遅く、東京開成学校と東京医学校が合併し、最初の大学である東京大学が創立したのは、一八七七年のことである。さらに、二番目の大学となる京都帝国大学の創設は、二〇年後の一八九七年までまたなければならない。

これに対し、中国では、さきにふれた一九〇一年の「興学詔書」により、各省に大学堂が設置された。そのうち、大学としてそれなりの機能を備えていたのは、京師大学堂、北洋大学堂、山西大学堂の三校であったといわれる。日本で三番目の大学となる東北帝国大学が創立したのが、一九〇七年であった。清末の中国は、初等教育と対照的に、日本と肩をならべるだけの高等教育機関を、数の上で有していたこととなる。

明治期の日本は、大学を頂点としつつ、小学校教育を国民にゆきわたらせる、いわばピラミッド型の教育体制を、まがりなりにも構築した。本章で紹介した康有為、梁啓超、張之洞、呉汝綸ら日本の学制を注視した中国の為政者も、小学校教育の重要性を十分に認識していた。しかし、日本の学制をモデルにうちたてられた清末の教育体制は、初等教育よりもさきに高等教育の充実がはかられる、逆ピラミッド型の頭でっかちな形となったのである。実のところ、これは今日の中国にもあてはまるといえる。

京師大学堂を中心に、いち早く整備された中国の高等教育機関。これが基盤となり、のちに新文化運動・五四運動の担い手たちをうみだしてゆくのである。

第三章

中国人の日本留学

日本よりも早かった中国人の欧米留学

ここで、第二章のはじめで言及した李鴻章《リー・ホンジャン》と森有礼の会談を、改めてとりあげたい。西洋の学問が一〇〇パーセント有用であるのに比べ、中国の学問は三割しか役に立たないと述べた森有礼に対し、「独立の精神を棄て、ヨーロッパの支配をうけいれることを恥ずかしく思わないのか」と問いただした李鴻章。いや、中国だって積極的に西洋の学問をとりいれようとしているじゃないか。そう指摘したかったのか、森はアメリカで出会った中国人について、李に話をふっている。その会談記録にみられる両者のやりとりは、つぎの通りである。

森有礼　アメリカにいた時、貴国の容閎《ロン・ホン》、曾蘭生《ゼン・ランシエン》と知りあいました。二人とも、非常に学問があります。

李鴻章　容閎は現在、駐米欽差《チンチャイ》大臣として派遣されています。

森　それは非常に良いことです。

李　曾蘭生は現在、天津に呼び戻し、委員をつとめさせる予定です。来年、森閣下が天津を通る際、彼のもとを訪ねることができるでしょう。

森　アメリカでは、数多くの中国人の児童をみかけました。みな非常に聡明でした。

李　彼らは留学のため外国に送りだした者たちです。聞くところによると、彼らはまじめに勉強しているようです。

森　こうした人たちが、成長して学問で大成し、将来外務を担うことは、非常に良いことです。

（「李鴻章与森有礼問答節略」）

この会談がおこなわれたのは、一八七六年一月末のことであった。実質的な大使として森がアメリカに駐在したのが、一八七一年二月から一八七三年三月までで、その間に容閎（1828-1912）や曾蘭生らと交流があったのであろう。

実際、容閎と曾蘭生は当時、清朝が派遣した三〇名の第一期国費留学生のつきそい役として、アメリカに滞在していた。アメリカにおける森のおもな任務もまた、日本人留学生らの面倒をみることにあった。どちらも、アメリカ東海岸を拠点としており、お互いの動向をチェックしていたであろう。

曾蘭生はシンガポール生まれ。父が広東省潮州《チャオジョウ》出身、母はマレーシア人のハーフであった。幼くして両親を亡くし、アメリカ人の宣教師に育てられた。

一八四二年、曾蘭生はアメリカのニュージャージー州へとわたり、中学校教育をうけた。その後、ニューヨークのハミルトン・カレッジへと進学している。残念ながら卒業までいたらなかったが、アメリカの大学で学んだ最初期の中国人であった。

図版 3-1　容閎

　一八四八年に中国へもどった曾蘭生は、広州にあるアメリカの教会で働きはじめた。のちに事業に手を出したものの失敗し、それから福建船政学堂で英語教師をつとめた。そうした折、政府の留学生派遣事業が決まり、同行する通訳として採用されたのである。

　容閎は広東省香山《シャンシャン》県（現在の珠海《ジューハイ》市）の出身。農家の次男坊として生まれた。伝統的な儒学教育はほどこされず、一八三五年にマカオに連れられ、イギリス人が経営するミッション・スクールで教育をうけた。一八四一年、容閎は新たに開設されたモリソン学校へと進学した。これは、一八〇七年にプロテスタントの宣教師としてはじめて中国にわたり、亡くなるまで活動したロバート・モリソン（馬礼遜《マーリーシュン》、1782–1834）を記念して作られた学校であった。モリソンは、初となる聖書の中国語訳や中国語・英語辞典（華英字典）をてがけたことで知られている。

　容閎にとって、人生の大きな転機となったのが、アメリカへの留学である。初代校長をつとめたサミュエル・ロビンス・ブラウン（勃朗《ボーラン》、1810–1880）が一八四七年初、アメリカへ帰国する際、同行する希望者をつのり、容閎のほか、黄勝《ファン・シエン》、黄寛《ファン・クアン》の計三名の学生をつれてもどったのである。ブラウンはのちに、日本へもやってきて、横浜にブラウン塾（現在の明治学院大学）をひらき、押川方義《おしかわまさよし》や植村正久《うえむらまさひさ》など、日本のキリスト教界を担う優れた人材を育てている。

アメリカに到着した容閎らは、さしあたってマサチューセッツ州にあったマンソン・アカデミーに通った。そのうち、黄勝が病気で翌年に中国に帰国したが、残る容閎と黄寛は、アカデミーでの学業を終え、それぞれイェール大学とスコットランドのエディンバラ大学に進学した。

一八五四年、容閎は優秀な成績でイェール大学を卒業した。アメリカの大学を卒業した最初の中国人である。日本人が欧米の大学で学んだのは、徳川幕府が一八六二年にオランダに派遣した留学生たちが最初であった（石田雄『日本の社会科学』）。曾蘭生や容閎に遅れること、一〇年以上である。また、その一員であった西周《にしあまね》と津田真道《つだまみち》が、ライデン大学でフィッセリングから、特別に社会科学の個別指導をうけたように、正規の課程で学んだわけではなかった。この時点で、中国が海外留学に関し、日本よりもリードしていたのはまちがいない。

一八五五年に帰国した容閎は、税関の通訳や茶の買いつけなど職を転々とした。そんな容閎に、官界へと進出する機会を与えてくれたのが、両江総督兼南洋大臣の曾国藩《ゼン・グオファン》（1811–1872）であった。江南機器製造総局にすえる機械をアメリカから調達するなど、曾からの依頼をそつなくこなした容閎。国費留学生の派遣は、容閎が自らの経験をもとに出した提案を、曾がうけいれ、実現にいたったものであった（容閎『西学東漸記』）。

最終的に決まった派遣計画案はつぎの通りである。一二歳から一六歳までの児童一二〇名を、三〇名ずつ四期にわたりアメリカへと留学させる。志願者は広く募り、留学前に予備校で一定期間訓練をほどこす。留学期間は一五年間。漢学を教えるために、二名の中国人教師が同行する。

図版 3-2 上海の輪船招商総局前で撮られた第1期国費留学生の集合写真

アメリカで留学生を管理・監督する責任者である「出洋局」委員には陳蘭彬《チエン・ランビン》、副委員に容閎がそれぞれ任命された。陳に留学経験はなく、容閎がこの事業の実質的なオーガナイザーであった。

一八七二年八月、第一期国費留学生がアメリカに向け、上海を出発した（図版３－２）。この留学生三〇名のうち、二五名が広東人、さらに一三名が香山県出身と、容閎の地元に近い者が大部分を占めていた。これは、留学生への応募が少なく、何とか定員を確保しようと、容閎が地元に赴き、勧誘した結果であった。三〇名の中には、規定の年齢に満たない一〇歳、一一歳の児童も混じっていた。

容閎は、アメリカでの拠点となる留学事務所を、イェール大学にほど近いコネチカット州のハートフォードにさだめた。教育方法については、イェール大学の恩師と相談し、留学生が英語を早く習得できるよう、その周辺の家庭にホームステイさせた。そして、英語の能力が一定の水準にたっすると、順次現地の小学校、中学校へと送りだしたのである。

その後、翌一八七三年に第二期、七四年に第三期、七五年に第四期と、留学生一二〇名が予定通りアメリカへと派遣された。それからほどなくして、容閎は陳蘭彬とともに、新たに設けられた駐米公使に任命された。これは、容閎にとって昇進を意味した。しかし、容閎自身は、異動することを望まず、ひきつづき副公使兼留学生監督として、留学生の教育にたずさわった。

こうして、軌道にのったかにみえた留学事業であるが、一八八一年六月に突如、清朝から留学事務所の廃止と学生全員の引き上げがいいわたされてしまう。それを決定づけたと考えられる李鴻章の意見書では、容閎が西洋の学問を偏重し、留学生に悪影響をもたらしていること、この問題について以前より、陳蘭彬から相談をうけていたことが指摘されていた（「論出洋肄業学生分別撤留」）。たしかに、陳は容閎のやり方を快く思っていなかったようである。

生活面では、留学生がキリスト教に入信したり、弁髪《べんぱつ》を隠して洋服を身につけたりしたことが問題視された。当時、イェール大学に二二名が在学するなど、半数以上の留学生が初等・中等教育を終え、大学や職業学校で学んでいた。ちょうど二名の者がイェール大学を卒業したところだったが、残る留学生はみな学業半ばで、すぐに中国へとよびもどされたのである（胡徳海「容閎和中国第一批幼童赴美留学活動始末述実」）。

留学事業が途中で打ち切られた背景には、中国からの移民労働者に対する排斥運動が高まりをみせたことや、協定でみとめられた陸海軍学校への入学が拒否されるなど、アメリカ国内の事情も存在した。また、派遣した学生が年端《としは》もいかない子供で、留学期間が一五年という計画自体、即戦力が必要とされた中国の実情に、そぐわない面があったといわなければならない。だが、中止となった大きな原因は、やはりアメリカの生活・思考様式をうけいれ、順応してゆく留学生に対する清朝保守派官僚らの警戒感にあった。漢学を教える教師を帯同したように、あくまで西洋の思想に染まらない人材が求められたのである。

留学生の中には、中華民国の初代国務総理をつとめた唐紹儀《タン・シャオイー》、清華学校（現在の清華大学）の初代学長となった唐国安《タン・グオアン》、「中国鉄道の父」とよばれた詹天佑《ジャン・ティエンヨウ》のように、のちに政治や教育、経済の分野で、それなりの地位をえて活躍した者もいた。しかし、帰国当初は、国費を無駄に費やしたとして、犯罪者のようなあつかいをうけ、不遇な時をすごさなければならなかったという。第二章で述べたように、アメリカ人宣教師のジョン・アレンも、中国人留学生が不当なあつかいをうけていると批判していた。そもそも容閎にしても、中国人として初のイェール大学卒業という学歴にみあった待遇をうけたとはいいがたい。これは、西周や津田真道ら幕末日本の留学生が、帰国後政府に重用され、世間でも名声を博したのと対照的である。

留学生とともに帰国した容閎は、学業をまっとうさせるため、彼らをもう一度アメリカへと送りだそうと画策したが、無駄におわった。中国に約一年半滞在した後、アメリカ人の妻を看病するために、アメリカへとひきかえし、いったん政治の舞台から身をひいた容閎。彼が張之洞《ジャン・ジードン》の命をうけ、ふたたび中国の地をふんだのは、日清戦争直後のことである。結局、張之洞とうまくいかなかった容閎は、康有為《カン・ヨウウェイ》や梁啓超《リャン・チーチャオ》ら維新派と交わり、戊戌変法の後ろ盾となってゆく。そのため、戊戌変法が挫折すると、首謀者の一人として潜伏生活をよぎなくされた。一九〇二年六月になんとか帰還できたアメリカで、一九一二年に一生をおえることとなる。

このように、日本よりも先んじていた中国人の海外留学は、一八八〇年代にいったん中断をよぎなくされたのである。

再開された海外留学

アメリカへの留学生派遣事業の停止後、海外留学の重要性が改めて再認識されたのは、日清戦争後のことである。前章で論じた国内における新たな学制の整備とともに、海外への留学生派遣が教育改革の大きな柱としてかかげられた。留学先としては、アメリカ留学の教訓をふまえ、欧米でなく日本が好ましいと考えられた。

張之洞の『勧学篇』では、その理由がつぎのように示されていた。

留学する国としては、西洋より東洋の方がよい。というのも、

一、距離が短く費用を節約し、多くの者を派遣することができる。

一、中華から近く、視察も容易である。

一、日本語は中国語に似ていて、理解しやすい。

一、西洋の書物は非常に煩雑《はんざつ》である。西洋の学問で重要でないものは、日本人が省略し、適宜《てきぎ》改めてくれている。

一、中国と日本の状況・風俗は似ていて、手本にしやすい。

からである。

半分の労力で倍の効果があり、これにまさるものはない。

同じ漢字使用圏で、文化的にも類似した日本の方が、効率的に学びやすい。また、アメリカ留学の際には、派遣にともなう高額な費用も問題となっていた。その面でも、一衣帯水《いちいたいすい》の隣国である日本への留学に、メリットがあるとみなされたのである。

日本留学へ目が向けられるようになった背景には、こうした中国国内のプッシュ要因があった一方で、日本側から積極的に勧誘するプル要因も存在したことを指摘しなければならない。とくに、受け入れに熱心であったのが、日本の参謀本部《さんぼうほんぶ》であった。日本は日清戦争で割譲した遼東《リヤオドン》半島を、ロシア、ドイツ、フランスのいわゆる三国干渉をうけ、すぐに返還せざるをえなかった。その遼東半島をふくめた中国東北部へと、ロシアが勢力を拡大してゆく事態に、参謀本部は危機感をつのらせていた（茅海建『戊戌変法史事考』）。

一八九七年末、外国事情・諜報《ちょうほう》関係を担う参謀本部第三部の部員であった宇都宮太郎《うつのみやたろう》（1861–1922）が、密使として湖北省に出向き、張之洞と会談をおこなった。そこで、宇都宮は中国が南下するロシアやドイツに対抗するために、日本・イギリスと同盟関係を結ぶこと、また学生を日本へと派遣し、軍事について学ばせることを提案した（「鄂督張之洞致総署称日武官力陳聯英意見電」）。「同文同種」である日本は地理的に近く、費用も節約できる。まさに、張が『勧学篇』で

図版 3–3 矢野文雄

あげた日本留学の利点が、日本の参謀本部からも示されたのである。

駐清国特命全権公使をつとめていた矢野文雄《やのふみお》（龍渓《りゅうけい》、1851–1931）も、中国人の日本留学を後押ししした一人である。一八九八年初め、ドイツが山東省の鉄道敷設権、ロシアが南満洲鉄道敷設権をそれぞれ獲得するなど、列強の中国における鉄道利権が拡大する中、日本も日清戦争で領有した台湾の対岸に位置する福建省の鉄道敷設権獲得をめざした。その交渉役を外務大臣の西徳二郎《にしとくじろう》から命ぜられた矢野は、鉄道敷設権に対する見返りとして、相当数の中国人留学生を日本でうけいれることを提案した（川崎真美「清末における日本への留学生派遣」）。留学生の受け入れは、中国のみならず、日本にとっても望ましいものである。矢野は西に、その期待される効果をこう書き送っていた。

> 我国の感化を受けたる新人材を老帝国内に散布するは、後来我勢力を東亜大陸に樹植《じゅしょく》するの長計なるべしとの次第を茲《ここ》に敷衍《ふえん》せば、其《その》武事に従う者は日本の兵制を模倣《もほう》するのみならず、軍用機械等をも我に仰《あお》ぐに至るべく、士官其他の人物を聘《へい》用《よう》するにも、日本に求むるべく、清国軍事の多分は日本化せらるること疑《うたがい》を容《い》れず、又理科学生は

其器械・職工等をも、之を日本に求むるなるべく、清国の工商業をして自《おの》づから日本と密接の関係を有せしめ、随《したが》って我工商業を清国に拡張するの階梯《かいてい》とも為《な》るべし、又法律文学に関する学生などは、専《もつぱ》ら日本の制度に則《のつ》とり清国将来の進運を謀《はか》るべし。（外務省外交史料館「在本邦清国留学生関係雑纂」）

日本で教育をうけた中国人留学生が、本国に戻り要職につけば、日本の制度や機材を導入したり、日本人の専門家を顧問として雇ったりするであろう。それは、日本が今後、東アジアで勢力を伸ばしてゆく上で有利にはたらくというのである。

一八九八年五月、矢野は李鴻章ら総理衙門の大臣に、二〇〇名までの留学生を、日本がその費用を全額負担する形でうけいれたいと提案した。これをうけ、すぐに山東道監察御使《ジエンチヤーユーシー》であった楊深秀《ヤンシエンシユー》の名義で、「請議遊学日本章程片」が上奏されている。第二章でとりあげたように、この請議遊学日本章程片を実際に起草したのは、康有為であった。矢野はこの間、康と頻繁《ひんぱん》に接触していたようである。請議遊学日本章程片では、矢野の好意をうけいれるべき旨が、つぎのように記されていた。

思うに、日本の変法・立学には、確実な成果があった。わが中華が留学し、すぐに成果をおさめたいのであれば、日本よりはじめなければならない。政治・風俗・文字が同じで学びやすく、渡航・飲食費も安く、費用がかからないからである。
近頃聞くところによると、日本人はロシア人による鉄道の脅威を憂《うれ》え、日中両国が互いに助けあい、補いあう間柄にあると改めて考えているようだ。台湾割譲《かつじょう》により、身内を傷つけたと強く後悔しており、東洋と協力・援助しあう大きな会を組織しようとしている。彼らは、われわれに知識をさずけ、自立を支援しようと、留学をもちかけている。友好の意を表し、それまでの疑いをはらすために、留学の経費を提供してくれるという。これは、駐清国大使の矢野文雄が総理衙門に書面で伝えてきたものである。（傍点引用者）

ここでもやはり、『勧学篇』と同じく、欧米と比較した日本留学の優位性が説かれている。文中にみえる「東洋と協力・援助しあう大きな会」とは、この上奏とほぼ同時期に結成された東亜《とうあ》同文会《どうぶんかい》のことを指していよう。「支那の改善を助成す」ることを目的の一つにかかげた東亜同文会はこれ以後、留学生うけいれをはじめとした中国の教育事業へと積極的にのりだしてゆくこととなる。

この矢野がもちかけた留学生計画案は結局、戊戌政変でその折衝にあたっていた李鴻章が罷免《ひめん》されたために流産してしまった。しかし、これで留学の動きはとどまらず、張之洞が一八九九年一月に二〇名の留学生を日本へと送りだしたことは、第二章で述べた通りである。また、東亜同文会の会長であった近衛《このえ》篤麿《あつまろ》（1863–1904）が一八九九年一一月、湖北省に足を運んで張之洞や劉坤一と会談し、留学生の日本派遣を改めてうながしていた。

中国政府がはじめて、日本に留学生を送りだしたのはいつか。一説には一八九六年六月、駐日公使の裕庚《ユーゲン》が東京にまねいた一三名の若者が、最初の留学生であるとされている（実藤恵秀『中国人日本留学史』）。ただ、これについては異論もあり、あくまで駐日公使館における職員養成の延長にすぎず、留学生にあたらないという意見がある（桑兵『交流与対抗』）。何をもって留学生とみなすかで、見解も変わってくるであろう。この起源をどこに求めるかという問題はともかく、中国人留学生が本格的に日本へとやってくるのが、一八九八年後半以降のことであった。日本がさまざまな働きかけをおこない、張之洞の『勧学篇』が呼び水となる形で、中国人の日本留学ブームが起こるのである。

嘉納治五郎と楊度

では、一九世紀末から二〇世紀初にかけ、どれくらいの数の中国人留学生が来日したのだろうか。統計がとられておらず、正確な数字は不明であるが、日本留学元年ともいうべき一八九九年に約二〇〇人、義和団戦争をはさんで一九〇二年には五〇〇〇人へとふくれあがったとされる。翌一九〇三年には一〇〇〇人へと倍増し、一九〇四年に一三〇〇名まで到達した。さらに、科挙制度が廃止された一九〇五年には、一挙に八〇〇〇人へと激増し、ピークとなる一九〇六年に一万人の大台を突破した。一説には、二万人に達したともいわれている。

前節でみたように、日本が中国人留学生のよびこみをはかった裏には、中国大陸の権益をめぐり、ロシアをはじめとした列強に対抗するため、「知日」派を養成し、中国を日本側にひきこむねらいがあった。東亜同文会の趣意書にも、「上は即《すなわ》ち両国政府須《すべか》らく公を執《と》り、礼を尚《たっと》び、益々《ますます》邦交《ほうこう》を固《かと》うすべく、下は則ち両国商民須く信を守り、利を共にし、弥々隣誼《いよいよりんぎ》を善《よ》くすべく」と、欧米列強の横暴に対抗し、日中両国が官民一体で連帯してゆくことがうたわれていた。しかし、そうした日本の思惑とは裏腹に、中国人留学生たちは日本でうけた対応に、違和感や反感の度をつよめていった。ここでは、そうした事例として、嘉納治五郎《かのうじごろう》（1860–1938）が留学生らにおこなった発言の内容をめぐって起こった論争をとりあげたい。

今日、嘉納治五郎というとまず、講道館《こうどうかん》の創設者、柔道の生みの親といったイメージが思い浮かぶかもしれない。嘉納は、東洋初の国際オリンピック委員会委員となったり、日本がはじめて参加したストックホルム・オリンピックで団長をつとめたりしたように、日本におけるオリンピックの草創期にも深く関わった。嘉納には他面で、東京高等師範学校（現在の筑波大学）の校長を二〇年以上にわたりつとめるなど、教育者としての顔がある。嘉納が柔道のみならず、武道・スポーツ全般の確立・普及に力をそそいだのも、心身ともに鍛えるという彼の教育観にもとづくものであった。

さきにふれた一八九六年に来日した一三名の中国人の教育については、裕庚から相談をうけた外務大臣兼文部大臣の西園寺《さいおんじ》公望《きんもち》により、嘉納へとゆだねられた。これを快諾した嘉納は、東京

図版 3-4　中国人学生との集合写真。前列に座っているのが日本人教師で、中央が嘉納治五郎（実藤恵秀『中国人日本留学史』より）

神田にある自宅近くに民家を借り、高等師範学校の教員をまねき、彼らに教育をほどこした（図版３－４）。それゆえ、彼らを最初の中国人留学生とするならば、嘉納がその教育を担当した「中国人留学生の父」ということとなろう。

嘉納は、張之洞が一八九九年に派遣してきた留学生の一部もひきうけていた。同年一〇月には、受け入れ体制を整え、「亦楽《えきらく》書院」となづけている。「亦楽」は、『論語』の冒頭にある一節「有朋自遠方来、不亦楽乎（朋有《ともあ》り遠方より来《きた》る、亦《ま》た楽しからずや）」からとられたものである。

二〇世紀にはいると、嘉納のもとをたずねる中国人留学生の数は急速に増加していった。そのため、一九〇二年一月に亦楽書院を発展的に解消し、あらたに校舎を牛込西五軒町《にしごけんちょう》にかまえ、「弘文学院《こうぶんがくいん》」を創設した（のちに、留学生が乾隆《チエンロンディー》帝の諱《いみな》である「弘暦《ホンリー》」を連想させる名称をいやがったために、「宏文学院」と改められている）。その半年後、嘉納は張之洞の要請に応じ、はじめて中国へと渡った。北京で管学大臣の張百熙《ジャン・バイシー》や皇族といった要人に会った後、湖北省の武昌へ向かい、張之洞と会談している。嘉納は会談の中で、漢学について聞かれ、「孔孟《こうもう》の教《おしえ》は、東西相通ずるところ多く、聖人の道は中外《ちゅうがい》に施《ほどこ》して悖《もと》ることなし。教育は道徳を根本としなければならぬ」と答えていた（横山健堂『嘉納先生伝』）。これは、「中体西用」にたつ張の意向にかなうものであっただろう。張から盛大なもてなしをうけ、帰国した嘉納は一九〇二年一〇月二一日、中国での見聞をもとに、弘文学院の促成師範科を卒業する第一期生に向け、訓示をおこなった。その内容について、卒業生の一人であった楊度《ヤン・ドゥー》（1875–1931）が異議をとなえ、思わぬ形で論争がくりひろげられるのである（「支那教育問題」）。

楊度は、湖南省湘潭《シャンタン》の出身。農家の長男であったが、一八九三年に郷試に合格し、挙人となっている。その翌々年にうけた会試は、公車上書がおこなわれた時であり、楊度もこれに参与し、康有為らと関係をむすんだ。西洋の学問に関心をいだいた楊度は、梁啓超が総教習をつとめた郷里の時務学堂に通い、教えをうけていた。

一九〇二年四月、一念発起した楊度は、来日をはたし、弘文学院の門をたたいた。国費でなく私費での留学である。弘文学院における六カ月のコースを終え、いったん帰国したものの、ほどなく日本へと戻り、一九〇七年まで留学を継続した。清国留学生会館の幹事長をつとめるなど、初期留学生のリーダー的な存在であった。

図版 3–5　楊度

嘉納が楊度ら卒業生におこなった訓示の概要は、つぎの通りである。

中国の実情をみるに、緊急に整備しなければならないのは、普通教育である。大学などの高等教育や個別の専門教育も、普通教育の基礎としてなりたっている。この普通教育には、①道徳の育成、②知識の習得、③身体の鍛錬という三つの大きな目的がある。①の徳育にあたっては、「孔子の道」を用いるのがよい。ただ、幼児には難解な経典を暗記させるのでなく、教科書で分かりやすく教え、国民意識を養うことが必要である。

日本、および各国がそうであるように、若者と老人は、しばしば衝突をおこす。中国でも、その恐れはまぬがれない。しかし、今日の中国で衝突がおこれば、列強の介入をまねき、国家の進歩が妨げられるであろう。そうならないためにも、身分が低いものは自重して、父子のごとく、上司に接するべきである。

以上のような嘉納の訓示に対し、楊度は普通教育の重要性に同意しつつも、衝突をさけて平和主義でゆくことに疑問をなげかけた。私利私欲に走る役人など、中国社会に多くの問題があるのは、誰の目にも明らかである。秩序を維持するために、目上の者の誤ちをみのがせば、かえって公益が大きく損なわれてしまうというのである。

後日、あらためて嘉納の自宅をたずねた楊度は、さらに自説を展開し、明治維新期の日本も、新旧の間で大きな衝突を起こしたことで、大いに進歩をとげたと主張した。当時の日本では、ジャン＝ジャック・ルソーやハーバート・スペンサーなどの自由民権思想が一世を風靡《ふうび》し、鎖国以前の身分制度がとりのぞかれた。その後、新たにうまれた階級問題を融和しようと、国粋主義がおこり、「孔子の道」がみなおされるにいたった。中国の現状は、ちょうど明治維新期にあたり、まずは衝突をさけずに、旧秩序の弊害を除去してゆかなければならない。楊度なりの歴史観にもとづく筋の通った反論といえよう。

これを聞いた嘉納は、明治維新期の日本と今日の中国では、置かれた対外的状況が異なるとして、上下の名分をたもった方がよいとする立場をくりかえし説いた。さらに、「支那（中国）人種」が長い間、「満洲人種」に服従し、国が保たれてきたので、これをむやみに動かすべきでないと、楊度の神経を逆なでするような発言もしている。この名分論にたてば、力関係で優位にたつ「日本人種」に、「満洲人種」「支那人種」がしたがうべき理屈になるのではないか。楊度は、黄色人種としての連帯を説く嘉納の主張に、ある種の欺瞞《ぎまん》を感じとったのである。

この嘉納と楊度の間でかわされた一連のやりとりは、亡命した梁啓超が主宰した雑誌『新民叢報《シンミンツオンバオ》』に、「支那教育問題」という題で二回にわたり掲載された。のちに、単行本としても出版されている。これは、留学生の間で広く読まれたようで、楊度と同時期に弘文学院へ入学した魯迅《ルー・シュン》が、中国人の国民性を考える端緒《たんしょ》になったともいわれている（北岡正子『魯迅』）。

嘉納と楊度は、議論を通じ、互いに歩み寄りをはかり、強制によらない公徳が必要であるという点で最終的に一致をみていた。しかし、両者の立場の違いは、明白であろう（厳安生『日本留学精神史』）。張之洞ら中国の指導者層に好評であった儒学にもとづく道徳教育は、留学生から大きな反発をうけたのである。

最初の「抗日」運動

すでに述べたように、日本政府は中国人の留学を積極的に勧誘したものの、それをうけいれる体制を十分に整えていたわけではない。留学生受け入れに関する法令も、一九〇一年一一月に「文部省直轄《ちょっかつ》学校外国人特別入学規程」を制定したくらいで、これにもとづき国立の学校に入学した中国人は、三九名にすぎなかった。実際、大部分の中国人留学生が学んだのは、弘文学院のような私立の学校であり、急速に増加してゆく留学生に対し、明確な規定のないまま、なしくずし的にうけいれていったのである。

他方、清朝も当初、費用負担軽減の観点から、私費留学生を奨励する立場をとっていた。だが、留学生の中に清朝を批判し、さらには革命をとなえる者があらわれるようになると、その方針を転換させていった。それがはっきりとみられたのが、一九〇二年六月におこったいわゆる成城学校入学事件である。

これは、成城学校への入学を志願した九名の私費留学生に対し、駐日公使の蔡鈞《ツァイ・ジュン》がそれを許可する押印《おういん》を拒否したことにはじまる。成城学校（現在の成城中学校・高等学校）は、陸軍士官学校・幼年学校へ進学するための予備校であった。ここに、校長で参謀本部次長の川上操六《かわかみそうろく》が、留学生部を開設し、中国人留学生へ軍事教育をほどこした。蔡鈞としては、反清朝派の私費留学生が軍事を学び、武力をそなえることに、警戒感をいだいたのであろう。

当時はちょうど、第二章でふれた呉汝綸《ウー・ルールン》の教育視察団が東京に滞在していた。そこで、志願者の入学を支援した成城学校の留学生たちが、呉汝綸のもとをたずね、蔡鈞を説得してくれるよう談判した。それに応じた呉は、蔡鈞に話を通したものの、一向にらちが明かない。しびれをきらした学生らは、公使館にまでおしかけ、日本の警察が介入する事態にまで発展したのである。

この騒動により、リーダー格の呉稚暉《ウー・ジーフイ》（1865–1953）と孫揆均《スン・クイジュン》が逮捕され、国外退去処分となった。呉稚暉は退去前、自らがうけたあつかいに悲憤慷慨《ひふんこうがい》し、自殺未遂をおこしている。残った学生は、二人の逮捕が不当であり、撤回を求める抗議書を蔡鈞に提出した。最終的に、蔡鈞は公使を更迭《こうてつ》され、一九〇三年一月に私費留学生らの入学がみとめられるにいたっている。

以上のような一連の事件をうけ、張之洞は駐清国公使であった内田康哉《うちだこうさい》（1865–1936）に対し、中国人留学生を取り締まる法令を制定するようはたらきかけた。内田は当初、学問の自由をおびやかしかねないと難色を示したが、日本の各種学校を卒業した留学生へ、科挙に準じた資格を与える法令（「奨励游学卒業生章程」）の制定とひきかえに、規制をかけることに応じた（金谷志信「所謂清国留日学生取締規則事件の背景」）。日本留学生を役人へと送りだし、中国における影響力を拡大させることは、かつて矢野文雄が述べていたように、日本側のねらいとするところであった。中国人留学生にとっても、役人への道がひらけ、就職口が広がるのは、決して悪いことではなかったであろう。

こうして交渉の末、一九〇五年一一月二日に公布されたのが、「清国人を入学せしむる公私立学校に関する規程」である。全一五条からなり、一般に「留学生取締《とりしまり》規則」とよばれている。これが各学校に通達され、留学生に伝わると、その内容をめぐり、思わぬ反発が起こるのである（実藤恵秀『中国留学生史談』）。

中国人留学生らがおもに問題としたのは、つぎの第九条と第一〇条である。

第九条　選定を受けたる公立、又は私立の学校に於《おい》ては、清国人生徒をして寄宿舎、又は学校の監督に属する下宿等に宿泊せしめ、校外の取締《とりしまり》をなすべし

第一〇条　選定を受けたる公立、又は私立の学校は他の学校に於て性行不良なるが為《た》め、退学を命ぜられたる清国人を入学せしむることを得ず

これに対する留学生の言い分は、こうである。

第九条にしたがえば、学校が指定する宿舎以外には、下宿できないこととなる。しかし、学校の寄宿舎には、管理や衛生面で問題があるものが少なくない。提供される食事も中国人の口にあわない。また、留学生の中には、お金がなく数人で一部屋を借りたり、複数の学校に通ったりしている者がいる。彼らにとって、決められた宿舎に住むことは、不利益をこうむることになりかねない。

また、第一〇条にある「性行不良」は、具体的に何を指しているのか曖昧《あいまい》である。学校の問題

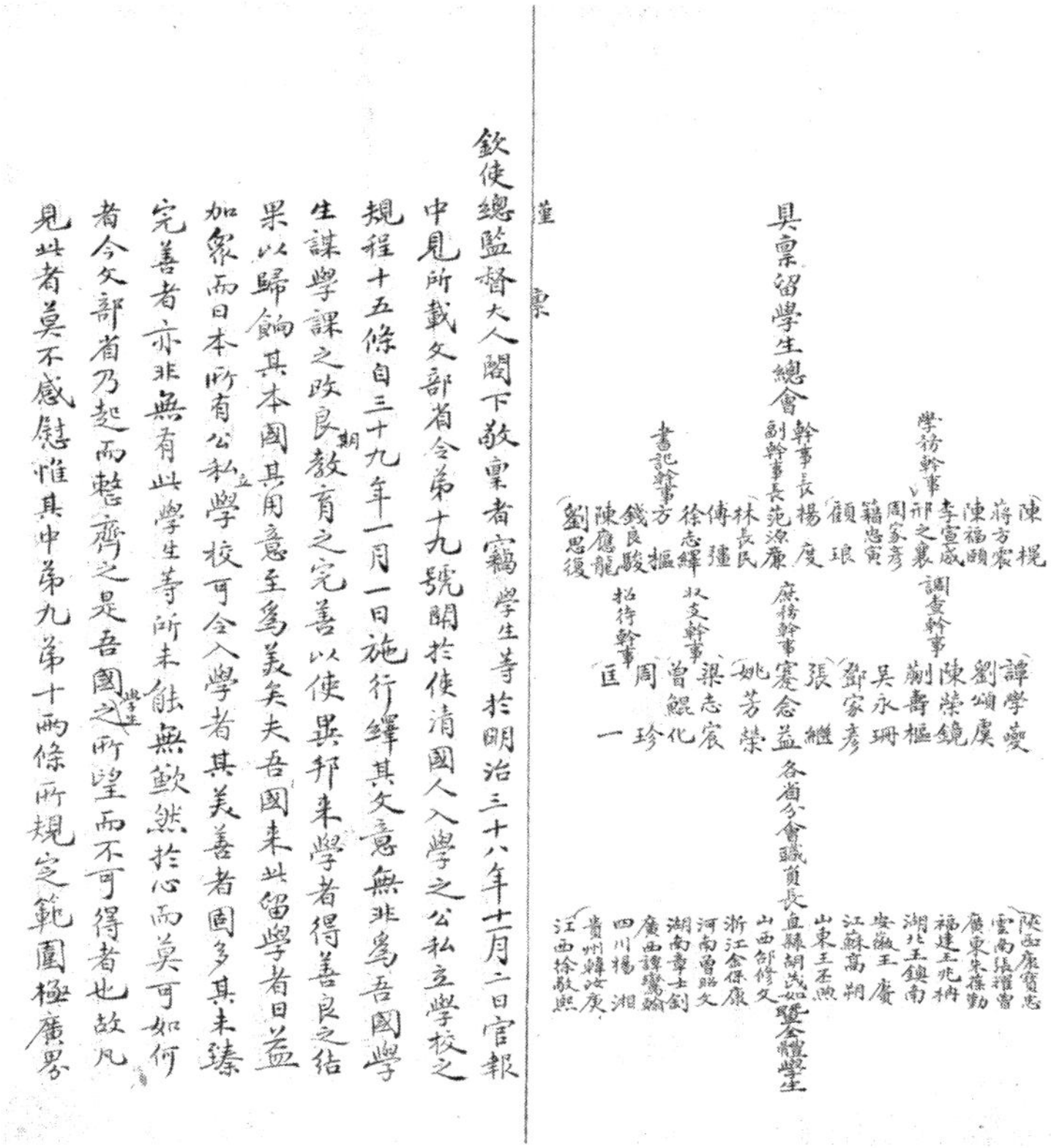
具稟留學生總會
幹事長楊度
副幹事長范源廉
學務幹事 陳榥 蔣方震 陳福頤 李宣威 邢之襄 周家彥 籍忠寅 顧琅
林長民 傅彊 徐志繹
書記幹事 方樞 錢良駿 陳應龍 劉思復
調查幹事 譚學夔 劉翊虞 陳榮鏡 蒯壽樞 吳永珊 鄧家彥 張繼
庶務幹事 蹇念益 姚芳榮
收支幹事 梁志宸 曾鯤化
招待幹事 周珍 匡一
各省分會職員長
陝西康寶忠 雲南張耀曾 廣東朱葆勤 福建王兆枏 湖北王鎮南 安徽王慶 江蘇高翔 山東王丕煦 直隸胡茂如 山西部修文 浙江金保康 河南曾昭文 湖南章士釗 廣西譚鸞翰 四川楊湘 貴州韓汝庚 江西徐敬熙 暨全體學生
謹稟

欽使總監督大人閣下敬稟者竊學生等於明治三十八年十一月二日官報中見所載文部省令第十九號關於使清國人入學之公私立學校之規程十五條自三十九年一月一日施行繹其文意無非為吾國學生謀學課之改良教育之完善以使異邦來學者得善良之結果以歸餉其本國其用意至為美矣夫吾國來此留學者日益加衆而日本所有公私學校可令入學者其美善者固多其未臻完善者亦非無有此學生等所未能無歉然於心而莫可如何者今文部省乃起而整齊之是吾國之所望而不可得者也故凡見此者莫不感慰惟其中第九第十兩條所規定範圍極廣畧

図版 3-6 中国人留学生らが作成した意見書。「留学生総会幹事長」として、楊度の名が右上段中央に記されている（「在本邦清国留学生関係雑纂」より）

点を指摘して、「性行不良」で退学させられるかもしれない。それで退学をよぎなくされた者が、別の学校に入学できないのは理不尽《りふじん》である。

当時、清国留学生会館の幹事長であった楊度は、各省の同郷会の上層部らと協

図版 3–7 陳天華

議をおこない、以上のような趣旨の意見書を作成し、一二月一日に駐日公使の楊枢《ヤン・シュー》を通じ、文部省に具申した（図版3－6）。留学生らの態度はその後、急速にエスカレートしてゆき、六日には留学生取締規則自体のとり消しをもとめ、同盟休校（授業ボイコット）を決行するまでにいたった。さらに、事態を深刻化させたのが、留学生の一人であった陳天華《チエン・ティエンファ》（1875–1905）による抗議の自殺であった。

陳天華は、湖南省新化《シンファ》県の出身。貧しい家庭に生まれながらも刻苦《こっく》勉励《べんれい》し、在学した中国の四大書院の一つである岳麓《ユエルー》書院では、優秀な成績をおさめている。一九〇三年三月、国費留学生として来日し、弘文学院の師範科へと入学した。

筆がたった陳天華は、来日してほどなく、清朝が列強の傀儡《かいらい》となっていることを糾弾《きゅうだん》した『猛回頭《メンフイトウ》』や『警世鐘《ジンシージョン》』などの著作を公刊した。また、のちに民国革命のリーダーとなる黄興《ファン・シン》（1874–1916）や宋教仁《ソン・ジャオレン》（1882–1913）、章士釗《ジャン・シージャオ》（1881–1973）らとともに、革命団体である華興会《ファシンフイ》を結成し、中国と日本を行き来しつつ、蜂起《ほうき》をくわだてている。一九〇五年八月、華興会と蔡元培《ツァイ・ユエンペイ》率いる光復会《グアンフーフイ》、孫文の興中会《シンジョンフイ》の三団体が合流し、中国同盟会《ジョングオトンメンフイ》が誕生した際には、その発起人の一人となり、機関誌である『民報《ミンバオ》』の編集を担当した。陳天華が品川の大森海岸に

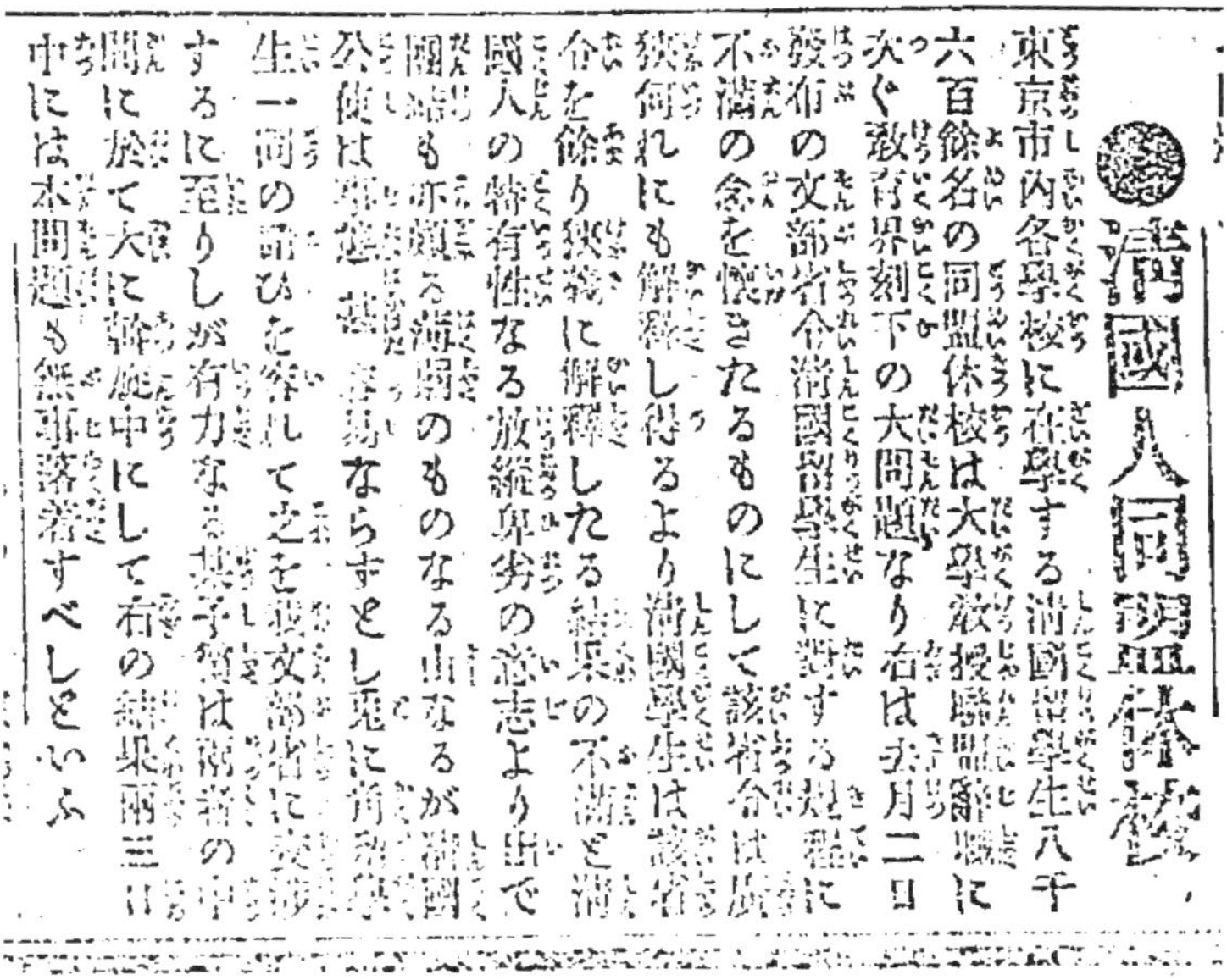
清國人同盟休校

東京市内各學校に在學する清國留學生八千六百餘名の同盟休校は大學教授聯盟辭職に次ぐ教育界刻下の大問題なり右は去月二日發布の文部省令清國留學生に對する規程に不滿の念を懷きたるものにして該省令は廣狹何れにも解釋し得るより清國學生は該省令を餘り狹義に解釋したる結果の不滿と清國人の特有性なる放縱卑劣の意志より出で團結も亦頗る薄弱のものなる由なるが清國公使は事態甚だ容易ならずとし兎に角學生一同の請ひを容れて之を我文部省に交渉するに至りしが有力なる某子爵は兩者の中間に於て大に斡旋中にして右の結果兩三日中には本問題も無事落着すべしといふ

図版 3–8 「清国人同盟休校」と題した『東京朝日新聞』の記事。8行目に「放縦卑劣」の文字がみえる

身を投げたのは、そうした矢先の出来事であった。

陳天華が自殺する直接の動機となったのは、同盟休校の様子を報じた『東京朝日新聞』一九〇五年一二月七日付の以下のような記事であった（図版3－8）。

> 該省令《がいしようれい》（留学生取締規則）は広狭《こうきよう》何《いず》れにも解釈し得《え》るより、清国留学生は該省令を余り狭義に解釈したる結果の不満と、清国人の特有性なる放縦卑劣の意志より出で、団結も亦頗《またすこぶ》る薄弱のものなる由《よし》なるが、清国公使は事態甚《はなはだ》容易ならずとし、兎《と》に角学生一

同の請《こ》いを容《い》れて、之《これ》を我《わが》文部省に交渉するに至りしが、有力なる某子爵《ぼうししやく》は、両者の中間に於《おい》て大《おお》いに斡旋《あつせん》中にして、右の結果、両三日中には本問題も無事落着《らくちやく》すべしという。

同盟休校は、中国人留学生が留学生取締規則を誤解し、「放縦卑劣《ほうしようひれつ》」にさわぎたてているにすぎない。この記事にある「放縦卑劣」という四文字が、陳天華をことのほか刺激し、死を決意させるまでにいたらしめたのである。

陳天華が楊度に宛てて遺した「絶命書」には、その具体的な理由がつぎのように記されていた。

日本の各新聞は、烏合《うごう》の衆と誹謗《ひぼう》し、あざわらったり、皮肉ったりしている。『朝日新聞』などは、あからさまに「放縦卑劣」とののしり、我々を軽蔑《けいべつ》することこの上ない。そもそも、この四文字をもちい、我々を中傷するのが不当であれば、それは顧慮《こりよ》するにあたらない。もし万一にもあてはまるところがあるならば、まさにぬぐうことのできない汚点である。

近頃、問題がおこるたびに、みながこれは中国存亡の問題であるとさわぎたてる。その問題をかんがみるに、存亡を分けるものは何なのか。われわれが自分から亡びなければ、一体誰がわれわれを亡ぼすというのか。ただ留学するだけで、みな放縦卑劣であれば、まさしく中国は亡びるであろう。国だけが亡びるだけではない。二〇世紀以降における放縦卑劣な人種は、この世にすら存在できないのである。私はこの言葉に心を痛める。我が同胞は、つねにこのことを忘れず、この四文字の汚名返上につとめてもらいたい。堅忍奉公《けんにんほうこう》というこの四文字と反対のことをおこない、愛国につとめてもらいたい。心配なのは、同胞がこれを見聞きしなかったり、忘れたりすることである。そこで、諸君の記憶にとどめるために、この身を日本の海に投げることにする。

これをみると、陳天華が「放縦卑劣」という中傷を、根拠のないものととらえたのでなく、そういわれかねない中国人留学生の現状に、いきどおりを感じていたのが分かる。実際、留学生が急速に増えるにつれ、料理屋でどんちゃん騒ぎをしたり、吉原《よしわら》の遊郭《ゆうかく》に通ったりするなど、何のために日本へやってきたのか分からない、素行の悪い者も目につくようになっていた（見城悌治『留学生は近代日本で何を学んだのか』）。陳としては、自らの命を絶つことで、彼ら同胞の奮起をうながそうとしたのであろう。

それにしても、ベタ記事の「放縦卑劣」という四文字で死を決意するというのは、いささかオーバーに思える。なぜ陳天華はこの時、そこまで思いつめていたのであろうか。陳の「絶命書」の中身をもう少しみてみよう。

そもそも同盟と保護は、同日の論ではない。保護は、自己に実力がなく、ただ他者に擁護してもらうことである。朝鮮がこれにあてはまる。同盟は、勢力が相等しく、たがいに助けあうことである。日本とイギリスがこれにあてはまる。
同盟は、利害関係が同じであればよく、同文同種である必要はない。イギリスは、ヨーロッパの同文同種の国と同盟せずに、同文同種でない日本と同盟している。日本は、アジアの同文同種の国と同盟せずに、同文同種でないイギリスと同盟している。ほかならぬ、利害が衝突すれば、同文同種であっても仇《かたき》同士となる。利害が同じであれば、同文同種でなくとも同盟する。

中国と日本の利害関係は、同じといえるが、実力がまったく等しくない。同盟とは名ばかりで、実際は保護である。それゆえ、今日日本と同盟しようとするのは、朝鮮のようになりたいと思うことにほかならない。今日日本から離れようとするのは、東アジアを亡ぼしたいと思うことにほかならない。東アジアを保全する義務を分担できさえすれば、日本に東アジアの権利を独占されないことは、断言できる。これが、私の日本に対する意見である。

このままでは、中国は朝鮮のような保護国となりかねない。右の引用文からは、そうした陳天華の危機意識がみてとれる。

留学生取締規則が公布された一九〇五年一一月は、ちょうど第二次日韓協約が締結され、韓国が事実上、日本の保護国となった時期にあたる。当時、中国人留学生は、学校などで朝鮮人留学生とも交流し、その置かれた状況を目《ま》の当たりにしていたであろう。そんな中、日本政府から取り締まりをうけ、「放縦卑劣」と見下されたことが、中国の亡国を強く想起させたと考えられる。

陳天華の自殺がもたらした衝撃は大きく、多くの中国人留学生が退学し、一斉帰国する事態にまで発展した。その数は、数千人規模におよんだともいわれている。中には、帰国途中の韓国で悲嘆にくれ、命を絶った潘宗礼《パン・ゾンリー》のような者もいた（呂順長『清末中日教育文化交流之研究』）。また、帰国した一部が、自らの手で新たな人材を育成しようと、上海に中国公学《ジョングオゴンシュエ》を創設した。この中国公学では、のちに新文化運動で中心的な役割を演ずる胡適《フー・シー》や馮友蘭《フエン・ヨウラン》が学んでいる。

日本としては、留学生取締規則がこれほどの大ごとになるとは、予想していなかったにちがいない。楊度らが提出した意見書に対し、日本の文部省は、留学生取締規則第九条が学外の下宿を禁止しているわけでなく、身元がはっきりしていれば問題ないこと、第一〇条も一律に適用するのでなく、退学の理由次第で再入学が可能であると回答している。もともと、留学生取締規則制定にそれほど乗り気でなかった日本政府としては、留学生の意をくむ形で、ことを収めようとしたのであろう。

しかし、韓国が日本の保護国となる中、中国人留学生は留学生取締規則に、自らも日本に保護され、従属関係のもとにおかれるのでないかと、過度なまでに警戒した。他方、日本側は管理を嫌う中国人留学生の誤解がまねいた騒ぎであると、高《たか》をくくっていた。五四運動の源流といえる、中国人留学生らによる最初の「抗日」デモは、このように双方にみられる認識のギャップから起こったのである。

図版 3-9　清国留学生会館（『清国留学生会館第一次報告』より）

王正廷と中華留日ＹＭＣＡ

成城学校入学事件と留学生取締規則反対運動。前節であつかったこの二つの出来事は、いずれも神田駿河《するが》台《だい》にあった清国留学生会館を拠点におこなわれた（図版３－９）。駐日公使の支援をうけ、留学生会館が開館したのは一九〇二年二月。留学生会館では、そうした留学生に関わる問題を協議したほか、身の回りの世話をしたり、日本語講習会を開いたりするなど、留学生らが集う一大根拠地となった。当時、留学生が出版した雑誌や著書も、その多くが留学生会館を発行所・取次所としていた。

しかし、このような留学生会館が果たした機能は、留学生取締規則反対運動以後、徐々に失われていった。これに代わる形で、新たな中国人留学生の結節点となってゆくのが、中華キリスト教青年会（中華留日ＹＭＣＡ）である。キリスト教青年会（Young Men's Christian Association, YMCA）は、今日でも全世界で活動をおこなっており、なじみのある方も多いであろう。筆者も海外旅行の際、ＹＭＣＡの宿泊施設をしばしば利用している。その名称から分かるように、ＹＭＣＡはキリスト教系の団体である。ここで注目したいのは、中華留日ＹＭＣＡの設立を推進したのが、中国で活動していたアメリカ人宣教師であった点である。

第二章で説明したように、中国人が西洋の新しい学問にふれる最初の窓口となったのが、一九世紀中葉以降、中国南部の沿岸地域に設立された教会学校であった。中でも、中国人教育に熱心であったのが、アメリカ人である。曾蘭生や容閎が、アメリカ人宣教師から教育をうけ、彼らの支援でアメリカへ留学したことは、すでに述べた通りである。容閎がてがけた一二〇名の留学生派遣事業も、アメリカ側の手厚いサポートなしになりたたなかったのはいうまでもない。

そのアメリカにしてみれば、日清戦争後の清朝が、新参者の日本をモデルに教育改革をおこない、留学生をこぞって日本に送りだす事態は、面白いものでなかったであろう。非キリスト教国である日本が、中国人教育の主導権をにぎることになれば、布教にもさしさわりが生じてくる。実際、中国人留学生らは、日本で快楽にふけり、精神的・道徳的退廃におちいっているとうわさされた。そこで、彼らの実態を調査しようと、中国のＹＭＣＡ総幹事であるウィリアム・ライアンと張佩之《ジャン・ペイジー》が来日したのが、一九〇五年一二月のことであった。ちょうど、留学生取締規則反対運動が、世間を騒がせていた時期にあたる（渡辺祐子「もうひとつの中国人留学生史」）。

ＹＭＣＡは一八四四年、ジョージ・ウィリアムズら教派の異なった一二人の青年キリスト教徒が、同世代の労働者たちの人格的向上、生活改善をはかろうと、ロンドンで活動をはじめたのが、その起源とされる。ＹＭＣＡ運動は、数年のうちにヨーロッパや北米など世界各地へと広がり、一八五五年に世界ＹＭＣＡ同盟がパリで結成された。日本で最初のＹＭＣＡとなる東京キリスト教青年会が創設されたのは、一八八〇年五月であった。

日本におけるＹＭＣＡは当初、各都市で生まれた都市ＹＭＣＡと、教育機関で結成された学生ＹＭＣＡが、それぞれ別個の形で展開をとげていった（奈良常五郎『日本ＹＭＣＡ史』）。夏季学校などを通じ、横断的なつながりをもった学生ＹＭＣＡは一八九七年一月、全国的な連合である日本学生キリスト教青年会同盟（日本学生ＹＭＣＡ）を組織した。この日本学生ＹＭＣＡは、その設立に尽力したジョン・モット（1865–1955）により、上部組織にあたる世界学生キリスト教連盟（World Student Christian Federation, WSCF）への加盟がみとめられた。さらに一九〇三年七月には、都市ＹＭＣＡの日本都市キリスト教青年会同盟とも合体し、統一した日本キリスト教青年会同盟（日本ＹＭＣＡ）が誕生している。来日したライアンと張佩之をむかえいれ、世話したのも、この日本ＹＭＣＡであった。

東京で聞き取り調査などをおこなったライアンは、うわさどおり、中国人留学生らが祖国の束縛からはなれ、自由気ままにふるまい、風紀を乱していることを実感した。しかし、これは他面で、彼らをキリスト教へとみちびくチャンスでもある。こうした思惑から着手されたのが、他ならぬ中華留日ＹＭＣＡの設立であった。その開設準備から初期運営までは、初代幹事をつとめた王正廷《ワン・ジエンテイン》（1882–1961）の手にゆだねられた。

王正廷は、浙江省奉化《フエンフア》の出身。父親は聖公会の牧師で、敬虔《けいけん》なクリスチャン一家に生まれた。王は一八九六年、その前年に設立された天津の北洋西学学堂（のちに北洋大学堂と改名）の二等

（予科）に進学した。北洋西学学堂のカリキュラムは、ハーバード大学やイェール大学を参考に編成され、アメリカ人宣教師のチャールズ・ダニエル・テニーが教育全般を実質的に統括していた。王は天津での在学中、ＹＭＣＡの活動に感銘をうけ、学塾基督幼徒会（天津ＹＭＣＡ）の創立メンバーの一人となっている（『王正廷回顧録』）。

この一八九五年一二月に設立された天津ＹＭＣＡこそ、中国で最初の都市ＹＭＣＡであった（趙暁陽『基督教青年会在中国』）。日本の場合と同じく、中国でもＹＭＣＡの普及・統合に貢献した人物が、ジョン・モットである。実際、モットが一八九六年九月にはじめて中国の地をふんだ時点で、三団体しかなかった学生ＹＭＣＡは、彼が三カ月間、中国各都市を遊説してまわった結果、二五団体へと増加した。一一月には、全国的統一団体である中国学塾基督幼徒会（中国ＹＭＣＡ）が組織され、日本より一足さきにＷＳＣＦへと加盟している。

図版 3-10　王正廷

王正廷は一八九九年、北洋大学堂の頭等《トウデン》（本科）に進学した。しかし、翌年に発生した義和団戦争で大学堂が閉鎖となり、天津英華書院の英文科主任として働くこととなった。天津ＹＭＣＡの「隊長」であった王は、そのころ極東での大会を計画し、中国を訪れたモットらＷＳＣＦ関係者の案内役もつとめていた（完顔紹元『王正廷的外交生涯』）。その王に新たな任務としてもちかけられたのが、中華留日ＹＭＣＡ創設にともなう日本赴任の要請であった。

王正廷は、一九〇四年より湖南省長沙の明徳学堂で英文科主任をつとめていた。アメリカへ留学しようと資金をためており、給料の低い中華留日ＹＭＣＡの仕事をひきうけることに二の足をふんだ。これに対し、アメリカの実業家より任務終了後に留学費用を負担する申し出があり、王は最終的に承諾し、一九〇六年四月に来日をはたしている。

中華留日ＹＭＣＡの本部は当初、東京神田の日本キリスト教青年会館の一隅に設けられた。王正廷は幹事として、事務運営をとりしきるとともに、付設した学校の英語講師を担当した。翌年一月には、王の司会のもと、中華留日ＹＭＣＡ成立記念パーティーが催されている。その三カ月後の四月、アジアではじめてとなるＷＳＣＦの大会が東京で開かれた。大会終了後、モットらがおこなった中国人留学生向けの伝道講演会には、二八二〇名の参加があり、二四四名の信者を得たという。約一年半にわたる王の在任中にはまた、中国人留学生の多かった早稲田の地に支部が設置されている。

こうして生まれた中華留日ＹＭＣＡは、中国人留学生たちの新たな一大活動拠点となった。その背景には、すでに述べたように、それまでの拠点であった清国留学生会館が、留学生取締規則反対運動のために紛糾し、機能不全におちいった事情があった。また、中華留日ＹＭＣＡは、欧米のキリスト教関係者、とくにアメリカ人が後ろ盾となっており、日本政府としてもその内部での活動に、おいそれと口をはさんだり、介入したりするわけにはいかなかった。いわば、中国人留学生が自由にふるまうことのできるアジール（避難所）として機能したのである。

留学生取締規則反対運動を機に、アメリカは政府レベルでも、積極的に中国人留学生の受け入れをはかった。その象徴的といえる政策が、義和団戦争の賠償金（庚子賠款《ゲンズーペイクアン》）を原資としたアメリカへの国費留学生派遣事業である。清朝は、義和団戦争にからみ、一九〇一年九月に列強と締結した北京議定書で、巨額の賠償金を支払うこととなった。アメリカは一九〇八年七月、この賠償金のうちアメリカが得る予定の二四四四万ドルを、一三六六万ドルに減額し、さらにその大部分を、留学生派遣事業の資金として返還することを申しでた。これにより、一九〇九年に四七名、一九一〇年に七〇名、一九一一年に六三名と、毎年数十名におよぶ国費留学生がアメリカへと送りだされることとなった。胡適も、この制度を利用してアメリカに留学した一人である。また、一九一一年四月には、アメリカ留学に向けた予備校である清華学堂（現在の清華大学）が設立されている。

こうして、中国人日本留学生の数が一九〇六年をピークに減少していったのを埋めあわせるように、アメリカへと留学する中国人学生が徐々に増えていった。この時期、中国人留学生を自国へまねきいれようと、日米双方でさまざまな画策がなされていたのである。

スケープゴートにされた楊度

本章では、一九世紀中葉から二〇世紀初にいたる中国人の海外留学について概観してきた。

中国人が西洋的教育にふれる最初の場となったのが、アヘン戦争で開かれた港の付近にたてられた教会学校であった。そこで教えていたアメリカ人宣教師が、本国へと学生をつれていったのが、中国人海外留学のはじまりである。イェール大学の正規課程で学び、アメリカの大学を卒業した最初の中国人である容閎も、そうしたルートで海外留学を経験した一人であった。

留学の意義を身にしみて感じた容閎は、曾国藩を説得し、アメリカへの国費留学生派遣事業をたちあげた。毎年三〇名ずつ、四年にわたり計一二〇名の少年を送りだし、一五年の歳月をかけて西洋の学問をマスターさせるという、当時としてはスケールの大きな試みであった。しかし、この計画は残念なことに、米中双方のさまざまな問題がからみあい、一八八一年に中止してしまう。日本よりも先を進んでいた中国の海外留学は、ここでいったん中断を余儀なくされるのである。

その後、海外留学の重要性がふたたび見直されるのが、日清戦争後のことである。新たな留学先としては、アメリカでの失敗をふまえ、文化・風俗が近く「同文同種」である隣国の日本がえらばれた。これは単に、日本を通して西洋の学問を学ぶだけでなく、儒教など東洋の教えと折衷させた日本の教育体制が、張之洞らの唱える「中体西用」とも合致したからであろう。こうして一九世紀末から二〇世紀初頭にかけ、中国人留学生がぞくぞくと日本へおしよせる、空前の日本留学ブームが到来することとなる。西洋の科学・技術をうまくとりいれた日本を知ろうという、「知日」熱が一気に高まったのである。

初期の留学生をみると、やはり張之洞が総督をつとめた湖広《フーグアン》（湖北省・湖南省）と両江《リヤンジヤン》（江蘇省・安徽省・江西省・上海市）の出身者が多い。このほか、閩浙《ミンジエ》（福建省・浙江省）や両広《リヤングアン》（広東省・広西省）、直隷《ジーリー》（河北省・北京市・天津市）からも、相当数の留学生が送りだされた。彼らは郷土意識が強く、来日後その出身地ごとに監督処や同郷会が組織された。また、『湖北学生界』や『浙江潮』『江蘇』など、タイトルからも分かるように、各省単位で編《あ》んだ雑誌が東京でつぎつぎと発刊されている。

ほとんどの留学生にとって、地元の異なる者と日常生活をともにしたのは、来日後がはじめてであっただろう。出身地によっては、方言のため互いの話し言葉がまったく通じないケースもあったにちがいない。彼らを教えた嘉納治五郎も、誰もが話せる標準語を早急にさだめる必要性を説いていた（「清国教育私議」）。強固な地域性を超え、中国人としての一体感をもつにはどうしたらよいのか。異国の地である日本において、さまざまな出身地の留学生が一同に会することで、このナショナリズムの課題に直面したのである。

さらに、中国人留学生のナショナリズムを喚起した要素として、朝鮮人学生との出会いがあげられる。両者は同じ留学生として、学校や宿泊施設などで、顔をあわせる機会も少なくなかったであろう。韓国は当時、第二次日韓協約が締結されるなど、日本に主権をうばわれ、植民地化への道をすすんでいた。日清戦争で台湾を割譲され、日本に領土を侵食されつつあった中国人留学生が、朝鮮人の置かれた状況を、我が身に重ねあわせたことは想像に難くない。彼らが留学生取締規則にことのほか強い拒絶反応を示し、大規模な「抗日」デモを起こすまでにいたったのも、日本政府の管理下に置かれることが、主権の侵害、ひいては亡国を連想させたからだと考えられる。

ところで、この中国人学生が起こした最初の「抗日」デモである留学生取締規則反対運動で、誰よりも被害をこうむったのは、楊度であったかもしれない。すでに本章で述べたように、楊度は清国留学生会館の幹事長として、一九〇五年一二月一日に留学生取締規則に関する意見書を文部省宛に提出するなど、中国人留学生を代表し、日本政府との交渉役を担っていた。しかし、その進捗《しんちょく》状況ははかばかしくなく、ことのなりゆきを公にしなかったことから、五日には他の留学生からはげしい突き上げをくらうこととなった。いわく、楊度は駐日公使の楊枢とともに、日本の手先となり、留学生に奴隷教育をほどこそうとしている。この二人の楊が犯した罪は、死に値するというのである（「在本邦清国留学生関係雑纂」）。

楊度個人としては、さしあたって留学生取締規則第九条と第一〇条の修正を要求するのが穏当《おんとう》であると考えていた。それゆえ、いきなり留学生取締規則の全廃を求めたり、それを実現するために授業をボイコットしたりすることに、反対の立場をとった。六日に清国留学生会館でひらかれた会合でも、楊度は留学生取締規則をよく読むと、それほど束縛する内容でなく、中にはもっともな条項も含まれており、むやみに反発すべきでないと、その日からボイコットを決行した留学生らをたしなめた。すると、七〇〇名におよんだ参加者の多くが激昂し、楊度を日本のスパイであるなどとののしり、場内は一時物々《ものもの》しい雰囲気につつまれたという。きびしい批判にさらされた楊度は八日、留学生会館幹事長の辞任を申しでた。くしくも、陳天華が楊度に宛てた「絶命書」をたずさえ、大森海岸に身を投げた日の出来事であった。

　楊度と嘉納治五郎の間でかわされた論争をみても分かるように、楊度は日本人の裏側にひそんだ中国人への優越意識にきわめて敏感であった。そんな彼が日本のスパイであるはずもなく、なんとか日本側との落とし所をみつけ、事態の収拾をはかろうとしたのであろう。だが、楊度のそうした行為が、日本に媚《こび》を売っているとみなされ、集中砲火をあびたのである。

　この騒動から約一週間後、楊度は栃木県宇都宮の旅館に、偽名で宿泊しているとして取り調べをうけていた。供述書によれば、留学生取締規則全廃に反対した楊度を憎んだ留学生が刃物をたずさえ、殺害におよぼうとしたため、八日より当旅館に身をひそめていたという（図版３－11）。事情を察した日本政府は、楊度を保護観察のもとにおきつつ、しばらくの間そのまま潜伏《せんぷく》することを黙認していた。

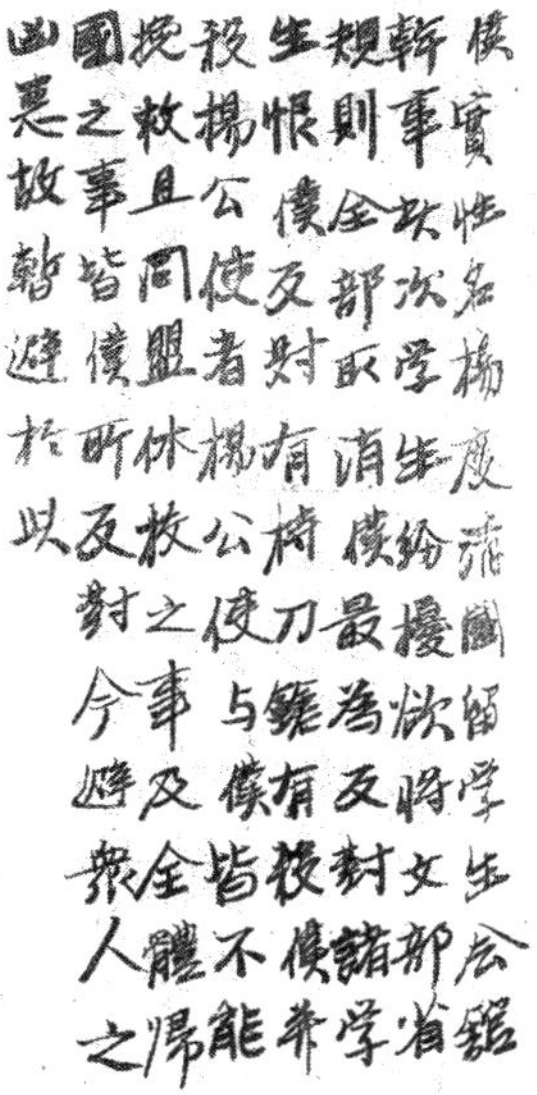

図版 3-11　楊度の供述書。4行目に「有持刀鎗有殺僕（ある者が刃物をもって、私を殺そうとしている）」という記述がある（「在本邦清国留学生関係雑纂」より）

　ここで、本書の第一

章で論じた「抗日」にみられる三つの要素を思いだしてもらいたい。その三要素とは、すなわち①自らの身勝手な価値観をおしつける冷酷な日本人、②その日本人におもねる中国人の裏切り者、③日本の不当極まりない行為に対し、奮然とたちあがる中国人の民衆、である。これを留学生取締規則反対運動にあてはめるならば、①留学生取締規則を制定し、中国人留学生を管理・支配しようとする日本人、②その日本人と意思疎通をはかろうとする裏切り者の楊度と駐日公使の楊枢、③留学生取締規則全廃を求め、退学・帰国も辞さない中国人留学生、といった構図になろう。この最初の「抗日」デモにおいて、すでに日本と近い立場にある同胞をスケープゴートにするような、強い力学がはたらいていたのである。

他方で、この留学生取締規則反対運動を好機ととらえたのが、日本よりも前から中国人教育にたずさわっていたアメリカであった。アメリカ人宣教師らの提案で設立された中華留日ＹＭＣＡは、留学生取締規則反対運動で紛糾した清国留学生会館に代わる留学生の活動拠点として機能をはたした。また、アメリカは義和団戦争の賠償金をいち早く中国に返還し、それをアメリカに留学する中国人の奨学金にあてた。こうして日清戦争以来、日本の後塵《こうじん》を拝《はい》していた中国人留学生事業の挽回《ばんかい》をはかってゆくのである。

第四章

中国の日本人教師

中国にわたった「お雇い日本人」

前章では、中国人留学生をめぐる日本とアメリカの争奪合戦をみてきた。この中国人教育の主導権をめぐる争いは、留学生だけでなく、中国本土における教育事業にも確認することができる。

第二章で述べたように、欧米の宣教師たちは一九世紀中葉以降、中国南東部の開港地を中心に教会学校を設立し、中国人に新式教育をほどこした。また、京師同文館や上海広方言館など、洋務運動のもと、外国の言語や技術を習得させるために設立された教育機関にも、多くの欧米人が教師・経営者として雇用された。当時、同様にお雇い外国人を招聘し、西洋学問をがむしゃらに吸収していた日本人に、中国人に教育をほどこす余裕があったはずもない。一九世紀末葉まで、中国現地での新式教育は、もっぱら欧米人により担われていたのである。

こうした状況が大きく変わる転機となったのが、やはり日清戦争であった。小さな島国にすぎなかった日本の評価が見直され、いわば「お雇い外国人」として、キリスト教布教を使命とした欧米人宣教師よりも、文化的に近く「同文同種」である日本人の方が好ましいとみなされたのである。留学と同様、日本人教師の中国派遣においても、中国側からの要請とともに、日本側が積極的に送りだそうとしており、両国の相互的な働きかけがみられた。

たとえば、一八九九年一〇月に東京同文書院を創設し、中国人留学生の教育にあたった東亜同文会は翌年五月、南京に南京同文書院を設立した。この南京同文書院は、日中両国の学生をうけいれ、中国を専門とする日本人の人材を育成するとともに、中国人に宗教と関わりなく、科学思想を教授することを目的にかかげていた（『東亜同文会史』）。南京同文書院の設立にあたっては、東亜同文会会長の近衛《このえ》篤麿《あつまろ》から話をうけ、その理念に共鳴した劉坤一《リュー・クンイー》が、校舎の確保など、いろいろと便宜をはかっていた。こうして、三〇名あまりの中国人学生をむかえてスタートした南京同文書院であったが、義和団戦争の混乱により、一年ほどで閉鎖している。

また、呉汝綸《ウー・ルールン》の門下生であった中島裁之《なかじまさいし》により、一九〇一年三月に開設された北京東文学社がある（図版4―1）。第二章で述べたように、呉汝綸は桐城派の文人として、日本でも名が知られた人物であった。京都西本願寺の普通教校（現在の龍谷大学）を卒業した中島は、日中両国を往来し、中国人に日本語などを教えるかたわら、呉が開いた蓮池《リエンチー》書院の門をたたき、教えをうけていた。いわば、中国における日本人留学生のさきがけでもあった（柴田幹夫『大谷光瑞の研究』）。

図版 4-1　北京東文学社の日本教習（汪向栄『清国お雇い日本人』より）

南京同文書院のように、義和団戦争で多くの学校が閉鎖に追いこまれる中、中島は呉汝綸へ、新たに新式学校を設立することを相談した。幸いにも、この提案は李鴻章《リー・ホンジャン》の支持をうけ、篤志《とくし》家《か》らから資金援助が得られた。こうして開学したのが、北京東文学社である（劉建雲『中国人の日本語学習史』）。

北京東文学社は、中島の意向から学費を徴収しなかったこともあり、当初の定員三〇名をはるかに超える数百名の学生が殺到した。中島一人で教える体制はすぐにくずれ、二年目には一八名の日本人教師をかかえるにいたっている。五年半ほどと存続期間は短かったが、入学者数は延べ一七〇〇名あまり、教鞭をとった日本人教師は五七名におよんだ。その規模・実績から、日本人が設立した諸学校の「最高峰」とも評されている(実藤恵秀『中国人日本留学史稿』)。

第二・第三章でもとりあげたように、呉汝綸は一九〇二年六月から約四カ月間、総教習として日本を訪れた。その目的は教育視察であったが、会見した教育関係者らに日本人教師の中国派遣をはたらきかけていた。これに対し、帝国教育会会長の辻新次《つじしんじ》が、師範学校の卒業生へ中国に関する基本知識を身につけさせた上で、送りだす考えを示すなど、日本側も積極的に応じた。

この呉汝綸の日本訪問にさきだち、呉の上司にあたる管学大臣の張百熙《ジャン・バイシー》から、駐清国公使の内田康哉へ、義和団戦争による閉鎖から再開した京師大学堂の教師を、日本から招聘したいとの申し出があった。張百熙はウィリアム・マーティンら、それまで京師大学堂につとめていた欧米の外国人教師を、一名をのぞきすべて一九〇二年二月で解雇していた。最高学府である京師大学堂のお雇い外国人として、それまでの欧米人に代わり、あらたに日本人へ白羽の矢がたてられたのである(大塚豊「中国近代高等師範教育の萌芽と服部宇之吉」)。

これをうけ、日本政府は、京師大学堂「速成科」の「師範館」教師として東京帝国大学文科大学助教授の服部宇之吉《はっとりうのきち》(1867–1939)を、「仕学館」教師として京都帝国大学法科大学教授の巌谷《いわや》孫蔵《まごぞう》（1867–1918）を、それぞれ推挙《すいきょ》した。服部と巌谷はともに、教育をとりしきる「正教習」という身分で京師大学堂にむかえられた。また、二人を補佐する人物として、太田《おおた》達人《たつと》と杉栄三郎《すぎえいざぶろう》が、それぞれ師範館と仕学館の「副教習」に就任した。ここでは、中国における師範教育の基礎を築いた服部について、すこしみてゆきたい。

服部宇之吉の出身は、現在の福島県二本松である。武士の三男として生まれた。母は生後一年余りで病没し、父も戊辰戦争で命を失った。さらに、服部自身も戊辰戦争の渦中、家を焼かれ、左目を負傷するなど、物心がつかないうちに苦難を経験している。

服部は一八七三年初、養父となった叔父にともない、東京へと移住した。住処《すみか》とした六本木の藩邸そばにあった漢学者・岡壽考《おかじゅこう》の塾に通い、四書の素読を習っている。一八七七年、開学したばかりの麻布小学校に入学。優秀な成績により四年半で小学校を卒業すると、共立学校（現在の開成中・高等学校）に進学した。その後、大学予備門を経て、東京帝国大学文科大学哲学科へと進んでいる。まさに、明治政府がうちたてた学制の申し子であった。

図版 4–2　服部宇之吉

服部のキャリアを考える上で、重要な要素の一つに繁子《しげこ》との結婚がある。繁子は、東大で漢学を教えていた島田《しまだ》篁村《こうそん》の三女であった。服部

図版 4-3 砲撃をうけた日本公使館の内部
（服部宇之吉『北京籠城日記』より）

は、この結婚により漢学の名門とつながりをもつこととなる。

　大学卒業後、高等師範学校などに勤務した服部は一八九八年九月、東大文科大学助教授に就任した。その翌年五月、漢学研究のために、中国留学を命ぜられている。さきにふれた中島裁之とともに、最初期に中国へと留学した日本人の一人である。ただ、北京に滞在した服部によれば、京師大学堂ができたばかりで図書館もなく、研究者と交流する機会もほとんどなかったという（「服部先生自叙」）。

　服部が留学生活をはじめてから半年あまり、北京の街は義和団戦争にまきこまれた。日本公使館で防衛にそなえた服部らは襲撃をうけ、九週間の籠城《ろうじょう》生活をよぎなくされた（図版４－３）。当時の様子については、服部がのちに公刊した『北京籠城日記』（1900）にくわしく記されている。

　幸いことなきをえて、一九〇〇年六月に日本へ帰国した服部は、ほどなく新たな留学先であるドイツへと旅だった。ライプツィヒやベルリンで約一年半、現地の漢学者らと交流したり、資料を収集したりしていた折、再建された京師大学堂の教師になるよう、文部大臣から打診をうけたのである。これを受諾した服部はすぐに帰国、教授への昇進と文学博士の学位が下され、北京へと赴いた。一九〇二年九月のことであった。

日本人教師の功罪

高等教育を確立するためには、何よりそれを担う教師をそろえなければならない。服部が正教習として赴任した速成科の師範館が、再建した京師大学堂に設けられたのは、いち早くその人材を育成するためであった。高等教育の成否は教師の質にかかっているといっても過言でなく、この重大な任務が服部にたくされたのである。

服部は、着任直後の状況について、つぎのように語っている。

新教育について何等知識のない管学大臣以下の人々が自分の着任を待ちうけて居《お》ったので、着任早々毎日出勤して、北京大学堂師範・仕学両館の学科課程、諸規則類等を制定し、教室、実験室、寄宿舎等の設備を為《な》し、機械標本、図書の購入を為し、師範館の為《た》めには入学試験の手続をとり等《など》して、愈々《いよいよ》同（一九〇二）年十月末に開館した次第であります。（「服部先生自叙」）

服部の北京到着から師範館の開館までは、ほとんど時間がなかった。この話を信じるならば、カリキュラム編成から設備・備品の用意、入学試験の手続きまでこなしたわけで、まさに八面六臂《はちめんろっぴ》の活躍といえる。

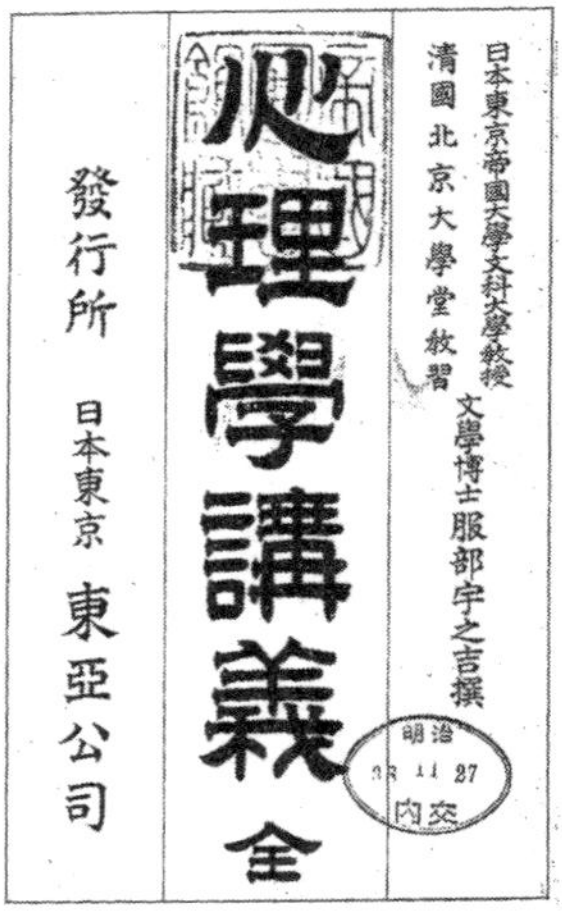

図版 4–4 服部宇之吉が京師大学堂でおこなった講義を活字化した『心理学講義』

師範館の開学時には、選抜試験などを通じ、七九名の入学生があった。その後、学期途中にも継続的にうけいれ、一三〇名あまりの在学生をかかえている（『北京師範大学校史』）。その翌一九〇四年、京師大学堂「予備科」の開学にともない、師範館は「優級師範科」と改められ、二〇〇名あまりの第二期生が入学した。服部によれば、物理学や化学、歴史学、教育学などの分野にわたり、計一三名の日本人教師が教鞭をとったという。服部自身もまた、心理学や倫理学の講義を担当していた（図版４－４）。

赴任直前に文学博士となった服部のほか、副教習の太田達人が帝国大学理科大学を主席で卒業した理学士であり、師範館および優級師範科で教壇にたった日本人教師の多くも、専門の学士号をもっていた。また、東京帝国大学助教授であった矢部《やべ》吉禎《よしただ》や桑野《くわの》久任《ひさたか》、東京高等師範学校教授の法貴《ほうき》慶次郎《けいじろう》など、日本の高等教育機関に勤務していた者も少なくない。京師大学堂の師範教育にあたり、日本はそれなりに高学歴で、実績のある教員を送りこんだのである。

一九〇七年、所定の修業課程を終え、一〇〇名の第一期生が卒業した。一九〇九年には、第二期生二〇六名が卒業をはたしている。彼らは、規定にもとづき、各省へと送られ、一定期間教師をつとめたり、教育行政機関で働いたりした。

こうして第一・第二期の学生を社会へと送りだした後、すでに一九〇四年の奏定学堂章程でうちだされていた、師範館を「優級師範学堂」として京師大学堂から独立させる構想が実行へと移された。しかし、この一九〇八年一一月に開学した優級師範学堂には、経費などの問題により、優級師範科の日本人教師がひきつがれなかった。いわば雇い止めとなった服部は、ほかの教員をひきつれ、一九〇九年一月に帰国している。清朝は、正教習として六年あまり仕えた服部の実績を高く評価し、「進士」の称号を授与した。進士は、かつての科挙制度の最高位にあたる。中国の進士となった日本人は、後にも先にも服部ただ一人である。

なお、服部の妻で、中国に同行した繁子も、一九〇五年に創設された北京初の女学校である豫教《ユージヤオ》女学堂の教育・運営全般を担うなど、中国の女子教育に力をつくした。とくに、繁子は女性革命家の秋瑾《チユー・ジン》（1875–1907）と親交をもち、彼女を実践女学校（現在の実践女子大学）の校長であった下田《しもだ》歌《うた》子《こ》（1854–1936）に推薦し、日本留学に助力したことで知られる（易恵莉「秋瑾の日本留学及び服部繁子と実践女学校」）。実践女学校は、一九〇二年に「清国女子速成科」を設置し、中国人女子留学生を積極的にうけいれていた。秋瑾は、第三章でふれた「留学生取締規則」反対運動の

図版 4–5 秋瑾

図表4－1　清末から民国初期における中国の日本人教師および顧問の人数

年度	1903	1904	1909	1912	1913	1918
日本人教師および教育関係顧問	99	163	424	63	84	36
その他の顧問・教師	49	71	125	96	93	394
計（兼任の数）	148	234（2）	549（17）	159	177（3）	430

（阿部洋「清末における学堂教育と日本人教習」より）

集会において、抗議の退学に反対した同胞に対し、短刀を演台につきさして「死刑」を宣告したといわれ、清末に日本へ留学した最も有名な中国人女子学生である。

ところで、二〇世紀初頭に中国へとわたった日本人教師は、全体でどのくらいの数に達していたのであろうか。外務省の記録をもとに、一九〇三年から一九一八年にわたる日本人教師および顧問の人数を表したのが、[図表4－1]である。現地の駐在機関へ在留届を出さずに教えていたケースなども考えられ、捕捉しきれていない部分もかなりあるだろう。その上で、大まかな趨勢をみると、一九〇三年から一九〇四年にかけて、九九名から一六三名へと約一・六倍に増加している。ピークは一九〇六年で、その数は五〇〇～六〇〇名とされる。一九〇九年に四二四名となり、中華民国の時代に入ると、二ケタ台へと大幅に減少していったのが分かる。

一九〇九年度については、天津の北洋師範学堂で教鞭をとっていた中島《なかじま》半次《はんじ》郎《ろう》が、日本人教師に関するデータを独自に収集・分析している（『日清間の教育関係』）。それによれば、中国の諸学堂で雇われている外国人教師は計三五六名、そのうち日本人が三一一名（男二八八名、女二三名）となっている。残りの内訳は、「英米人」が三六名、ドイツ人三名、フランス人三名、ロシア人とスイス人、デンマーク人が各一名である。外務省の数字と比べると人数が少なく、遺漏《いろう》があると考えられるが、日本人が外国人教師の九割近くをしめており、他国を圧倒していたことはまちがいない。

また、この外国人教師三五六名を勤務地別に分類したのが、［図表4－2］である。日本人とその他の外国人ともに、直隷《ジーリー》省（現在の河北省、および北京市と天津市）がもっとも多く、それぞれ八八名、一七名となっている。ついで日本人教師が多いのが、江蘇省、四川省、盛京《シエンジン》省（現在の遼寧省）、湖北省、湖南省の順で、やはり教育改革を担った張之洞《ジャン・ジードン》が関係した地域がめだっている。

［図表4－3］はまた、別のデータにもとづき、一九〇九年時点における日本人教師の勤務先を表したものである。およそ六割以上の日本人教師が、中・高等教育機関で働いていたことが分か

図表4－2　日本人およびその他外国人教師の地域的分布

省	日本人	その他外国人
直隷	88	17
山東	9	1
山西	13	8
河南	2	1
江蘇	33	1
安徽	8	0
江西	4	0
浙江	13	2
福建	12	6
湖北	25	0
湖南	17	0
陝西	8	0
甘粛	0	0
四川	30	7
広東	9	0
広西	0	0
貴州	3	0
雲南	3	0
盛京	29	2
吉林	5	0
黒竜江	0	0

（中島半次郎『日清間の教育関係』より）

る。中でも、師範学堂に雇用された者の割合が高い。新式教育を担う自前の教員を養成しようと、お雇い外国人を積極的に採用した結果であろう。女子学堂・女子師範にも、三一名の日本人教師が在籍している。下田歌子が顧問をつとめた東洋婦人会は一九〇六年、「清国派遣女教員養成所」を設立し、中国で働く女性教員の養成につとめていた。

以上のように、日本人教師は二〇世紀に入り急激に増加し、一時は中国の教育分野におけるお雇い外国人の座を、ほぼ独占するにいたった。当然ながら、それまで半世紀以上にわたり、地道に教育活動をおこなってきた欧米人にとって、面白くない事態であったにちがいない。実際、欧米の政治家やメディアから、西洋の学問が日本人により教えられている中国の状況を問題視する発言があらわれるようになった。たとえば、一九〇七年六月二日付の『ニューヨーク・トリビューン』には、「中国人は日本人教師を望まない（Chinese don't want Japanese teachers）」と題した記事が掲載されている（図版4－6）。記事では、日本が中国の教育を支配しているものの、期待された成果をうみだしていないことが、こう指摘されていた。

中国の国立学校に外国人教師は少なく、そのほとんどが日本人である（日本人が、中国においてイギリス人やアメリカ人と同じく、まったくの「外国人」であることを、西洋人は認識しなければならない）。しかし、いまや日本人教師が、西洋からやって来た者よりもコストが安く、近づきやすい反面、浅はかな知識しかもっていない見習いにすぎないことに、不満があがっ

図表 4－3　日本人教師の勤務先

学校	人数
高等教育	
高等学堂	69
高等師範	68
法政学堂	42
高等農業学堂	19
高等実業学堂	3
	計 201
中等教育	
中学堂	50
中級師範学堂	74
中級法政学堂	20
中級農業学堂	13
中級実業学堂	51
中級財政学堂	5
女子学堂・女子師範	31
	計 244
初等教育	
小学（陸軍小学も含む）	22
実業学堂	21
幼稚園	6
	計 49
軍事教育	
武備・将弁学堂	64
軍医学堂	28
測絵学堂	11
	計 103
特殊教育	
警務学堂	32
東文学堂	14
鉄路学堂	7
方言学堂	5
医務学堂	2
電話学堂	2
音楽体操	2
銀行	1
	計 65
その他	
私立学堂	7
蒙養院	6
その他	3
	計 16

（汪向栄『清国お雇い日本人』より）

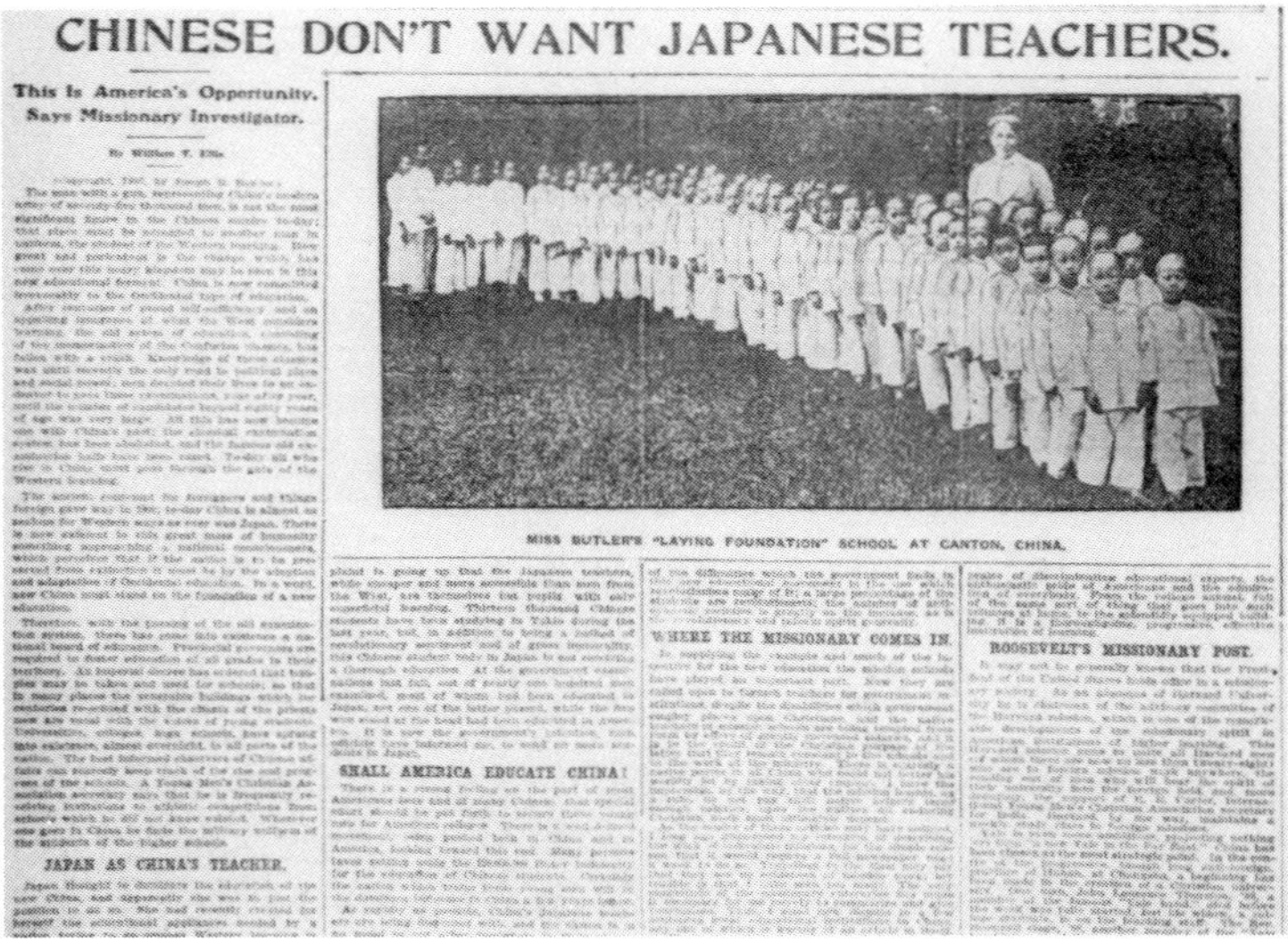
CHINESE DON'T WANT JAPANESE TEACHERS.

This Is America's Opportunity, Says Missionary Investigator.

MISS BUTLER'S "LAYING FOUNDATION" SCHOOL AT CANTON, CHINA.

JAPAN AS CHINA'S TEACHER.

SHALL AMERICA EDUCATE CHINA?

WHERE THE MISSIONARY COMES IN.

ROOSEVELT'S MISSIONARY POST.

図版 4-6　『ニューヨーク・トリビューン』1907年６月２日の一面記事

ている。

手厳しい日本人教師批判である。日本人から教えをうけた中国人は、アメリカ人の学生よりも能力面で大きく劣っているというのである。

注意したいのは、これが必ずしも根拠のないバッシングでなかった点である。たしかに、さきにみた京師大学堂では、東京帝国大学や東京高等師範学校の教員をはじめ、大学で専門的知識を身につけた者が送りこまれ、教育の質がそれなりに担保されていた。また、帝国教育会が師範学校の卒業生へ、中国の言語や歴史などの知識を習得させた上で派遣したように、中国側のニーズに適合した人材の養成にもつとめていた。しかし、短期間で急激に増加した日本人教師の中には、ろくに知識をもちあわせておらず、素行不良の者が少なからずいたようである。服部宇之吉も、そうした状況をつぎのように嘆いていた。

北京時代の不快な記憶に、日本人の先生同志《ママ》の喧嘩《けんか》や不品行という事があります。……支那人の前で日本人同士が喧嘩をする為《た》めに、上席の先生は神経衰弱になるという状態で、遠くは四川省の奥へ行って迄《まで》この有様で、これは洵《まこと》に困ったことでした。又品行の悪い人も多く、保定に翻訳所なるものがあり、直隷総督の事業で日本書を翻訳せしめんとして、日本人数名を招聘《しょうへい》する事になりました。当初仕事がなかったので、総督から酒食《しゅしょく》を供した。すると酔払《よっぱら》って門番を殴打《おうだ》したので、いざ招聘契約を結ぼうとするとき、「酔っ払って門番を殴打せざる事」という一条を契約の条項に加えたいと支那が主張するような醜態《しゅうたい》もありました。

(「服部宇之吉君」)

日本人同士で喧嘩したり、酒に酔って暴れたりするなど、一部の日本人教師が乱暴狼藉《らんぼうろうぜき》をはたらいたことは、ほかにも多くの関係者が証言している。

欧米諸国、なかんずくアメリカは、ただ日本人教師を批判するだけでなく、その代わりを買ってでようと、中国で積極的に教育事業にのりだした。ふたたび、服部宇之吉の証言をみてみよう。

近来、欧米諸国が大分支那人教育に注意し、支那の方に向《むか》って大学を建設するものがある。中に就《つ》いて、亜米利加《あめりか》の如きは、前年早く已《すで》に湖南長沙にエール大学の分校とも云うべきものを設けてある。……亜米利加では、別に又山東に大学を建てることになって居《お》り、英吉利《イギリス》も場所は未《いま》だ分らぬが、矢張《やは》り大学を建てることに為《な》って居り、露西亜《ロシア》でも北満州の吉林に大学を建つることになって居る。一般の状勢は先《ま》ず斯《こ》うなって居るが、北京に居る日本人には、清国人教育の為に北京辺《あたり》に大学を建てるが善《よ》かろうと思って居るものもある。が、是《これ》まで清国で日本人の経営して居る学校もあるが同文書院を除くの外《ほか》は、皆一私人の力なので、従って規模も小に設備も不完全で成績は上らぬ……(「支那人教育に対する所見」)

服部が指摘するように、イェール大学の宣教師らが一九〇六年一一月、湖南省長沙に雅礼《ヤーリー》大学堂を開学するなど、アメリカのミッション・スクールが中国各地に設立されていった。また、セオドア・ルーズベルト大統領も一九〇七年末、一般教書演説で中国の教育事業を全面的に支援することを表明した。その基金として、義和団戦争の賠償金が用いられ、北京に清華学堂(現在の清華大学)が創設されたことは、すでに第三章で述べた通りである。

日露戦争直後をピークに、日本人教師の数が下降線をたどった背景には、その高給をまかなないきれない中国の財政事情や、学業を修めた帰国留学生の増加など、さまざまな要因が考えられる。中でも、この日本人の品格に関わる問題とアメリカによる新式学校の設立は、日本人教師離れに拍車をかけたであろう。留学事業のケースと同じく、中国国内の教育でも、日米両国は、その覇《は》権《けん》をめぐり激しいつばぜりあいを演じたのである（阿部洋『「対支文化事業」の研究』）。

袁世凱と吉野作造

さきに［図表4－2］で確認したように、日本人教師の赴任地として最も多かったのが、直隷省である。「直隷」とは、京師に直接隷属する地域、すなわち皇帝のおひざもとを指しており、現在の北京市、天津市をふくめた河北省にほぼ相当する。この直隷省を治める直隷総督兼北洋大臣を、李鴻章の後任として一九〇二年六月よりつとめていたのが、袁世凱《ユエン・シーカイ》であった。

一般に袁世凱というと、軍人出身で強権をふるい、孫文ら「革命」派を弾圧した旧体制側の人物というイメージが強いかもしれない。だが、康有為《カン・ヨウウェイ》が組織した強学会のメンバーに名を連ねたように、袁は変法運動へ理解を示していた。直隷総督兼北洋大臣に就任する前の山東巡撫《シュンフー》時代にも、改革案をつのった一九〇一年の詔書をうけ、旧来の教育内容より少しずつ「実学」を増やしてゆく「条陳変法疏」を提出した。また、各省の書院を大学堂に改めるとともに、各府庁・直隷州が中学堂を、各州県が小学堂・蒙養学堂（幼稚園）を、それぞれ設置することを命じた「興学詔

図版 4-7　袁世凱

図表4−4　直隷省における学堂数と学生数。（　）内は全国に占める直隷省の割合（%）

年度	学堂数			学生数	
	官立	公立	私立	在学者	卒業者
光緒30年（1904年）	2619 (72.6)	5 (1.3)	8 (3.6)	46257 (51.4)	183 (8.4)
光緒31年（1905年）	212 (7.7)	2426 (50.2)	8 (1.2)	78197 (33.9)	359 (15.6)
光緒32年（1906年）	179 (3.4)	4977 (40.4)	584 (25.4)	134868 (29.5)	1101 (13.7)
光緒33年（1907年）	2074 (20.0)	6700 (33.0)	602 (14.9)	173322 (19.9)	8369 (42.9)

（貴志俊彦「清末の都市行政の一環」より）

書」に対し、より現場に即した形で学堂を整備することを提案した「山東学堂事宜及試弁章程」を上奏している。これは、朝廷の容《い》れるところとなり、全国各省へ袁世凱の案をもとに学堂を設立するよう通達が出されている（阿部洋『中国近代学校史研究』）。新式教育を普及させるため、張之洞とともに、科挙の即時撤廃をおしすすめたのも、袁世凱である。袁はまぎれもなく、光緒新政後の教育改革を担った開明的政治家の一人であった。

直隷省の省都は、北京の南西部に位置する保定《バオディン》である。また、義和団戦争で日本をはじめとする八カ国連合軍が組織した「天津都統衙門」に占拠された天津は、袁世凱が交渉をおこない、中国へと返還された。袁は、この保定と天津を拠点に、教育事業を営んでゆくこととなる。

［図表4−4］は、一九〇四年から一九〇七年にわたる直隷省の学堂数と学生数を表したものである。学堂と学生の数とともに、直隷省の占める比率が非常に高かったのが分かる。これと数値が若干異なるが、教育行政を統括する「学

部」が作成した一九〇七年の統計によれば、専門学堂一二校、実業学堂二〇校、優級師範学堂三校、初級師範学堂九〇校、師範伝習所五校、中学堂三〇校、小学堂七三九一校、女子学堂一二一校、蒙養学堂二校など、学堂が合計八七二三校、学生総数は一六万四〇〇〇名あまりで、全省で第二位の地位にあった（「光緒三十三年分第一次教育統計図表」）。保定の主要な学堂としては、軍事教育の北洋行営将弁学堂（一九〇二年設立）、直隷師範学堂（一九〇二年）、直隷農務学堂（一九〇二年）、北洋速成武備学堂（一九〇三年）がある。天津にも、北洋軍医学堂（一九〇二年）や北洋巡警学堂（一九〇三年）、北洋師範学堂（一九〇六年）、北洋女師範学堂（一九〇六年）、北洋法政学堂（一九〇六年）などが、袁世凱のもとで創設されている。

直隷省における日本人教師の勤務先は、［図表4－3］の全国的な傾向と同じく、師範教育および軍事教育関連が多い。北洋行営将弁学堂には計一八名、直隷師範学堂二三名、北洋軍医学堂八名、北洋師範学堂一一名、北洋女師範学堂二名の日本人教師が在籍していた。軍事関連の学校ではあわせて五〇名、師範学堂で四二名の日本人教師が教鞭をとっており、分野別にみてそれぞれ首位、第二位の座をしめている（劉宏「中国近代教育改革中的日本影響」）。

さらに直隷省では、単なる教師にとどまらず、学堂全体のカリキュラムや運営方針を担う「総教習」をつとめた者も少なくなかった。たとえば、北洋行営将弁学堂は陸軍少佐の多賀《たが》宗之《むねゆき》、直隷師範学堂は東京音楽学校（現在の東京藝術大学音楽学部）の初代校長であった渡辺龍聖《わたなべりようせい》（1865–1944）、直隷農務学堂は農学者の楠原正三《くすはらしようぞう》、北洋軍医学堂は軍医の平賀《ひらが》精次《せいじ》郎《ろう》を、それぞれ総教

図版 4-8 天津時代の吉野作造（吉野作造記念館蔵）

習として招聘していた。とくに渡辺龍聖は、直隷省の教育行政を補佐する「学務顧問」にも任ぜられている。教育改革を推進するにあたり、袁世凱は日本をモデルとし、日本人教師・顧問を積極的にリクルートしたのである。

袁世凱はまた、自らの嫡男《ちゃくなん》である克定《ケーディン》の家庭教師にも、日本人を雇っていた。それが若き吉野作造（1878–1933）である。吉野はのちに、「民本主義」を唱え、大正デモクラシーのオピニオン・リーダーとして活躍することとなる。

吉野は一九〇四年七月、東京帝国大学法科大学を主席で卒業し、東大大学院へと進学した。仙台の第二高等学校在学中に結婚した吉野には、大学卒業時点で二人の娘がおり、一九〇五年六月に三女が生まれていた。この一家を養うため、吉野は稼ぎ口を斡旋《あっせん》してくれるよう、恩師らに依頼した。これをうけ、梅謙次《うめけんじ》郎《ろう》（1860–1910）からもちかけられたのが、袁克定の家庭教師である。

梅謙次郎は、日本の民法・商法を起草した一人で、「民法の父」と称されている。また、東大で教えるかたわら、和仏法律学校法政大学（現在の法政大学）の「初代総理」となり、一九〇四年四月に「清国留学生法政速成科」を創設し、中国人留学生の教育にとりくんだことでも知られる。この法政速成科は、法律の知識をもつ人材の育成が急務であると痛感した范源濂《ファン・ユエンリエン》と曹汝霖《ツァオ・ルーリン》が、梅にはたらきかけ、実現したものであった。

范源濂は帰国後、京師大学堂で服部宇之吉とともに働き、中華民国の時代に入っても、北京政府の教育総長や北京師範大学校長を歴任するなど、新式教育の導入・確立に力をつくした人物である。他方、曹汝霖の名は、実のところ、第一章で五四運動についてふれた際、すでに登場している。そう、五四運動で襲撃をうけ、焼き打ちにあったのが、曹汝霖の邸宅にほかならない。

法政速成科は、その名のとおり短期集中コースで、修業年限が一年であった（のちに一年半へ変更）。梅をはじめ、東大教授の美濃部《みのべ》達吉《たつきち》や東京高等商業学校教授の中村進午《なかむらしんご》など、そうそうたる教授陣をそろえ、一九〇六年のピーク時には、在学生が一〇〇〇名あまりにのぼった。まさに、中国人教育において、嘉納治五郎の弘文学院と双璧《そうへき》をなした私立学校である。留学生取締規則に抗議し、自殺した陳天華《チエン・ティエンファ》も弘文学院で学んだ後、法政速成科に在籍していた。

中国で名声の高かった梅は、一九〇六年に創設された京師法律学堂の教師や、民法典を編纂する修訂法律館調査員など、中国側から再三にわたるオファーをうけていた（青木俊介「梅謙次郎の清国訪問について」）。実際、梅自身が中国に赴任することはなかったものの、中国側の要望に応じて日本人の専門家を推薦し、送りだしていた。袁克定の家庭教師も、依頼をうけた梅が、それにふさわしい人物として、吉野に白羽《しらは》の矢をたてたのである。

梅の誘いに応じた吉野は一九〇六年一月末、赴任先の天津へと向かった。出発前、吉野が属した本郷教会では、送別会がひらかれている。その席上、同郷の先輩である内ヶ崎《うちがさき》作三郎《さくさぶろう》（1877–

1947）が、つぎのようなエールを送っていた。

君の名義は袁家の教師たるに過ぎざれども、君の感化如何《いかん》によりて間接に支那の億兆蒼生《おくちょうそうせい》の運命に関係なきにあらず。これ実に壮快《そうかい》なる事業に非《あら》ずして何ぞや。翔天《しょうてん》君（吉野――筆者）が蒲柳《ほりゅう》の質たるに拘《かかわ》らず、猛然としてこの招聘に快諾を与えられ、吾人が一も二もなく、同意を表したるはこれに因《いん》す。君は一個の政治経済の専攻者としてのみに非ず、一個の基督教徒《きりすと》として袁氏の家庭に入るの光栄を自覚せり。吾人が内にありて失う所の大なるものあるに拘らず、喜悦《きえつ》と希望とを以て君を送るは又実にこの事あるがため也《なり》。（「翔天吉野君を送る」）

吉野は二高在学時、一学年上の内ヶ崎らに追随する形で洗礼をうけていた。内ヶ崎のエールにあるように、吉野自身にも欧米人宣教師と同じく、中国を教えみちびくというクリスチャンとしての使命感があっただろう。

吉野の中国滞在は当初、その意気込みとは裏腹に、日本で聞いた契約条件と異なり、給料が半年間支払われないなど、苦難つづきであった（田澤晴子『吉野作造』）。その間、袁世凱の軍事顧問をつとめた坂西利八郎《ばんざいりはちろう》のはからいで、直隷省督練処の官員となり、日本留学から帰国した中国人将校らに、戦時国際法を講義することで、糊口《ここう》をしのいだという。また、吉野と同い年である袁克定に対しても、勝手気ままに吉野をよびつける一方で、教育方針にしたがわないと不満を感じていた。
こうしてさまざまなトラブルにあいながらも、吉野は三年間、天津を拠点に教育活動に従事した。中国の教育は将来、どうあるべきか。日本に帰国し、晴れて東大助教授に就任した吉野は、その展望をこう語っていた。

清国に於《お》ける教育事業を、日本の一手に独占するというのは、清国の為《た》めに必要の事である。独乙《ドイツ》などが此《この》方面にも地歩を占むるときは、清国はそれ丈《だ》け無用の出費をなしたものと見ざるを得ない。故に吾人は善隣《ぜんりん》清国の一日も早く開明に進まんことを希望するの至誠《しせい》よりして、其《その》教育事業の独占を謀《はか》らねばならぬと思うのである。この目的を達するには、官民ともに更に大に振わねばならぬと云うのである。（「清国に於ける日本人教師」）

図版 4-9 吉野作造が袁克定を教えたとされる天津の建物（筆者撮影）

ここで、ドイツに言及しているのは、京師大学堂で服部宇之吉らが雇い止めとなった際、外国人で唯一ドイツ人だけがひきつづき雇用されたことをうけている。吉野もまた、欧米人でなく日本人が、中国人教育を掌握すべきだと考えていたのは興味ぶかい。

今井嘉幸と李大釗

図版 4-10 今井嘉幸

中国滞在中、吉野作造は一年あまり、北洋法政学堂でも教鞭をとっていた。北洋法政学堂は一九〇六年一二月、新たな法律や政治を担う人材を養成するために、天津に設立された学校である。この北洋法政学堂には、吉野と東大法科大学の同級生で、中央学生キリスト教青年会（中央学生ＹＭＣＡ）の会館で寝食をともにした今井嘉幸《いまいよしゆき》（1878–1951）が、常勤講師として教えていた。

さらに注目したいのは、新文化運動のリーダーで、中国共産党創設者の一人である李大釗《リー・ダージャオ》（1889–1927）が、北洋法政学堂で学んでいた点である。李は後年、北洋法政学堂在学時をふりかえった際、つぎのように語っていた。

> 当時、二人の日本教員がいた。一人は吉野作造で、もう一人は今井嘉幸である。本校で教授をし、のちに帰国した二人は、いずれも平民主義を大いに鼓吹《こすい》し、民治思想を紹介した。民権運動をおこない、国民を教導した。日本国民は、彼らから大きな恩沢《おんたく》をうけたのである。
>
> （「十八年来之回顧」）

李大釗がいうように、吉野が帰国後、「民本主義」の主唱者として活躍したことは、すでに述べた通りである。また、今井も「普選博士」として、普通選挙運動を展開し、その実現に貢献した一人であった。

今井は、一九〇八年二月に北洋法政学堂の講師となり、日本に帰国する一九一三年初まで、その職務をつとめた。「図表4-1」でみたように、中国で働く日本人教師の数は、一九一一年の辛亥革命以降、大幅に減少しており、清朝から中華民国をまたいで、教えつづけたケースは数少ない。今井の在職期間は、ちょうど李大釗が北洋法政学堂の第一期生として学んでいた時期と重なっている。今井と李大釗は約五年間、北洋法政学堂で教師と学生の関係にあったわけである。

図版 4-11　李大釗

李大釗は、河北省楽亭《ラオティン》県の出身。物心つかないうちに両親が亡くなり、父の養親にひきとられた。李も他にもれず、役人となるべく伝統的な教育をほどこされている。

一九〇五年、数え年で一七歳となった李大釗は、二度目となる童試《トンシー》をうけた。童試は郷試の前段階にあたるもので、県試、府試、院試の三つの試験に合格しなければならない。この童試で、李は県試に合格し、府試を受験した。その最中、張之洞と袁世凱の上奏により、科挙が突如廃止されてしまうのである。救済措置として、府試の成績がよかった者には、中学堂で学ぶことがみとめられた。そこで李は、地元の永平府《ヨンピンフー》中学堂へ進学し、経学のほか、英語や西洋の学問にとりくむこととなる（『李大釗年譜長編』）。

李大釗は一九〇七年夏、政治を学んで民族を救いたいとの一念から、仲間とともに天津に赴き、新設される北洋法政学堂の入学試験をうけたという。北洋法政学堂は、大学本科に相当する「専門科」と人材の速成を目的とした「簡易科」に分かれ、専門科では三年の「予科」を経たのち、「正科」で法律か政治の専門教育を三年うけるカリキュラムとなっていた。李は、専門科の入試にみごと合格し、一九〇七年九月に予科へ入学した。

つづいて、今井が北洋法政学堂で教えるにいたった経緯についてみてゆきたい。

李大釗より一回りほど年長であった今井は、一九〇四年に東京帝国大学を卒業後、大学院に進学するかたわら、司法官試補となった。今井が晩年に書いた小説風の自叙伝によれば、彼は第一高等学校在学時、中国人留学生との交わりを通じ、中国に渡る大志をいだいたという（『今井嘉幸自叙伝』）。今井は一九〇五年一二月、志願兵として郷里にあった松山歩兵連隊に一年あまり入営したのち、司法省へと復帰したが、依然として中国への思いを断ちきれずにいた。そうした中、吉野の場合と同じく、恩師の梅謙次郎から北洋法政学堂での働き口を紹介されたのである。

さきにふれたように、今井と吉野は学生時代、一つ屋根の下で暮らした親友であった。二人は一年たらずの間、天津の租界に隣りあわせで生活し、人力車で学校へと通った。今井によれば、彼がのちに博士論文のテーマとして、中国における領事裁判権の研究にとりくんだのは、フランス租界で乗っていた人力車の中国人車夫が、鑑札《かんさつ》を所持していないために、巡査に拘束されたことがきっかけであったという（「半植民地状態より支那を救へ」）。

学生の李大釗は、今井や吉野ら日本人教師の講義をどのようにうけとめたのか。それがうかがえる資料として、李が予科三年生の時、受講した「法学通論講義」のテキストに書きこんだとされる手沢本がある。このテキストの内容は、明治法律学校の創設者であった岸本辰雄《きしもとたつお》（1851–1912）の『法学通論』に全面的に沿ったものであった。テキストは、まず国家、および法律に関する諸概念や基礎知識を解説した「総論」ではじまり、憲法、行政法、刑法と「各論」へ移っていった。「総論」では、「国体は主権の所在に因《よ》りて分《わか》れ、政体は主権行動の形式に因りて分る」という一節にアンダーラインが引かれ、「主権の所在の異《こと》なるは、歴史に因り、主権行動形式の異なるは、法制に因る」に傍点《ぼうてん》が付されるなど、「国体」と「政体」の項に多くの筆跡がみられる（李大釗「『法学通論』批注」）。また、憲法についても、その統治のあり方や、大日本帝国憲法における天皇の位置づけを論じた箇所に、傍点、書き込みが集中している。この講義を担当したのが誰であったのかは定かでないが、李大釗が国家の成り立ちや憲政に関心をもっていたことがよみとれよう。

「あの時、中国北部における政治運動の中心といえば、まず天津があげられる。天津では、北洋法政学校が中心であった」。李大釗はのちに、辛亥革命にいたる政治運動をふりかえり、こう語っていた（「十八年来之回顧」）。とくに一九一〇年一二月、北洋法政学堂の学生らが、他校生とともに決起集会を開き、国会の即時開設を求めて授業を一斉ボイコットする運動を起こした。さらに、これが当局に制圧されると、清朝打倒をめざす革命派の勢力が強まっていった。清朝を支える新たな人材を養成するために開設された北洋法政学堂が、皮肉にも清朝の存続をおびやかす政治運動の一大拠点となったのである。

一九一一年一〇月、辛亥革命の起点となった武昌蜂起が伝えられると、天津近郊の灤州《ルアンジオウ》でも、軍事演習のために駐留していた清朝の軍隊が、朝廷に改革をせまる事態が発生した。さらに、北洋法政学堂の教員であった白雅雨《バイ・ヤーユー》が、清軍の一部とも連携し、灤州独立の蜂起をくわだてた。この灤州蜂起には、北洋法政学堂の学生らも関与したが、結局、清朝に鎮圧され、身柄を拘束された白が死刑に処された。

今井は後年、学校をとりまいた当時の状況について、こう回顧していた。

革命の勢は燎原《りょうげん》の火の如く延《の》び広がり、鼻先の灤州と云う処で大事が起《おこ》った。……満廷を震駭《しんがい》せしめたるは固《もと》より、北支の物情は頓《とみ》に騒然たり。学生等は毎日寄宿舎の室や廊下をあちこちして、教場へは出て来るものが次第に数少《かずすく》なくなって行く。試みに其《その》理由を聴いて見ると、「この国家の大事に当《あた》って民法の講義など聴く暇がありますか？」と云う。（「ドン・キホーテ」）

国家の一大事に、講義へ出席する暇はない。この学生の答えにもっともであると感じた今井は、松山兵営で学んだ教科書をもとに、戦術学を講じ、好評を博したという。

北洋法政学堂はまもなく休業となり、ほとんどの日本人教師が帰国する中、今井は中国にとどまり、辛亥革命をみとどけた。一九一二年後半、卒業をひかえた李大釗ら北洋法政学校の第一期生が、共同研究、学習を旗印とした北洋法政学会を結成した。今井はこの企てに賛同し、もう一人の日本人教師であった大石定吉《おおいしさだきち》とともに、学会の「名誉賛成員」となり、二〇元を寄付した。これは公開された寄付金の中で最高額であった（『李大釗史事綜録』）。

今井はまた、李大釗が編集部部長をつとめた学会誌『言治《イエンジー》』に、「領事裁判権撤去論」を寄稿した。内容は、タイトルに示されているように、日本の経験をモデルとした法典や裁判制度、およびそれを担う人材の整備を通じ、日本をふくめた列強が中国で行使している領事裁判権の撤廃を主張したものであった。法権が回復された暁《あかつき》には、また中国で祝杯を挙げたいとし、今井はこの論文を置きみやげとする形で一九一三年初、日本へと帰国したのである。

今井嘉幸と李大釗の絆

本章では、中国人の日本留学と軌《き》を一《いつ》にして、一九世紀末にはじまり、日露戦争後にピークをむかえた中国の日本人教師についてみてきた。当初は、東亜同文会による南京同文書院や中島裁之の北京東文学社など、日本人が中国に開設した私立学校のスタッフとして、海をわたっていった日本人教師。一九〇一年よりはじまる光緒新政で教育改革が断行され、中国各地に新式学校が設立されると、そこで雇用される日本人教師の数は、うなぎのぼりに増えていった。この日本人教師の中国派遣においても、留学のケースと同じく、それを求める中国側と、積極的に売りこみをはかる日本側という双方の動きがみられた。

義和団戦争後に再開した最高学府の京師大学堂でも、それまでのウィリアム・マーティンら欧米人を主体とした教育体制が一新され、日本人にその再建がたくされた。さしあたって、早急に教師を養成するために設けられた速成科師範館のトップには、服部宇之吉が就任した。服部は約六年間、他の日本人教師をしたがえつつ、師範館の運営を切り盛りし、三〇〇名以上の卒業生を送りだした。清朝から日本人初となる進士の称号が与えられたように、服部の功績は大きく、再建された京師大学堂の基礎を築く役割をはたしたのである。

他面で、短期間のうちに急増した日本人教師の中には、学識に劣ったり、素行が悪かったりする者が少なからず存在した。北京にいた服部も、そうした日本人が地方で起こした数々のトラブルに頭を悩ませていたようである。こうした事態をきびしく批判したのが、かつて中国お雇い外国人教師の座を占めていた欧米人、なかんずくアメリカ人であった。彼らは、批判だけにとどまらず、ミッション・スクールなど、日本人が関与した教育機関に代わる新たな学校を、中国各地に創設していった。ここでも、中国人留学事業と同様、日本とアメリカの間で、中国人教育のイニシアティブをめぐる争いがくりひろげられたのである。

この時期、中国で教鞭をとった日本人の中には、のちに大正デモクラシーのオピニオン・リーダーとして活躍する者もいた。その代表的人物が、吉野作造と今井嘉幸である。吉野と今井はいずれも、東大の恩師である梅謙次郎にさそわれ、袁世凱の治める天津へと赴き、教師として働いた。

吉野と今井が勤務した北洋法政学堂には、新文化運動の担い手で、のちに中国共産党結党に貢献した李大釗が在学していた。北洋法政学堂で約五年間、李大釗とともに時をすごした今井は、たんに講義をおこなうだけでなく、学生らの革命運動を支持するとともに、李らが学内で結成した北洋法政学会をサポートしたり、その学会誌に領事裁判権を撤廃すべきとする論文を寄稿したりしていた。吉野と今井が帰国した後も、李は二人とコンタクトをとり、日中両国における諸問題を解決するために協力・連携しあった。五四運動でみられた吉野と李大釗の連携については、第六章であらためてふれることとして、ここでは今井と李の間にみられた交流を簡単にみてゆきたい。

李大釗によると、今井は帰国前、学生らに「中国は将来、必ず領事裁判権を撤廃するだろう。諸君は法学を研究し、それに備えなければならない。私は草案を書きためており、暇があったら諸君におみせしたい」と語ったという（『中国国際法論』訳叙）。実際、今井は日本に戻ると、中国の領事裁判権に関する研究に専心し、論文「支那に於ける外国裁判権と外国行政地域」を書き

図版 4-12 今井嘉幸『中国国際法論』の中国語訳（上海商務印書館版）

あげ、博士号を取得した。これを一九一五年三月に公刊したものが、『支那国際法論』である。菊判《きくばん》で約五〇〇頁からなる『支那国際法論』は、博士論文のタイトル通り、外国裁判権と外国行政地域を、さまざまな事例から多角的に考察したものであった。

一九一三年六月、北洋法政学堂を卒業した李大釗はその年の暮、日本留学をこころざし、同級生であった張潤之《ジャン・ルンジー》とともに来日をはたした。李が翌年春、今井のもとを訪ねると、ちょうど博士論文が刷りあがり、校正で忙しい最中だったという。原稿をみせてもらった李は、今井の主張を中国人に広く知らしめようと、張と共訳し、一九一五年七月に『中国国際法論』として出版した。原書が公刊されてまもない出版であり、いかに李大釗らが翻訳に力を注いだかがうかがえよう。

なお、『支那国際法論』の中国語訳は、筆者が確認したかぎりで、①李大釗・張潤之訳『中国国際法論』健行社、一九一五年七月、②馮大樹《フエン・ダーシユー》訳『中国国際法論』巖松堂、一九一五年九月、九州大学図書館蔵、③張森如《ジャン・センルー》訳『中国国際法論』上海商務印書館、一九一五年九月、北京大学図書館蔵、の三種類がある。いずれも全訳である。翻訳文は、それぞれ異なっており、まったく別個に手がけられたものと思われる。分厚い本の翻訳が短期間で、三種類も出版されたのは、それだけ原書を読んだ中国人に大きなインパクトを与えた証《あかし》であろう。
『支那国際法論』の中国語訳が世に出てまもない一九一五年末、中華民国大総統となっていた袁世凱が自ら皇帝に即位しようと、帝制（君主制）を復活させた。この帝制復活に対し、日本で軍事教育をうけた蔡鍔《ツァイ・エー》や唐継尭《タン・ジーヤオ》らが、雲南省で反旗をひるがえすと、これにつづき、南方の各省も独立を宣言した。大阪で弁護士をしていた今井は一九一六年四月、蔡らが樹立した雲南軍政府からの招聘に応じ、ふたたび中国へと赴いた。今井に託された任務は、広東に組織された臨時政府である軍務院の法律顧問であった。

雲南軍政府がなぜ、今井を法律顧問として雇ったのか。中国で一介の教師にすぎなかった今井が、法律顧問に就任した背景については、実業家であった中橋徳五郎《なかはしとくごろう》による推薦との報道もあるが（「革軍に聘された今井博士」『時事新報』一九一六年四月一五日）、正確なところは不明である。ただ、李大釗らが翻訳した『中国国際法論』は、今井の力量を把握する上で、大きな判断材料となったであろう。自らの申し出により、無給で働いた今井は、赴任先であった雲南の督軍兼省長で、軍務院の撫軍長をつとめた唐継尭からも高い評価をうけていた（拙稿「今井嘉幸と李大釗」）。

李大釗にとって、今井は北洋法政学堂で教えをうけ、領事裁判権など中国が克服すべき課題に目を開かせてくれた恩師であった。他方、今井も李大釗のような教え子がいたからこそ、『支那国際法論』が中国語へと翻訳され、軍務院の法律顧問となる機会を得たのであった。このように、今井と李大釗は北洋法政学堂をはなれた後も、変わらぬ親交をかわしていたのである。

第五章

中華民国の誕生と教育改革

中国教育の父・蔡元培

日本の山東権益をみとめたヴェルサイユ講和条約の決定に反発し、中国人学生らがひきおこした五四運動。この学生の活動拠点となったのが、京師大学堂の後身となる北京大学である。また、五四運動へと機運をもりたてるのに、大きな役割をはたしたのが、日本留学生（および日本留学経験者）たちであった。本章では、そのような観点から、中華民国初期における北京大学と、日本留学生の動向についてみてゆくことにしたい。

第四章で述べたように、京師大学堂の優級師範科は、服部宇之吉が第二期学生を卒業させた後、優級師範学堂と改称し、京師大学堂から独立した。現在の北京師範大学は、この優級師範学堂がルーツとなっている。もともと「速成科」としてはじまった京師大学堂の師範教育は、服部による統括・指導のもと、その使命をはたしたといえよう。

一九〇九年には、優級師範科第二期学生とともに、京師大学堂の予備科第一期学生も、一三二名が所定のカリキュラムを終え、卒業した。彼らをうけいれる京師大学堂の本科は、日本の帝国大学にならい、分科大学制が採用された。分科大学は、「経科」「文科」「法政科」「医科」「格致《ゲージー》科」「農科」「工科」「商科」の全八科で、医科をのぞく七科が一九一〇年三月に開学した。修業年限は、商科を三年としたほか、いずれも四年となっている（『北京大学校史』）。

こうして各分科大学に第一期生が入学し、京師大学堂の本科が正式にスタートした。だが、それから一年あまりで、辛亥革命が勃発し、休校をよぎなくされてしまう。結局、清朝が倒れ、京師大学堂は本科から一名の卒業生もださないまま、終焉《しゅうえん》をむかえることとなる。

その後、新たに誕生した中華民国のもと、京師大学堂の措置をふくめ、教育システム全体の改革を担ったのが、蔡元培《ツァイ・ユエンペイ》（1868–1940）である。

図版 5–1　蔡元培

蔡元培は、紹興酒《しょうこうしゅ》で有名な浙江省紹興《シャオシン》の出身。代々金融業をいとなむ商家の次男坊として生まれた。風光明媚《ふうこうめいび》な水郷の街である紹興は、蔡元培のほか、第四章で紹介した女性革命家の秋瑾《チュー・ジン》や、文豪の魯迅《ルー・シュン》など、清末・民国初期に活躍した人材を輩出した地域である。

家業をつがない蔡元培には、例にもれず伝統的な教育がほどこされた。蔡は、幼い頃より頭角をあらわし、一八八三年にうけた童試に合格、秀才となっている。つづいて一八八五年、八八年と、杭州で郷試を受験したものの、おしくも不合格。翌八九年に光緒帝《グゥアンシューディー》の親政を祝い、特別に実施された恩科の郷試をうけ、受験者一五五名のうち二三番で合格し、挙人となった。第二章で経歴を紹介した梁啓超《リャン・チーチャオ》が挙人となったのも、この郷試である。

さらに、蔡元培は一八九〇年、北京でおこなわれた恩科の会試を受験し、一発合格をはたした。当時の科挙では、会試に通り、貢士《ゴンシー》となった者は、つづけて進士となるために殿試《ディエンシー》をうけるのが、通例となっていた。しかし、蔡は自らの能力不足を感じてか、いったん殿試受験を見送り、帰郷している（『蔡元培年譜』）。

その二年後、ふたたび上京した蔡元培は、殿試を受験し、優秀な成績で進士となり、皇帝直属の機関である「翰林院《ハンリンユエン》」の研修生にあたる「庶吉士《シユージーシー》」に任命された。庶吉士は二、三年間の研修を経た後、「散館《サングアン》」試験をうけ、成績優秀者だけが翰林院にとどまることができる。蔡は一八九四年にみごと、散館試験を通過し、正式な役職である「翰林院編修」へと昇格をはたした。

こうして、蔡元培は日清戦争前までに、とんとん拍子で科挙の最高位までのぼりつめた。日清戦争中に会試にのぞんだ康有為《カン・ヨウウエイ》や梁啓超とくらべても、蔡元培の昇進スピードはめざましい。康と梁が日本との講和に反対し、「変法」の必要性をとなえた「公車上書」を提出した時点で、蔡は清朝の高官となっており、変法運動に理解を示しつつも、一定の距離をおいていた。

康有為、梁啓超らの戊戌変法が挫折に終わった一八九八年末、蔡元培は暇を請《こ》うて、紹興にもどり、前年にできた中西学堂の校務をつかさどる「総理」に就任した。蔡が新式学校の運営にたずさわったのは、これがはじめてである。蔡はまず、外国語としてそれまでの英語、フランス語にくわえ、あらたに日本語の課程を設置し、日本人教師を雇用した。蔡自身も、中国人にとって習得しやすく、西洋の重要な書籍も和訳されていることから、日本語学習にとりくんだ。

中西学堂の総理を約二年間つとめた後、蔡元培は上海へと移り、南洋公学（現在の交通大学）の「総教習」に就任した。また、一九〇二年四月に「中国青年男女に教育を通じ、知識を身につけさせ、国家観念を強化する」ことをかかげた中国教育会を結成し、その事務長に選出されている。蔡はさらに、女子教育をめざして設立された愛国女学の校長もつとめるなど（図版５－２）、新式教育の整備に力を注いでいった。

　蔡元培はこの年、夏休みを利用し、はじめての海外となる日本を訪れている。当初、一カ月の滞在を予定していたものの、東京に到着してまもなく、第三章で論じた成城学校入学事件に遭遇した。実はこの時、警察に逮捕され、自殺未遂をおこした呉稚暉《ウー・ジーフィ》は、もともと南洋公学で教師をしていた蔡の同僚であった。蔡は、同じく日本を訪問していた呉汝綸《ウー・ルールン》に依頼し、呉稚暉を釈放してもらい、とんぼ返りで上海へと連れてもどった。とんだ日本旅行となったが、呉稚暉とは、これが機縁となり、親密な関係を結んでゆくこととなる。

図版 5–2　愛国女学の開校式での集合写真。後列左から５人目が蔡元培

　南洋公学では一九〇二年一一月、墨汁《ぼくじゅう》をこぼした生徒に対する処罰に抗議し、在学生が集団退学する事件がおこった。学生側に同情した蔡元培は辞職し、ともに南洋公学を去った。そして、退学した学生の受け皿をつくるため、中国教育会などの援助をうけつつ、愛国学社という学校を新たに創設した。愛国学社でも、蔡が「総理」となり、その下で呉稚暉が学生を監督する「学監《シュエジエン》」をつとめている。蔡が起草した「愛国学社章程」の第一条には、「本社は、日本の吉田氏による松下講社、西郷氏の鹿児島私学の意にならい、精神教育を重ん

図版 5–3　鄒容

じ、軍事教育を重んじる。各科学を授けるのは、いずれも精神を鍛錬し、志気を大いに高めるためである」と記されていた。吉田松陰《よしだしょういん》の松下村塾《しょうかそんじゅく》や西郷隆盛《さいごうたかもり》の私《し》学校《がっこう》をモデルとし、憂国《ゆうこく》の志士を育成しようとめざしたのである（崔志海『蔡元培』）。

　実際、愛国学社には、日本で革命活動に従事していた鄒容《ゾウ・ロン》（1885–1905）や章炳麟《ジャン・ビンリン》（1869–1936）、南京陸師学堂を退学した章士釗《ジャン・シージャオ》など、血気さかんな者がつどってきた。一九〇二年に東京同文書院へ自費留学したものの、ほどなく留学生監督の弁髪を切った咎《とが》で、強制帰国させられた鄒容。その彼が上海で出版した『革命軍《ゲーミンジュン》』（1903）は、革命により満洲人の支配を断ち、漢民族があらたな共和国を樹立することを公然とうったえていた。この『革命軍』の総発行部数は、辛亥革命期までに一〇〇万部を超え、当時もっとも読まれた革命書といわれている。『革命軍』に序をよせた章炳麟も同時期、革命に反対し、あくまで清朝のもとでの改革を唱える康有為を批判した弁駁書「康有為の革命論を駁《ばく》する書」を公開した。

　この鄒容と章炳麟が著した二つの文章は、章士釗が主筆をつとめた新聞『蘇報《スーバオ》』を通じ、広く宣伝され、大きな反響をよびおこした。これに対し、清朝は一九〇三年六月、列強の管理下にあった上海租界の協力をえて、章炳麟を大逆無道《たいぎゃくむどう》の罪で逮捕した。義憤にかられた鄒容も自首し、投獄された。鄒容はその二年後、二〇歳の若さで獄死《ごくし》している。蔡元培は上海を離れていたために難をのがれたが、この『蘇報』事件（蘇報案《スーバオアン》）により、『蘇報』が廃刊においこまれ、愛国学社も解散をよぎなくされた。

蔡元培はもともと、満洲人と漢民族がすでに一体化しているとし、満洲人を排除する「排満」の主張に反対していた。しかし、『蘇報』事件後に立場を変え、「光復漢族《グアンフーハンズー》、還我山河《ファンウオーシャンフー》（漢民族の栄光を回復し、我らの山河を取り戻す）」ことを宗旨とした「光復会」を、一九〇四年一一月に結成し、自ら会長をつとめた。暗殺や暴動を通じ、革命の実現をめざした過激な団体であった。実際、蔡元培は、女子の方が暗殺をおこないやすいとして、愛国女学で爆弾製造の知識などを教えていた。

第三章で述べたように、光復会は一九〇五年八月、章士釗が結成に関わった華興会、および孫文の興中会と合流し、東京に中国同盟会が設立された。蔡元培は、中国同盟会の上海分会会長に就任した。しかし、革命戦略をめぐっては、同盟会内部で意見の不一致がみられ、蔡が企てた暗殺計画などが失敗に終わると、ふたたび教育による救国へと軸足を移していく。

一九〇七年七月、北京へと戻った蔡元培は、駐独公使館に勤務するかたわら、奨学金で通学するという条件で、ドイツへと留学した。清朝の打倒をめざしていた蔡が一転、その清朝から資金提供をうけ、海外留学に行くというのも面白い。蔡が留学先を日本でなく、ドイツにしたのは、中国が模倣している日本の教育学界が、ドイツのヨハン・フリードリヒ・ヘルバルトから大きな影響をうけており、その源流を直に学びたいと考えたからであった。たしかに、日本の教育学史において、一九世紀末はヘルバルト派教育学の流行時代とされており（吉田熊次「日本に於ける教育学の発達」）、蔡が日本の教育事情をよく理解していたことがうかがえる。

留学開始時、すでに数え年で四〇歳となっていた蔡元培。蔡は最初の一年間、ドイツ語を集中的に学習した後、ライプツィヒ大学に入学した。ライプツィヒ大学では三年間で、計四〇科目におよぶ人文科学の講義を受講している。その中で、蔡が感銘をうけた講義が、ヴィルヘルム・ヴントの哲学史、心理学とカール・ランプレヒトの文明史であったという。

蔡元培はまた、フリードリヒ・パウルゼンの『倫理学原理』を、蟹江《かにえ》義丸《よしまる》の日本語訳を参照しつつ翻訳し、一九〇九年に商務印書館から出版した。この『倫理学原理』は、倫理学の教科書として中国国内で広く用いられた。若き毛沢東《マオ・ゼドン》も『倫理学原理』を愛読しており、多くの書きこみをした手沢本がのこっている。

このように、蔡元培はライプツィヒ大学で勉学にはげむとともに、中国が採用すべき教育制度について調査・研究をおこなっていた。すでに不惑《ふわく》の年をむかえ、翰林院に勤務した者が、一から新たな知識の習得にとりくむのは異例であり、それだけ学問への情熱があった証であろう。そうした中、一九一一年一〇月に辛亥革命の始まりをつげる武昌蜂起が起こった。ドイツでも、パリで活動していた呉稚暉など、ヨーロッパ在住の中国同盟会会員らとコンタクトをとっていた蔡元培は、その知らせをうけ、急きょ中国へと帰国するのである。

中華民国初代教育総長に就任した蔡元培

辛亥革命の火ぶたが切られた湖北省武昌。武昌は、第二章で説明したように、『勧学篇』を著し、戊戌政変後の教育改革を主導した張之洞《ジャンジードン》が、数多くの新式学校を設立し、日本へ留学生を送り込んだ教育先進地域であった。とくに、張は軍事教育を重視しており、一八九九年に武昌から来日した留学生二〇名のうち、一〇名が湖北武備学堂の学生であったことも、すでに述べた通りである。彼らは、まず成城学校の留学生部で予備教育をうけた上で、陸軍士官学校へと進学した。そして、陸軍士官学校を卒業し、近衛《このえ》師《し》団《だん》などで見習士官をつとめた精鋭が帰国後、張が編成した新式の軍隊である「湖北新軍《フーベイシンジュン》」の主力として重用された。注目すべきは、こうした帰国留学生の中に、日本で革命運動に感化され、中国同盟会に加入した者が少なからず存在した点である。

武昌蜂起を企てた「共進会《ゴンジンフイ》」は、一九〇七年八月に留学生らが東京で結成した革命団体であった。共進会は、湖北省を拠点に活動していた別の革命団体である「文学社《ウエンシュエシェー》」とともに、湖北新軍へ武装蜂起するよう働きかけをおこなった（胡縄『従鴉片戦争到五四運動』）。これに呼応した湖北新軍の将兵が、一九一一年一〇月一〇日夜に武昌城内の武器弾薬庫を襲い、湖広総督の庁舎を占領した。革命軍は、一二日までに武昌、漢口《ハンコウ》、漢陽《ハンヤン》の武漢三鎮を制圧し、湖北軍政府をうちたてた。このように、武昌蜂起において、皮肉にも張之洞がおしすすめた日本留学経験者らが、主導的な役割をはたしたのである。

湖北軍政府は、清朝からの独立を宣言し、武昌蜂起に追随するよう他省へよびかけた。すると、一〇月二二日の湖南省と陝西《シャンシー》省を皮切りに、一一月末までに南方に位置する一四の省が決起し、独立を宣言した。蔡元培がシベリア経由で上海に戻ってきたのも、この頃である。蔡は中国同盟会会員、および光復会の元会長として、独立宣言した各省が一つにまとまり、新たな中央政府を築けるよう、休む間もなくたちまわった。最終的に一二月二九日、蔡と同じく武昌蜂起の知らせを聞き、海外から帰国した孫文が、中華民国臨時大総統に選出され、翌一九一二年一月一日に南京で挙行された就任式で、中華民国臨時政府の樹立を宣言したのである（深町英夫『孫文』）。

孫文は早速、一月三日に開いた各省代表連合会で、臨時政府の組閣にとりくんだ。そこで、教育行政をつかさどる「教育総長」として、白羽の矢がたてられたのが蔡元培であった。翰林院出身で、数多くの新式学校や教育組織の管理職をつとめ、四年間のドイツ留学も経験した蔡元培。彼ほど、教育総長にふさわしい経歴をもった人物はいなかったであろう。その要請を受諾した蔡は、すぐに南京へと赴き、一月五日におこなわれた最初の国務会議に出席した。

「管学大臣《グウアンシユエダーチエン》」から「教育総長」へ。教育行政トップの名称変更にともない、その中央官庁であった「学部」も一月九日、「教育部《ジヤオユーブー》」へと改められた。この教育部が一月一九日、さしあたっての指針として公示したのが、「普通教育暫行弁法」である。普通教育暫行弁法では、①清朝が発行した教科書の使用禁止、②小学校で儒教の経典を読む「読経」の一律廃止、③「学堂」を

「学校」に、「監督」「堂長」を「校長」に、それぞれ名称を改めること、④初等小学校は男女共学とすること、⑤出身による優遇措置の撤廃、などが定められていた。清朝を支えた教育制度・内容の流れを断ち切り、新たなスタートを切ろうとする蔡元培の決意の表れがみてとれよう。

　蔡元培は、二月初頭に発表した「新教育についての意見（対於新教育之意見）」という文章で、「軍国民主義教育」「実利主義教育」「公民道徳教育」「世界観教育」「美感《メイガン》教育」という中華民国がとるべき五つの教育方針を挙げた。「軍国民主義教育」と「実利主義教育」は、文字通り軍事教育と実業教育で、中国がめざす「富国強兵」の基礎を形づくる。ただ、この軍事と実業は、公でなく私に流れやすいので、これを防ぐために「公民道徳教育」が必要となる。蔡の解釈にしたがえば、これら「軍国民主義教育」「実利主義教育」「公民道徳教育」の三つは、国民の養成をめざすもので、「政治に隷属する」領域であるという。

　これに対し、「世界観教育」では、現世利益や国家を超えた普遍的な価値・真理を身につけさせることを目的とする。しかし、この「世界観」を教えるのは容易でなく、それをおぎなうために、ドイツの哲学者カントが『判断力批判』で説いた美的判断を養う「美感教育」が有効となる。前の三つと異なり、「世界観教育」と「美感教育」は、「政治を超越する」領域に属するとされる。

　蔡元培は、このように五つの教育方針を示した上で、いわば清朝版の教育勅語であった「教育宗旨」との違いを、こう説明していた。

清の時代には、忠君、尊孔、尚公（公を尚《たっと》ぶ）、尚武、尚実をかかげたいわゆる欽定《きんてい》の教育宗旨があった。忠君と共和政体は合わず、尊孔と信教の自由も相容れないことは、論ずるまでもないだろう。尚武とは、すなわち軍国民主義である。尚実は、すなわち実利主義である。尚公は、私のいう公民道徳と、その範囲の広狭の違いがあるかもしれないが、意味は同じであろう。ただ、世界観教育と美観教育については、教育宗旨が語っていないのに対し、小生《しょうせい》がとりわけ重視するものである。

教育宗旨にあった「忠君」と「尊孔」を、共和国の理念と相反するものと除外し、あらたに政治の枠を超えた「世界観教育」と「美観教育」をとりいれる。国内外の学問に通じた蔡元培ならではの教育方針であろう（丸山松幸『五四運動』）。一九一二年九月二日に制定された新たな「教育宗旨」の本文は、「道徳教育を重んじ、実利教育と軍国教育でこれをおぎない、さらに美感教育でその道徳を完成させる」となっており、「世界観教育」をのぞく蔡の教育方針がそっくりもりこまれていた。

さて、「新教育についての意見」を発表してほどなく、蔡元培は孫文の命をうけ、新たに臨時大総統に選出された袁世凱《ユエン・シーカイ》をむかえる特使として、宋教仁《ソン・ジャオレン》や王正廷《ワン・ジェンティン》ら八名の随行員とともに北京へと向かった。実のところ、袁世凱は光緒帝と西太后《シータイホウ》が一九〇八年一一月に亡くなり、ラストエンペラーとなる宣統帝溥儀《シュエントンディー・プーイー》の治世となってから、病気療養を理由に官職を解かれ、事実上の失脚状態にあった。そうした中、武昌蜂起が起こると、清朝は革命軍に対抗するため、ふたたび袁に頼らざるをえなくなった。袁は一九一一年一一月、慶親王《チンチンワン》に代わり内閣総理大臣に就任し、軍政大権をゆだねられた。

こうして復権をはたした袁世凱は、北洋軍を首尾よく指揮し、湖北軍政府が占領した漢口、漢陽を奪回した。武昌も包囲し、武漢三鎮が陥落寸前となる中、イギリスの仲介を経て一二月一日、南北で停戦協定がむすばれた。その後、孫文が臨時大総統になり、中華民国の建国を宣言したものの、イギリスをはじめとした列強はこれを承認せず、分立した南北を束ねる「ストロング・マン」として、袁を支持した。また、革命派内部でも、袁に期待する声があり、南北が和議を重ねる過程で、清朝皇帝の退位を条件に、臨時大総統の座を孫文から袁へとゆずる案が出されたのである。

これをうけ、袁世凱は一九一二年一月二六日、清朝の軍人ら四七名に皇帝退位を求める上奏をおこなわせた。清朝は、尊号の継続利用や生活費の受領などの優待条件とひきかえに上奏をうけいれ、二月一二日に溥儀が退位する詔書《しょうしょ》を下した。この詔書には、南北統一をはかるため、袁に臨時共和政府を組織する全権をゆだねることが記されていた。

孫文は翌一三日、約束通り臨時大総統の辞任を表明し、後任に袁世凱を推薦した。ただその際、袁に対し、臨時政府を南京におき、南京まで来て臨時大総統に就任することを、条件として求めていた。孫文としては、袁を北京からきりはなし、自らの影響力がおよぶ範囲にひきこみたかったのであろう。蔡元培が特使として、北京まで袁をむかえにいった背景には、以上のような事情があったのである。

当然ながら、老獪《ろうかい》な袁世凱が、孫文の要件を素直にうけいれるはずもなく、北方の治安維持を理由に南下をこばんでいた。そして、ちょうど蔡元培が北京で袁世凱と談判していた最中の二月二九日、北洋軍の一部が兵乱を起こした（北京兵変《ベイジンビンビエン》）。蔡によれば、夜八時頃、北京城内で銃声がなりひびき、火が放たれ、兵士が宿舎まで侵入してきたため、外国人の家に避難したという（「致孫中山等電」）。

蔡元培はまた、三月二日に南京臨時政府へ宛てた電信で、この兵乱に外国人が激昂し、日本が多くの兵を北京に派遣していることを伝え、事態を収拾するためにも、すみやかに統一政府をうちたてる必要性を説いていた（「致南京臨時政府及参議院電」）。すなわち、袁世凱の南京行きを断念し、北京での臨時大総統就任をみとめるという提案である。これに対し、孫文も承認せざるをえず、蔡元培に中華民国代表として袁の宣誓をうけることを命じた。

袁世凱が北京にとどまる理由となった北京兵変が、はたして袁のさしがねであったかについては分からない。もとより袁を南下させるのは困難と考えていた蔡元培にとっては、まったく損な役回りであった。ともあれ、こうして袁は一九一二年三月一〇日、北京で臨時大総統へと正式に就任をはたすのである。

厳復と蔡元培

臨時大総統となった袁世凱は三月一三日、唐紹儀《タン・シャオイー》（1862–1938）を首相にあたる国務総理に任命した。第三章でふれたように、唐紹儀は容閎《ロン・ホン》が企てたアメリカ国費留学生派遣事業の第三期生で、コロンビア大学で学んだ経験のある人物である。武昌蜂起後は、袁世凱内閣の全権代表として、南方との停戦・和議の交渉を担当した。唐は組閣にあたり、辞意を表明していた蔡元培を説得し、教育総長に留任させている。

図版 5–4　唐紹儀内閣の集合写真。一番左が蔡元培

四月末、南京から北京へとふたたび赴いた蔡元培がまず着手したのが、休学状態にあった京師大学堂の再建であった。京師大学堂という名称自体、五月一日付で「北京大学校」へと改められた。「京師」は、天子の居るところを意味しており、共和制への移行にともない、ニュートラルな「北京」へとすげかえられたのである。また、長であった「総監督」も「校長」と変わり、二月から「総監督」をつとめていた厳復《イエンフー》（1854–1921）が、そのまま北京大学初代校長に就任した。

厳復は、福建省侯官《ホウグアン》県（現在の福州市）の出身。祖父、父と医業をいとなむ家庭の次男として生まれた。厳復は幼少期より、

図版 5–5 厳復

科挙にむけた伝統的教育をほどこされたが、父が一八六六年に早逝《そうせい》したため、その学資を絶たれてしまう。そこで、同年に開学した福建船政学堂に応募したところ、首席で入学をはたした（區建英『自由と国民　厳復の模索』）。福建船政学堂は、第二章で紹介したように、洋務運動の一環で設立された海軍学校である。

厳復は福建船政学堂で、英語や航海術をはじめ、自然科学全般を学んだ。四年間の課程を優秀な成績で卒業している。その後、艦上実習《かんじょうじっしゅう》をうけていた厳復に、イギリス留学という大きな転機がおとずれた。さきに、容閎率いる国費留学生一二〇名をアメリカに派遣した清朝政府は一八七七年、つづいてイギリスとフランスへも、厳復ら三〇名の福建船政学堂卒業生を送りだしたのである（舒新城『近代中国留学史』）。厳復は他の五名の留学生とともに、グリニッジの王立海軍学校へと入学した。

一八七九年夏、二年間の留学を終えて帰国した厳復は、福建船政学堂の教師に着任した。翌年には、李鴻章《リー・ホンジャン》が天津に創設した海軍学校である北洋水師学堂の「洋文総教習」へと抜擢《ばってき》された。そこで、一八八九年に副学長に相当する「会弁《フイバン》」、九〇年に学長の「総弁《ゾンバン》」へと、順調に昇進をはたした。その一方で、厳復は科挙にこだわりをみせ、一八八五年、八八年、八九年、九三年と、四度にわたり郷試を受験したものの、不合格となっている。

厳復はイギリス留学を通じ、西洋の社会科学に関心をいだき、一八八一年にはハーバート・スペンサーの『社会学研究（*The study of sociology*）』を通読し、社会ダーウィニズムに接していた（欧陽哲生『厳復評伝』）。この著作は、厳復自身により翻訳され、一九〇三年に『群学肄言《チユンシユエイーイエン》』という題で公刊されている。一八九五年に喫した日清戦争の敗北は、海軍教育にたずさわり、社会ダーウィニズムを受容した厳復にとって、弱肉強食の結果にほかならず、深刻な危機意識をもたらしたのである。

日清戦争後における厳復の功績としては、何より西洋社会科学書の翻訳が第一に挙げられる。それ以前は、第二章でふれた欧米の宣教師たちが、西洋書の漢訳を担っていた。彼らが運営・勤務した京師同文館や上海広方言館が、教育とともに、翻訳事業をてがけたのである。実際の翻訳は、中国人の助手がおこなったとはいえ、訳書の選定や監修はあくまで、欧米人の手にゆだねられていた。

これに対し、厳復は自ら主体的に翻訳へとりくんだ。とくに、「ダーウィンの番犬」とよばれたトマス・ヘンリー・ハクスリーの『進化と倫理（*Evolution and ethics*）』の翻訳である『天演論《ティエンイエンルン》』（1898）は、康有為や梁啓超をはじめとした維新派、さらには読書人全体に大きな思想的衝撃をおよぼした。もともと胡嗣穈という姓名であった胡適《フーシー》が、『天演論』に感銘をうけ、文中にあった「適者生存」から「適」をとり、新しい名としたことはよく知られている。厳復は、右に挙げた『天演論』『群学肄言』以外にも、アダム・スミスの『国富論』である『原富《ユエンフー》』（1901–02）やジョン・スチュアート・ミル『自由論』である『群己権界論《チュンイーチユエンジエルン》』（1903）、ミル『論理学体系（*A system of logic*）』の『穆勒名学《ムーレーミンシユエ》』（1905）、モンテスキュー『法の精神』の『法意《ファイー》』（1904–09）など、数多くの社会科学書を翻訳・出版している。

一九〇二年三月、厳復は京師大学堂に設置された訳書局の「総弁」に任命された。この職は二年で辞しているが、その後も辛亥革命までに、上海に開設された復旦公学（現在の復旦大学）の校長や、安徽高等学堂の「監督」など、教育機関の長を歴任した。こうした多彩な経歴と実績をかわれ、厳復は新生北京大学の初代校長に着任したのである。

ただ、厳復学長のもとに始まった北京大学は、当初から深刻な財政的困難に直面した。銀行から資金を借り、経費を節減してなんとかやりくりしたものの、一九一二年七月には、北京大学の運営を停止する命令が教育部から下されてしまう。これに対し、北京大学の学生・教員が強く反発し、厳復も停止を不可とする意見書を提出した。その意見書では、北京大学が国内最高の教育機関であり、ここで停止してしまっては、それまでの苦労が水の泡となってしまうこと、また一学校の経費が財政におよぼす負担が、しょせん微々《びび》たるものであり、将来をみすえて高等教育に投資すべきことが記されていた。教育部は、この厳復の意見書をうけいれ、ほどなく停止命令を撤回している。厳復の学長在任は、半年ほどにすぎなかったが、消滅が危ぶまれた北京大学の存続に大きな役割をはたしたのである。

厳復と同じく、蔡元培も教育総長を一九一二年七月一九日に辞しており、その在任期間は半年あまりと短かった。だが、九月二日に公布された新しい教育宗旨に、蔡の教育方針が全面的にとりいれられたように、その翌日に出された新たな学制である「学校系統令（壬子《レンズ》学制）」にも、彼の意向が多分に反映されていた。この新教育宗旨や壬子学制をはじめ、中華民国の新たな教育内容・制度を審議したのが、七月一〇日に招集された「臨時教育会議」である。これは、全国二三省および華僑代表八二名が北京に集まっておこなわれた、中華民国で最初の中央教育会議であった（熊明安『中華民国教育史』）。

蔡元培は、この臨時教育会議の開会式で、旧教育の問題点をつぎのように語っていた。

　民国の教育と君主時代の教育は、いかなる点で異なるのか。君主時代の教育方針は、教育をうける者の身になって考えず、一個人の主義あるいは一部の人の主義にたち、教育をうける者を他人の主義に迎合させようとした。これに対し、民国の教育方針は、教育をうける者の身になって考えなければならない。いかなる能力をもつことで、どのような責任をはたせるのか。いかなる教育をうければ、どのような能力を身につけられるのかを考えなければならないのである。（「全国臨時教育会議開会詞」）

蔡元培が何より問題視したのが、儒教にみられる服従を強いる道徳倫理であった。これがひいては、利己主義を助長し、社会意識を失わせているというのである。

実際、蔡元培はこうした考えから、臨時教育会議で「学校で孔子を拝まない案（学校不応拝孔子案）」を提出した。この案は、反対にあい、法制化されなかったものの、学校の管理規定から孔子の礼拝に関する条文が削除された。また、普通教育暫行弁法で暫定的に定めた①清朝が発行した教科書の使用禁止と、②小学校で経典を読む「読経」の一律廃止が、改めて明文化された。新教育宗旨から「忠君」と「尊孔」にあたる内容が完全にとりのぞかれたように、蔡は孔子を基軸とした道徳教育の廃止に力をそそいだのである。

第二章で述べた通り、旧教育宗旨の「忠君」「尊孔」という徳目は、日本の教育勅語を参考にとりいれたものであった。日本の和洋折衷した教育システムは、「中体西用」に適っているとされ、儒教にもとづく徳育がはかられたのである。これに対し、蔡元培は精神面においても、西洋の思想を全面的にうけいれるべきだと考えた。その意味で、蔡がうちだした反儒教的な教育政策は、日本から影響をうけた旧教育体制に対する否定でもあった。

他方で、壬子学制をみると、依然として日本の学制をモデルとしていたことが一目瞭然である。［図表５－１］は、壬子学制における小学校から大学までの標準的な修業年限を、清朝の「癸卯《グイマオ》学制」、日本の学制と対比したものである。癸卯学制と比べ、壬子学制では、初等教育の開始年齢が七歳から六歳へとひきさげられている。また、初等教育の修業年限が九年から七年、中等教育の修業年限が五年から四年となり、あわせて三年間短縮されている。これにより、癸卯学制では、小学から大学卒業まで二〇～二一年かかっていたのが、一七～一八年で済むこととなった。

図表5－1　癸卯学制、壬子学制、日本の学制における初等教育から大学までの標準的な進学過程

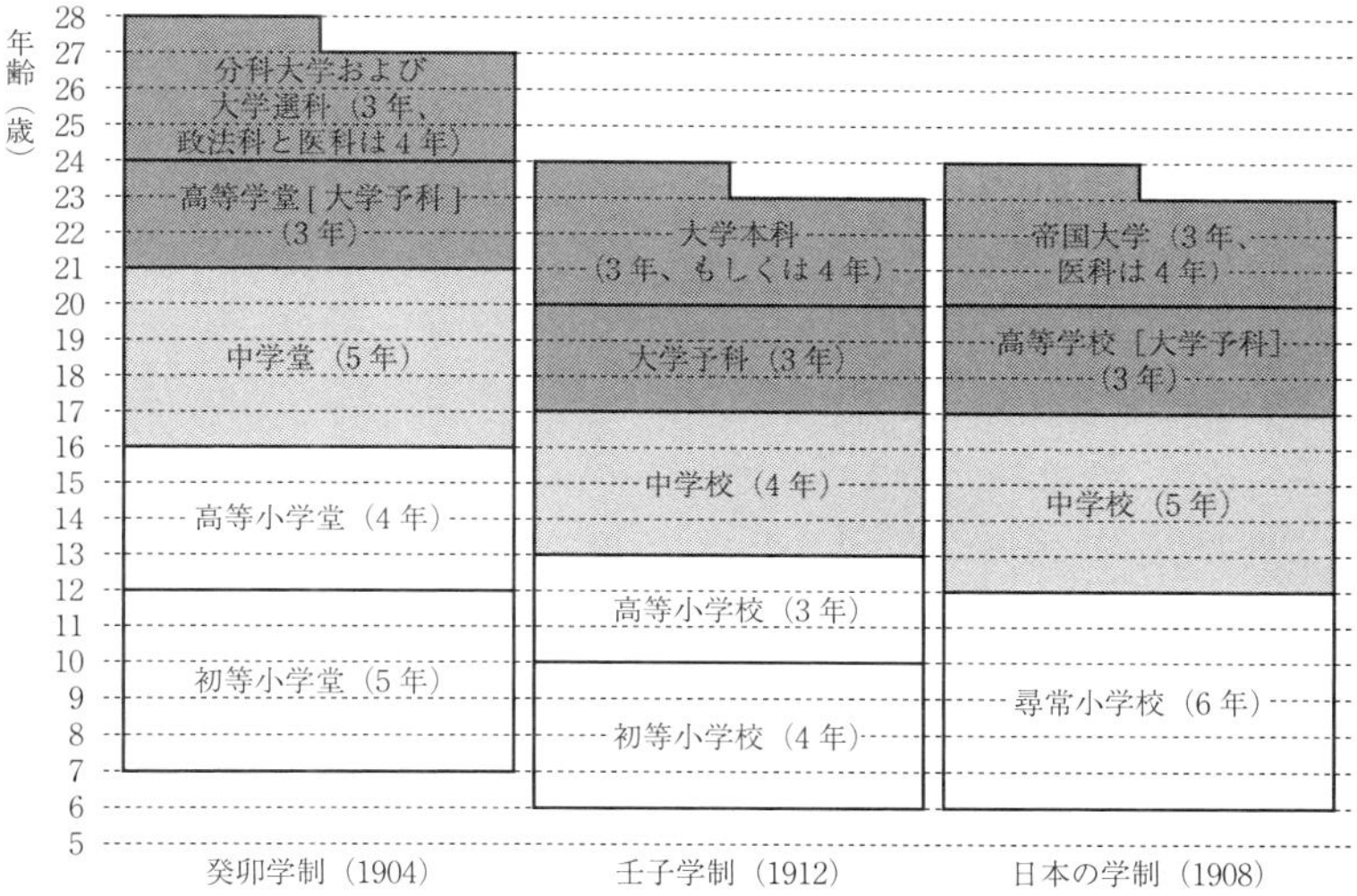

□は初等教育、▨は中等教育、■は高等教育。日本では1907年、小学校令が一部改正され、義務教育である尋常小学校の修業年限が4年から6年となった。壬子学制が公布された後、翌1913年8月まで各種学校令が出されたため、それらを合わせて「壬子癸丑《レンズグイチオウ》学制」ともいう。

大学卒業時の年齢も、癸卯学制の二七～二八歳から、二三～二四歳とかなり若くなっている。

第二章で指摘したように、癸卯学制は、その前の学制である「壬寅学制」と比べると、日本の学制に近い教育課程となっていた。壬子学制は、初等教育の開始年齢や、小学校から大学までの修業年限が、日本の学制と一致しており、さらに似かよったものとなっている。条文内容をみても、たとえば、壬子学制の「小学校令」第一条「小学校教育以

留意児童身心之発育、培養国民道徳之基礎、併授以生活所必須之知識技能為宗旨」は、日本の「小学校令」第一条「小学校は児童身体の発達に留意して道徳教育及《および》国民教育の基礎並《ならびに》其の生活に必須なる普通の知識技能を授《さず》くるを以《もつ》て本旨とす」を、そっくり翻訳したものとなっていた（多賀秋五郎『中国教育史』）。

この中国「小学校令」では、第二一条で「児童が学習年齢に達したら、初等小学校の教育をうけなければならない」と定められていた。すなわち、初等小学校の四年を義務教育とすることがうたわれたのである。当時の日本は、一九〇七年の小学校令改正により、義務教育である尋常小学校の修業年限を、四年から六年へと延長していた。中国としては、さしあたって改正前の日本にならい、初等小学校四年の義務教育化をめざしたのであろう。しかし、第二章でも述べたように、いくら法令で義務づけても、それを支持し、実施できる社会的基盤がなければ、単なる絵に描《か》いた餅《もち》におわってしまう。事実、日本では学齢児童就学率が、一九二〇年に九九％まで達していたのに対し、中国における義務教育の全国普及率は一九一九年前後で、清末と変わらない一一％ほどにとどまったのである（李華興『民国教育史』）。

袁世凱と蔡元培

中華民国の初代教育総長をつとめた蔡元培と、北京大学初代学長であった厳復。両者はともに、東西の学問に通じ、さまざまな新式学校のトップを歴任した中国教育界の二大巨頭である。ただ、共通したバックグラウンドをもちながらも、両者の教育・学術に対する考え方をみると、かなり異なっている。

たとえば、翻訳について。蔡元培がてがけたパウルゼン『倫理学原理』は、文語体ながら、現代中国語の知識があれば、ある程度読みこなせるような平易な表現で翻訳されている。日本語訳を参照したように、「社会」や「知識」「哲学」など、日本人が翻訳した欧米人文・社会科学の漢字熟語も、ふんだんにとりいれられている。これに対し、厳復は、通俗でない華麗な文章表現による翻訳をめざし、紀元前に編まれた中国最古の言語辞典である『爾雅《エーヤー》』から術語を採用するなど、古典的教養のない者からするときわめて難解である。和製漢語もできるだけ避けられ、「社会」にあたる"society"や「知識」の"knowledge"は、それぞれ「群」「致知」と訳されている。

また、蔡元培は、「読経」の授業を廃止したり、「忠君」と「尊孔」を教育宗旨から削除したりしたように、孔子・儒教にもとづく道徳教育を否定する立場をとった。もちろん、蔡が示した五つの教育方針に「公民道徳教育」が含まれていたように、道徳教育そのものを否定したわけではない。蔡は一九一二年二月、唐紹儀らとともに「売春しない、賭《か》けごとをしない、妾《めかけ》をとらない、喫煙しない、飲酒しない、肉を食べない」ことを定めた「六不会」を結成するなどしており、孔子・儒教に代わる新たな道徳倫理の確立につとめたのである。

これと対照的に、厳復は辛亥革命後、孔子を改めて高く評価し、その経典を読む「読経」の必要性を声高にとなえた。孔子の教えには、古今不変の道徳倫理が含まれており、それを解釈しなおすことで、中華民国としての新たな国民精神をうちたてることができるというのである。厳復は、康有為が中心となって一九一二年一〇月に結成された孔子を奉る「孔教会《コンジヤオフイ》」でも、中心メンバーとして活動していた。

蔡元培は一九一二年六月、袁世凱との不和で唐紹儀が国務総理を辞めると、内閣の一員であった自らも、教育総長の辞任を申しでた。袁からは慰留されたものの、翌月正式に辞任している。ただ、仮に蔡がこの時、教育総長の職にとどまったとしても、決して長くはつづかなかったであろう。というのも、袁は厳復と同じく、孔子を基軸とした国民道徳の形成をめざしており、蔡の教育理念と真っ向から対立していたからである。

袁世凱は一九一三年六月、道徳教育に力をいれ、学校の風紀《ふうき》を正すことを命ずる「注重徳育整飭学風令」と、孔子を祭ることが人心の安定につながるとする「通令尊崇孔聖文」を公布した。つづけて九月には、「孔教」の国教化を求めた孔教会の請願をうける形で、旧暦の八月二七日にあたる孔子の生誕日を「聖節《シエンジエ》」とし、学校でその式典をとりおこなうことが、教育部から各省に通達された。また、一〇月末に憲法起草委員会が作成した「中華民国憲法草案（天壇憲法草案《テイエンタンシエンフアツアオアン》）」は、議会の権限が強かったために、袁世凱により棄却されたものの、その第一九条では、初等教育をうける義務とともに、「国民教育は孔子の道をもって修身の大本《おおもと》とする」ことが明記されていた。

さらに、正式に中華民国大総統となった袁世凱は一九一五年一月、あらたに「教育要旨」と

「教育綱要」を公布した。教育要旨では、「愛国」「尚武」「崇実（実を崇《たっと》ぶ）」「孔子・孟子にのっとる（法孔孟）」「自治を重んじる（重自治）」「むやみな争いを戒める（戒貪争）」「昇進をあせらない（戒躁進）」という七つの徳目がかかげられていた。ここでは、蔡元培の教育方針にもとづき制定された新教育宗旨で除外された孔子に関する徳目が復活してしまっている。また教育綱要も、小中学校で経典を読む「読経」の授業を設けることを命じ、小学校で『孟子』『論語』、中学校で『礼記《らいき》』の「曲礼《チューリー》」や「少儀《シャオイー》」、『大学』『中庸《ちゅうよう》』など、テキストとすべき経書を細かに定めていた。ここにいたって、蔡元培がてがけた教育改革は、まったく反故《ほご》とされてしまったのである。

このように、袁世凱が孔子崇拝を復活・強化していった裏には、政体を共和制からふたたび君主制に戻したいという思惑があった。袁は一九一三年三月、刺客をはなち、宋教仁を上海で暗殺した。その前年一二月より、中華民国の暫定的な憲法である臨時約法《リンシーユエファ》にもとづき実施された第一回国会議員選挙で、中国同盟会を母体に結成された国民党が、衆議院・参議院ともに圧勝した。国民党の理事長には孫文が就任したが、実質的に党を率いていたのは宋教仁である。宋は、選挙を足がかりに政党内閣を組織し、議会の力で臨時大総統である袁に対峙《たいじ》しようとした。これに恐れをなした袁が、国民党の求心力をそごうと、凶行におよんだのである。

一九一三年四月からはじまった議会は、袁世凱の老獪《ろうかい》な戦術により形骸化され、国民党は不利な立場においこまれた。そして、袁が六月に国民党に与《くみ》した李烈鈞《リー・リエジュン》ら三名の都督を罷免すると、孫文は李に統治していた江西省で、武装蜂起を命じた。こうして江西省が七月一二日、独立を宣言し、袁世凱討伐軍を組織すると、江蘇、安徽、湖南、福建、四川、広東の諸省がこれにつづいた。いわゆる第二革命の勃発である。

第二革命は、辛亥革命の再現とならず、二カ月たらずで袁世凱の北洋軍に鎮圧された。袁は一〇月六日、国民党の勢いがすっかりそがれた議会で、正式に中華民国大総統へと選出された。李烈鈞は蜂起の際、袁が帝制（君主制）復活をもくろんでいると非難している。はたしてこの時点で、李のいうように袁が帝制復活を考えていたかは定かでない。ただ第二革命後、反対派をおさえ、国家を一つにまとめるために、帝制への志向を強めたことはたしかであろう。さきの孔子に関する一連の法令も、第二革命前後から出されはじめたのが分かる。

袁世凱が実際に帝制復活をはかる契機となったのが、総統府の法律顧問をつとめたフランク・ジョンソン・グッドナウが一九一五年八月、『亜細亜日報』に発表した「共和・君主論」という論説である。当時、ジョン・ホプキンス大学の学長でもあったグッドナウはこの論説で、長年君主独裁のもとにおかれ、国民の知的水準も高くない中国にとって、共和制よりも君主制を採用し、立憲政治をめざす方が望ましいと主張した。いわばアメリカ行政学の権威から、君主制移行のお墨つきが与えられたのである。

これをうけ、楊度《ヤン・ドウー》や厳復らが「籌安会《チョウアンフイ》」という一種の政治団体を組織し、君主制実施の機運をもりたてる活動を展開した。嘉納治五郎と論争をかわし、留学生取締規則反対運動で批判の矢面にたたされた留学生が、楊度であったが、それと同一人物である。帰国後、袁世凱にとりたてられた楊度は、帝制を復活させ、袁を皇帝としてかつぐことに、誰よりも力をつくしたのである。

こうして籌安会がお膳《ぜん》だてし、各省や各種団体から議会によせられた請願書をうける形で、国民代表大会が開催された。国民代表大会は君主制を採用し、袁世凱を皇帝に推戴《すいたい》することを、満場一致で可決した。袁世凱は一九一五年一二月一一日、これを儀礼的に辞退した上で、翌日に受諾した。国号が中華民国から中華帝国へと改められ、新たな元号は「洪《おお》いなる憲政」を意味する「洪憲《ホンシエン》」となった。少なくともその字面からは、立憲君主制の確立にのぞむ袁の意欲がうかがわれよう。

しかし、袁世凱の皇帝即位は、彼の意気ごみとは裏腹に、大きな反発をまねいた。北京で表向き即位に賛意を示した蔡鍔《ツァイ・エー》が、かつて都督をつとめた雲南省に日本経由で潜入し、唐継尭《タン・ジーヤオ》らとともに護国軍《フーグオジュン》を組織して武装蜂起すると、貴州、広東、浙江、広西をはじめ、南方諸省も呼応し、独立を宣言した。今井嘉幸がその臨時政府である軍務院の法律顧問となり、活躍したことは、第四章で述べた通りである。

このいわゆる第三革命で、護国軍をすみやかに鎮圧できず、側近から離反者もでて、劣勢にたたされた袁世凱。一九一六年三月二二日、袁は帝制廃止を宣言し、反省の弁を述べざるをえない状況へとおいこまれた。なおも大総統にとどまろうとする袁に対し、軍務院はその辞任をせまった。それから間もない六月六日、袁は病で倒れ、あっけなく幕切れをむかえることとなる。

袁世凱に代わって黎元洪《リー・ユエンホン》が大総統となり、蔡元培教育総長のもとで教育次長をつとめた范源濂《ファン・ユエンリエン》が新たに教育総長に就任すると、教育要旨と教育綱要が廃止された。「読経」もふたたび授業項目から姿を消している。やはり、帝制へのお膳立てになったとみなされたのであろう。袁がおしすすめた一連の孔子教化策は、すみやかに廃止されたのである。

ところで、教育総長を辞任した蔡元培は、袁世凱が亡くなるまでの間、二度の海外生活を送っていた。一度目は、教育総長辞任からまもない一九一二年九月からのドイツ留学である。これは、ライプツィヒ大学の恩師であるランプレヒトから、彼が主宰した文化史・世界史研究所で共同研究をおこなうため、中国人留学生を派遣してくれるよう頼まれ、自らが赴いたのである。しかし、留学から半年余りで、宋教仁殺害事件が起き、蔡は急遽中国へと帰国する。

帰国後、孫文や黄興《ファン・シン》など国民党の領袖と善後策について協議する中、第二革命が勃発すると、蔡元培はふたたび、海外へと旅立っていった。第二革命による武力行使の是非をめぐっては、国民党内でも意見が割れていた。清末に中国同盟会の活動から身を引き、ドイツへ留学したように、蔡は再度政争から距離をおき、教育による救国を志したのである。

この二度目の滞在先は、呉稚暉のすすめでフランスとなった（張暁唯『蔡元培評伝』）。さきにふれた『蘇報』事件で海外に逃亡した呉は、フランスで働く中国人労働者に教育の機会を与えようと、「勤工倹学《チンゴンジエンシユエ》」運動を展開した。また、蔡元培が教育総長であった一九一二年春、北京で「留仏倹学会《リユーファージエンシユエフイ》」をたちあげ、若者のフランス留学を推進していた。蔡は、これらをうけつぐ形で一九一五年六月、フランスの教育関係者とともに「留仏勤工倹学会《リューファーチンゴンジエンシユエフイ》」を設立した。当時、第一次世界大戦で労働者需要が高まっており、中国人を勤労学生として、フランスへ留学させることがもくろまれたのである。

蔡元培は一九一六年六月、中国とフランスの教育交流を強化することを目的に、パリに設立された「華法教育会《ファファジヤオユーフイ》」の中国側会長に就任した。中国人勤労学生のために、華法教育会が開学した「華工学校」についても、蔡がカリキュラム編成や教科書作成など、運営全般を担っていた（蔡建国『蔡元培与近代中国』）。こうして、蔡により整備された中国人のフランス留学は、急速に拡大し、日本、アメリカにつぐ留学先の第三極を形成してゆくこととなる。のちに、中華人民共和国の指導者となる周恩来《ジョウ・エンライ》（1898－1976）や鄧小平《デン・シヤオピン》（1904－1997）も、「勤工倹学」でフランスに渡った一人であった。

フランスでも精力的に教育活動をおこなった蔡元培。袁世凱亡き後、教育総長の范源濂が放っておくはずもなく、蔡に北京大学校長就任を要請した。蔡はこれを快諾し、約三年にわたるフランス滞在を終え、中国へと帰国するのである。

対華二一カ条要求と日本留学生

ここで、辛亥革命後における中国人日本留学生の動向についてみてゆきたい。第三章で述べたように、中国人の日本留学は、一九〇六年にピークをむかえた後、留学資格の厳格化やアメリカ

政治經濟科第一學年授業時間表

曜／時	午後 自一時至三時 講師	課目	午後 自三時至五時 講師	課目
月	乾先生	民法總論	島村先生	行政汎論
火	寺尾先生	國際公論	小林先生	經濟原論
水	堀江先生	財政原論	中村先生	法學通論
木	本多先生	西洋史	小林先生	經濟原論
金	吉野先生	政治史	小野塚先生	政治學
土	野村先生	比較憲法	渡部先生	比較憲法

政治經濟科第一學年各學科擔任講師

政治學	東京帝國大學法科大學教授	法學博士	小野塚喜平次
比較憲法	東京帝國大學法科大學教授	法學博士	野村淳治
同	遞信書記官	法學士	渡部信
行政汎論	行政裁判所評定官	法學士	島村他三郎
經濟原論		法學博士	小林丑三郎
財政原論	慶應義塾大學教授	法學博士	堀江歸一
法學通論	東京高等商業學校教授 早稲田大學教授	法學博士	中村進午
民法總論	東京高等商業學校教授 東京帝國大學法科大學講師	法學士	乾政彦
國際公法	本校校長	法學博士	寺尾亨
政治史	東京帝國大學法科大學助教授	法學士	吉野作造
西洋史	早稲田大學教授	文學士	本多淺治郎

図版 5–6　政法学校政治経済科第１学年の時間割表。錚々たる講師が名を連ねている

との競争などにより、その数を大きく減らしていった。一九〇八－〇九年ころに五二〇〇名、一九一一年には三三〇〇名まで減少したとされる（二見剛史・佐藤尚子「中国人日本留学史関係統計」）。

さらに、辛亥革命が起こると、政治運動に関わっていた多数の学生が帰国したために、一四〇〇名まで落ちこんだ。中華民国成立後は、ふたたびもちなおし、一九一四年には四〇〇〇名ちかくまで回復している。また、第二革命の失敗により、孫文や黄興ら国民党の領袖《りょうしゅう》が、日本へと亡命し

てきた。中国同盟会が結成された二〇世紀初頭のように、留学生と革命運動家が入り交じる政治空間が、東京にふたたび生まれたのである。

　中国人留学生の再来日をうけ、いったん閉鎖していた成城学校などが再開するとともに、新たな学校も設立されていった。その代表的なものの一つとして、一九一四年二月に東京工科学校（現在の東京工業大学）の敷地内に開設された政法学校がある。これは孫文、黄興ら国民党の亡命者と寺尾亨《てらおとおる》（1859－1925）が協力して設立した社会科学を教える専門学校であった。開学当初の学生数は一八〇名で、その多くが亡命者とその子弟で占められていたという（外務省外交史料館「各国内政関係雑纂」）。寺尾は辛亥革命後、中華民国臨時政府の法律顧問として中国にわたり、臨時約法の制定に寄与するなど、革命運動に深く関わった人物である。政法学校の教師陣は、東京帝国大学教授であった寺尾のつてで、各界の第一人者がそろえられており、中国から帰国後に東大教授となった吉野作造も、「政治史」を担当していた（図版5－6）。

図版 5-7　中華留日YMCA会館

　第三章では、アメリカ人宣教師が中心となって設立した中華留日ＹＭＣＡが、清末中国人留学生にとっての生活・活動拠点になったことを述べた。中華留日ＹＭＣＡは、草創期を支えた初代幹事の王正廷が去った後も、順調に拡大をつづけ、一九〇九年には、早稲田支部に寄宿舎が設置されている。さらに、日本キリスト教青年会館に間借りしていた本部が、一九一二年に独立し、東京神田に寄宿舎、教室、図書室、食堂などを完備した四階建ての会館をかまえるまでにいたった（図版5－7）。

第四章でふれた李大釗が一九一三年六月、留学を志して来日した際に住処《すみか》としたのも、早稲田にあった中華留日YMCAの寄宿舎であった。中華留日YMCAは、日本語や英語など、留学生向けの授業も開講した。李は英語を受講するとともに、バイブル・クラスにも顔をだしていたという（M・メイスナー『中国マルクス主義の源流』）。

このように第二革命以降、ふたたび数を増した中国人日本留学生。亡命者も少なくなかった彼らは、一九一九年の五四運動にいたるまで、たびたび「抗日」デモを起こした。その最初の大規模なデモとなったのが、対華二一カ条要求拒否運動である。

一九一四年六月末、サラエヴォを訪れていたオーストリア＝ハンガリー帝国の帝位継承者であるフランツ・フェルディナント大公夫妻が、帝国からの独立をめざしたボスニア系のセルビア人に暗殺された。このサラエヴォ事件をきっかけに、オーストリア＝ハンガリーが七月二八日、セルビアに宣戦布告をおこない、砲撃を開始した。オーストリア＝ハンガリーとドイツの同盟国と、セルビアの後ろ盾となったロシアとイギリス、フランスの三国協商を核とした連合国との間で争われた第一次世界大戦の勃発である。

戦場のヨーロッパから遠く離れた日本は八月二三日、日英同盟を理由にドイツに宣戦布告し、ドイツが東洋艦隊の根拠地としていた山東省の青島へと出兵した。他方、義和団戦争の北京議定書により交戦国の軍隊が駐留していた中国は、戦火が国内に波及するのを恐れ、中立を宣言した。九月に山東半島北部に上陸した日本軍は、青島から済南《ジーナン》に伸びる山東鉄道（膠済線《ジャオジー》）を占領し、一一月に青島を陥落させた。八月一三日に示したドイツへの最後通牒《さいごつうちょう》では、青島一帯の「膠州湾《こうしゅうわん》租借地全部を支那国に還付《かんぷ》する目的を以《もっ》て」とうたわれていたが、日本は陥落後も、青島に軍政をしき、山東鉄道を占領しつづけた。これが、五四運動の直接的な原因となる山東問題の起源である。

列強がヨーロッパ戦線に関心をうばわれている隙に、中国での権益拡張をはかりたい日本政府は一九一五年一月一八日、駐華公使の日《ひ》置益《おきえき》を通じ、袁世凱へ直接に五号二一カ条からなる要求書、いわゆる対華二一カ条要求をつきつけた。そのおもな内容は、〈第一号〉ドイツが有した山東権益の継承、〈第二号〉日本が南満洲、および東部内蒙古《うちもうこ》にもつ権益の拡張、〈第三号〉湖北で鉄鋼業をいとなむ漢冶萍《ハンイエピン》公司の日中合弁化、〈第四号〉中国沿岸部の外国への不割譲、〈第五号〉中央政府に日本人の政治、財政、軍事顧問をおくことや地方警察の日中合同化、日中合弁の兵器工場の設立となっていた。そのうち、第一－四号が要求（**demand**）条項とされ、国家主権の根幹に関わる第五号は、希望（**request**）条項と区別されていた。

この対華二一カ条要求に対し、北京政府は国内外の世論の力を借りて、日本に対抗するために、その内容を各方面にリークした。日中の公式会談がはじまる二月二日までには、中国や日本の新聞メディアが、対華二一カ条要求の概要を報道していた（奈良岡聰智『対華二一カ条要求とは何だったのか』）。それらに接し、もっとも強く反発したのが、日本の中国人留学生たちである。

中国人留学生は二月一一日、神田の中華留日ＹＭＣＡ会館で抗議集会をおこなった。報道によれば、抗議集会にあつまった人数は、二〇〇〇～三〇〇〇名にのぼったという。さきにふれたように、当時の留学生が四〇〇〇名たらずであったことを考えると、かなりの数であろう。吉野作造は、その前日にあった政法学校の授業で、学生が半分も来なかったと日記に記している（「日記」）。

抗議集会ではまず、あらかじめ用意された大綱、すなわち①政府に日本人の要求を拒否するとともに、その要求内容を公開するよう打電する、②印刷物を発行し、全国の父老に告知する、③友好国へ国民の立場にたった態度を公表する、④上海へ代表団を派遣し、臨時の組織をつくり、国内外の愛国者らと対応を協議する、⑤学生全体の帰国に向けた準備をする、という五条が示され、賛成多数で採択された（曽栄「試論留日学生与中日〝二十一条〟交渉」）。それから、対華二一カ条要求を批判する演説がおこなわれ、これを聞いて号泣する者もあったという。抗議集会終了後には、決議された五大綱を実行すべく「留日学生総会」が組織されている。

大綱の④を実施しようと、留日学生総会はほどなく代表団を上海に派遣した。そこで、留日学生総会をむかえるために結成された「国民対日同志会」と連携しつつ、上海の商業組合など各種団体にはたらきかけ、対華二一カ条要求に反対するムーブメントをつくりあげた。具体的には、日本と交渉する政府の後ろ盾となるよう、「抵制日貨《デージーリーフォ》（日本製品排斥）」がよびかけられた。実際、中国全土に広がった日本製品排斥運動について、日本政府も留学生が大きく関与していることに頭を悩ませていた。

また、大綱②についても、「全国の父老に警告する書（警告全国父老書）」が作成され、日中両国でひろく配布された。格調高い文体で記されたこの書では、つぎのように対華二一カ条要求への怒りが表されていた。

　およそこの条款を、一つでもうけいれるならば、もはや国が国でなくなってしまう。ましてや、そのすべてうけいれさせようと、人を威嚇《いかく》してたじろがせる。秘密裏《ひみつり》にそれを迫る。出兵をちらつかせて脅かす。直接交渉でそれを強制する。我が元首を侮《あなど》り、我が国体をはずかしめるものではないか。……そのドイツに対する最後通牒をみると、中国に返還することを目的となすといっている。まさに、世人の耳目《じもく》をあざむいているのである。

実のところ、これを執筆したのは、李大釗である。李は当時、早稲田大学政治経済学科に一年生として在籍していた。留日学生総会で文牘《ウエンドウー》（公文書）幹事に選出され、その執筆をまかされたのである。李は以前より、第二革命で日本に亡命した章士釗が発刊した雑誌『甲寅《ジヤーイン》』などに、たびたび寄稿しており、その文才がみとめられたのであろう。

留日学生総会は、日本政府にプレッシャーを与えようと、大綱⑤にあたる中国人留学生の一斉帰国も画策・実行した。しかし、こうした抗議活動もむなしく、日本は五月七日、対華二一カ条要求のうち、第五号を削除した最後通牒を中国政府に送りつけた。これを知った留日学生総会は、袁世凱に日本との戦争を辞すべきでないことを、電報で伝えるよう公使館に要請した。吉野作造の日記によれば、五月七日以来、学生が政法学校にまったく来なくなり、当分の間休講になったという。結局、北京政府は日本の外交的・軍事的圧力に屈し、五月九日に最後通牒を受諾した。

この最後通牒がだされた五月七日とそれを受諾した五月九日は、その後長らく「国恥紀念日《グオチー》」として中国人の心にきざまれることとなった。李大釗も六月、改めて「国民の嘗胆《しょうたん》」という文書を発表し、「ああ政府、ああ国民よ、永遠にこの五月七日を忘れることなかれ」とうったえ、政府と国民に奮起をうながしていた。こうして山東問題にからんだ対華二一カ条要求は、中国人にそれまでにない強い「抗日」意識をよびおこしたのである。

蔡元培と北京大学

ふたたび蔡元培に戻り、帰国後の動向についてみてゆきたい。

一九一六年一二月二六日、亡き袁世凱をつぎ、新たな大総統となった黎元洪により、蔡元培は正式に北京大学の校長へと任命された。蔡が教育総長を辞めた直後に出された「大学令」第二条では、大学を「文科」「理科」「法科」「商科」「医科」「農科」「工科」の七科に分ける一方で、つづく第三条で「大学は文、理の二科を主となす」と規定していた。この第三条の文言は、おそらく蔡の意向でもりこまれたものであろう。というのも、校長に就任した蔡は、北京大学に設置されていた文、理、法、商、工の五科のうち、文と理、とくに文科の充実に力を注いだからである。

この文科の充実にあたり、蔡元培がまずてがけたのが、陳独秀《チエン・ドウーシユー》（1879–1942）の「文科学長」への抜擢《ばつてき》である。蔡は以前より、陳の言論活動に注目していた。北京医学専門学校（現在の北京大学医学部）校長の湯爾和《タン・エーフー》や、北京大学予科で国文学の主任をつとめていた沈尹默《チエン・インモー》からも、陳が青年の指導者としてふさわしいと推薦をうけていた。

一九一六年末、陳独秀が用事でたまたま北京に滞在していたため、蔡元培は直接そのもとへ出向き、文科学長になるよう要請した。陳は、雑誌『新青年《シンチンニエン》』を上海で主宰していることを理由に、いったんは断った。これに対し、蔡は北京大学で『新青年』をひきつづき発行すればよいと

図版 5-8　陳独秀

説得し、最終的に陳が受諾、一九一七年一月一三日に文科学長へと就任している。

陳独秀は安徽省懐寧《ファイニン》県（現在の安慶《アンチン》市）の出身。幼くして小役人であった父を亡くし、祖父により四書五経をはじめとする伝統的な教育をほどこされた。一八九六年、数え年で一七歳となった陳は、童試をうけ、最終試験となる院試を主席で合格し、秀才となった。しかし、陳の

回想によれば、院試で支離滅裂《しりめつれつ》な答案を書いたそうで、これにより科挙への不信がめばえたという（『実庵自伝』）。

翌一八九七年、南京に赴き郷試をうけるも不合格。梁啓超らの『時務報』を通じ、変法運動に関心をいだいていた陳独秀は、維新派の人士と交流するようになった。このころ、杭州の新式学校である求是書院《チユーシー》（現在の浙江大学）にも、一時期籍を置いていたようである。

一九〇一年から一九〇六年にわたり、陳独秀は三度日本へと渡っている（長堀祐造『陳独秀』）。ちょうど光緒新政で日本留学がブームとなった時期にあたるが、いずれも数カ月の滞在にとどまった。とくに、二度目の来日では、さきに紹介した鄒容とともに、留学生監督の弁髪切り落とし事件に関与し、強制帰国させられている。また、一九〇四年一月に白話《バイフア》（口語）で書かれた新聞『安徽俗話報《アンフイスーフアバオ》』を創刊し、本格的に言論活動を開始した。陳によれば、このころ、上海で暗殺を実行する政治組織に加入し、爆弾製造で蔡元培とも交わったという（唐宝林『陳独秀全伝』）。

暗殺計画が失敗に終わると、陳独秀は蔡元培と同じく、教育による救国をめざし、安徽公学や自らが創立した徽州《フイジョウ》初級師範学堂で教鞭をとった。この約二年におよぶ教育活動の後、一九〇七年春に四度目となる来日をはたしている。滞在期間は二年あまりにわたり、東京の正則英語学校（現在の正則学園高等学校）で学んでいる。

政治活動をひかえていた陳独秀であるが、辛亥革命が勃発し、安徽省で軍政府が独立をはたすと、軍政府の長である都督の孫毓筠《スン・ユージユン》から呼ばれ、都督府顧問に就任した。一九一二年五月に柏文蔚《バイ・ウエンウエイ》が新たな都督に代わっても、陳は都督府秘書長をつとめ、安徽省の諸改革に力をつくしている。陳と柏は、第二革命の際も、安徽省における武装蜂起の実質的指導者であった（横山宏章『陳独秀の時代』）。

結局、第二革命の武装蜂起はうまくいかず、陳独秀は革命派の内部対立にまきこまれ、身柄《みがら》を拘束された。処刑される寸前のところで辛くもまぬがれ、安徽を脱出している。袁世凱側からも最重要人物として指名手配され、一年近く上海に身をひそめていた陳独秀。そんな折、第二革命で日本に逃れた章士釗から、日本に来て『甲寅』の編集に協力しないかとオファーをうけた。これに応じた陳は一九一四年七月、日本へと渡った。通算五度目の来日である。

さきに述べたように、『甲寅』には、李大釗もたびたび寄稿していた。のちに、中国共産党の生みの親となる陳独秀と李は、この『甲寅』を通じ、はじめて顔を合わせたのである。陳はまた、東京神田のアテネ・フランセに通い、フランス語を学習していた。

袁世凱が対華二一カ条要求を受諾した翌月にあたる一九一五年六月、陳独秀は上海にとどまっていた妻の病気のために、章士釗とともに中国へと帰国した。上海でも『甲寅』の発行をつづけたものの、ほどなく休刊した。『新青年』（創刊当初の名は『青年雑誌』）は、かねがね自らのメディアをもちたいと考えていた陳独秀が、それと前後して創刊した雑誌である。

陳独秀は『新青年』で、君臣・父子・夫婦の上下関係を規定する忠・孝・節という儒教の三綱の説が、これまで中国人を奴隷状態におとしめてきたと厳しく批判した。独立した国家を築きあげるためには、国民が独立・自主の人格をそなえなければならないのに、儒教の道徳は、それを真っ向から否定しているというのである。一九一六年九月、袁世凱が亡くなって国会が復活し、憲法会議がひらかれると、陳は新たな憲法に、孔子の教えを国教とする条文を再度もりこもうとする康有為らの動きを非難する論説を、『新青年』にたびたび発表した。

当然ながら、蔡元培は『新青年』を通じ、こうした陳独秀の徹底的な儒教批判を熟知していたであろう。それは、教育総長であった蔡がかかげた教育方針と合致しており、だからこそ陳を北京大学文科学長に任命したのである。

この時期、『新青年』がくりひろげた主張としては、儒教批判のほかに、いわゆる文学革命がある。その口火を切ったのが、胡適（1891–1962）の「文学改良芻議《ウエンシユエガイリヤンチユーイー》」（1917.1）であった。胡適はこの論文で、文学の改良にあたり、「情感と思想のある言葉を用いるべし」「古人を模倣しない」「文法を重んじるべし」「病気でないのに呻吟《しんぎん》する詩文をつくらない」「古くさい常套句《じようとうく》をやめるべし」「よりどころとなる故事を引かない」「古文の形式や韻律《いんりつ》を重んじない」「俗語・俗字の使用を避けない」という八つのスローガンを提起した。「文学改良芻議」の末尾には、陳独秀の短文が付され、胡適の提起を全面的に支持するとともに、「白話文学こそ、中国文学の正統である」と断じていた。

政治革命が三度も挫折に終わったのは　我々の精神の根底にある倫理道徳、文学・芸術の旧弊がとりはらわれないからだ。陳独秀は、つづく『新青年』翌月号に「文学革命論」を発表し、何よりもまず、国民の精神を根本的に変革する必要性をうったえた。それはすなわち、孔子教を打破する倫理道徳革命と、貴族・文語体の文学を廃し、国民・口語体の文学をうちたてる文学革命という二つの革命の遂行にほかならない。

この『新青年』に掲載された胡適と陳独秀の両論文は、中国社会に大きな反響をよびおこした。白話の使用については、陳自身が『安徽俗話報』を発行していたように、清末よりさまざまな形で試みられていた。胡適の八つにまとめた歯切れのよい、明快なスローガンと、陳のインパクトのある文学革命論が、その白話運動を一気に本格化させたのである。

「文学改良芻議」を寄稿した当時、胡適は義和団戦争の賠償金による国費留学生として、アメリカのコロンビア大学で、博士論文を執筆していた。蔡元培は、陳独秀の推薦をうけ、胡適を北京大学に文科教授として招聘《しょうへい》した。蔡も帰国早々、「中華民国国語研究会」をたちあげ、標準語の確立を模索しており、胡適の登場は、それを実現する強力な援軍になると感じたであろう。

陳独秀の「文学革命論」が掲載された『新青年』の同じ号で、胡適は自らが詠《よ》んだ白話詩を八首披露している。ただ、まったく門外漢である筆者がみても、文体・内容が俗っぽく、上手であるとはいいがたい。実際に白話文学作品をつくりあげた人物となると、やはり魯迅（1881–1936）を挙げなければならない。『新青年』に発表された魯迅の処女作である「狂人日記」（1918.5）は、両親のためなら自らの身体もさしだすべきであるという、孝の儒教倫理を戯画化《ぎがか》してえがいた白話文学の金字塔《きんじとう》であった。魯迅は、同じ紹興出身で、教育総長であった蔡元培の誘いで、一九一二年より教育部に勤務していた。蔡はのちに、魯迅を北京大学にも講師としてまねき、「中国小説史」を担当させている。

魯迅はもともと、医学を志し、仙台医学専門学校（現在の東北大学医学部）で学んだ国費日本留学生であった。蔡元培は魯迅のほかにも、魯迅の弟である周作人《ジョウ・ズオレン》（立教大学出身）や毛沢東の恩師である楊昌済《ヤン・チャンジー》（東京高等師範学校）、銭玄同《チエン・シユエントン》（早稲田大学）、高一涵《ガオ・イーハン》（明治大学）、陳啓修《チエン・チーシユー》（東京帝国大学）など、日本への留学経験がある人物を、積極的に文科・法科の教員として採用した。彼らはいずれも、『新青年』に寄稿したり、編集にたずさわったりするなどし、儒教批判と文学革命を軸とした新文化運動の一翼を担ってゆくこととなる。

さらに、もう一人忘れてはならないのが李大釗である。大学における図書館の役割を重視した蔡元培は当初、章士釗へ北京大学図書館主任就任を要請した。これに対し、章は自分の代わりに、李大釗を採用するよう返答した。『甲寅』を通じ、李の能力を高く評価していたのであろう。李は反袁世凱運動に身を投じ、早稲田大学を一年で中退していたものの、章の推薦により図書館主任という大役を任じられたのである。李は北京大学で『新青年』の同人となり、執筆と編集の両面で活躍してゆくこととなる。

一九一八年初めの統計によれば、北京大学全体の教授九〇名のうち、確認可能な七六名の年齢をみると、三五歳以下が四三名と半数以上を占め、五〇歳以上は六名にすぎなかったという。胡適が二六歳と二十代半ばの者も少なくなく、蔡元培にしてもちょうど五〇歳、陳独秀が三八歳であった。蔡元培体制のもと、古い慣習にしばられない、新しいヴィジョンをもった多くの若手が集められたのである。

他方で、蔡元培が自分と考えの近い仲間内ばかりで、大学の陣容をかためたわけでない点も指摘しなければならない。たとえば、儒教を中国思想の精華であると崇拝し、清の皇帝を復位させる復辟をとなえた文科教授の辜鴻銘《グー・ホンミン》を、校長就任後もひきつづき留任させている。また、籌安会に名をつらね、袁世凱の帝制復活を支持した劉師培《リユー・シーペイ》の学問的能力をみとめ、文科教授として採用していた。

大学教育のあるべき姿について、蔡元培はつぎのように語っていた。

> 近代思想における自由の原則は、公認されている。それを完全に実現できるのは、大学だけである。大学教員が発表した思想は、何ら宗教や政党の拘束をうけず、著名な学者の牽制《けんせい》もうけない。いやしくも確固たる考えがあり、理にもとづいているならば、たとえ同じ学校でも、二つの相反する学説が存在してもかまわない。あとは、学生がそれらを比較し、選択するのにまかせればよい。これこそ、大学が「大」である所以である。(「大学教育」)

「思想自由《スーシャンズーヨウ》、兼容併抱《ジエンロンビンバオ》(思想を自由に、あらゆる考えをうけいれる)」。これは、蔡元培の教育方針を端的にあらわした言葉で、今でも北京大学のスローガンとなっている。保守と革新、君主主義と共和主義など、さまざまな主義・主張を分けへだてなくうけいれる。蔡元培は北京大学を、異なった考えを持った者同士が、自由に議論しあえる場にしようとめざしたのである（菊池秀明『ラストエンペラーと近代中国』）。

教育救国をめざして

本章では、中華民国初期における教育改革を、初代教育総長と北京大学校長をつとめた蔡元培を中心にみてきた。服部宇之吉ら日本人教師により、基礎が形づくられた京師大学堂。順調に優級師範科や予備科の卒業生を輩出していったものの、辛亥革命に遭遇し、本科の卒業生を出せないまま、休校に追いこまれてしまった。

中華民国が成立し、初代教育総長となった蔡元培は、京師大学堂から北京大学校へと名称を改めつつ、最高学府の存続をはかり、その初代校長に厳復を任命した。厳復は、建国当初の財政難で一時廃校がいいわたされながらも、高等教育の重要性をうったえ、北京大学の危機を救った。また、一九一二年一〇月に出された「大学令」の第一条「大学以教授高深学術、養成碩学閎才、応国家需要為宗旨」が、日本の帝国大学令第一条「帝国大学は、国家の須要《しゅよう》に応ずる学術技芸を教授し、及其蘊奥《そのうんおう》を攷究《こうきゅう》するを以《もっ》て目的とす」の、ほぼ焼き直しであったように、日本を参考として大学制度が整備されたのである。

中華民国が制定した最初の学制である壬子学制をみても、小学校から大学にいたる就学開始年齢や修業年限が、清末と比べ、日本の学制により近いものとなっていた。このように民国期に入っても、依然として日本からの強い影響がみとめられる一方で、蔡元培は小学校での「読経」の授業を廃止し、「忠君」と「尊孔」を除外した新たな教育宗旨を制定するなど、日本をモデルとしてとりいれられた清末の儒教色の強い道徳教育を一掃しようとつとめた。孔子の絶対視こそが、教育・学問にとって最も重要である思想の自由を妨げていると考えたのである。

　こうした蔡元培の教育方針は、第二革命前後を境として、袁世凱によりことごとく否定されることとなった。すなわち、袁は教育要旨や教育綱要をあらたに公布し、孔子を崇拝する徳目を復活させたり、小中学校で「読経」の設置を義務化したりしたのである。ただ、だからといって、袁が決して教育を軽んじていたわけでないことに、注意しなければならない。むしろ、第二・第四章で論じたように、袁世凱は科挙を廃止し、自らが統治した直隷省で数多くの新式学校を開設するなど、教育改革に熱心な開明的人物であった。初等教育の義務教育化も、袁が大総統であった時期に、重要課題としておしすすめられている。袁世凱としては、あくまで儒学を根本とし、西洋の学問を応用する旧来の「中体西用」にもとづいた改革をめざしたのである。これは、孔教会を組織し、孔子の教えを国家の道徳的規

図版 5-9　北京大学キャンパスにある蔡元培の胸像。多くの観光客が訪れる名所となっている（筆者撮影）

範にしようとした康有為や厳復についてもあてはまる。

その後、帝制復活をこころみた袁世凱が、あえなく挫折し、病気でこの世を去ると、袁が定めた一連の孔子教化策も廃止された。その間、ヨーロッパで雌伏《しふく》していた蔡元培が、北京大学校長へと就任し、抜本的な大学改革に着手することとなる。その目玉の一つが、陳独秀の文科学長への抜擢であった。蔡元培は、陳のほかにも、日本やアメリカで学んだ多くの若き俊英たちを北京大学へとリクルートした。彼らが、陳の主宰した『新青年』を舞台に、儒教批判や文学革命論を展開し、新文化運動を主導してゆくのである。これは、蔡元培が教育総長の時よりめざしていた改革の方向性と合致するものであった。

他方で、蔡元培は、たとえ自らと相反する主義・主張の持ち主であっても、才能がある者を北京大学へとむかえいれた。「思想自由、兼容併抱」。この八字をモットーに、多種多様な人材があつめられ、互いの考えをぶつけあう言論空間が形成された（欧陽哲生『五四運動的歴史詮釈』）。かつて、竹内好は蔡元培について、「中華民国の学制と、今日の中国の教育精神とは、ほとんどかれ一人の手に成ったといってもいい」（「学生運動」）と評したが、これは決して過言ではないだろう。この蔡が基礎を築いた北京大学から、のちに五四運動を担う学生らが生みだされることとなるのである。

第六章

五四運動と日本

吉野作造と中華留日YMCA

五四運動と日本の関係を考える上で、無視できない人物に吉野作造がいる。

第四章でふれたように、吉野は東大卒業後、袁世凱の息子である克定《ケーディン》の家庭教師、および北洋法政学堂の講師として、一九〇六年初から約三年間、中国に滞在した。吉野にとって、この中国滞在は、給料がちゃんと支払われないなど、いろいろとトラブルが多かったようである。形式主義的な中国人の対応にうんざりし、中国に人物なしと失望したために、「余《あま》り支那の前途に光明を認めないから、随《したが》って其後《そのご》も支那のことを研究する積《つも》りにもならず、支那のことは全く分らなかった」と、のちにふりかえっている（「支那問題に就いて」）。対華二一カ条要求についても、吉野は日本からみて、「大体において最小限度の要求」であり、中国での地位を築く上で適切な措置とみなしていた（「日支交渉論」）。吉野が教鞭をとった東大や政法学校で、中国人留学生らが対華二一カ条要求反対運動をくりひろげた様子を、冷ややかな目でながめていたわけである。

こうした吉野の中国に対する姿勢に変化がみられるのが、第三革命がおきた一九一五年末以降である。吉野は、政法学校長の寺尾亨と頭山満《とうやまみつる》から中国革命史編纂《へんさん》の依頼をうけ、『支那革命小史』（1917）や『第三革命後の支那』（1921）としてまとめられる中国論を、つぎつぎに発表していった。吉野が『中央公論』に、大正デモクラシーの記念碑的な論文「憲政の本義を説いて其《その》有終の美を済《な》すの途《みち》を論ず」（1916.1）を発表したのも、ちょうどこの頃である。「民本主義」にもとづき、普通選挙制と政党内閣制の実現をとなえた吉野の主張は、まさに中国の政治状況にも通じるものであった。

実際、中国人留学生は、吉野の言論に注目した。そして、それを母国の同胞にも紹介しようと、数多くの吉野の著作が中国語へと翻訳されている。フランスへ留学する前、第一高等学校入学をめざし、来日した周恩来《ジョウ・エンライ》も、勉学の合間をぬって吉野に会おうと、一九一八年六、七月と、二度にわたり吉野の邸宅を訪問したことが、彼の日記から確認できる（周恩来『十九歳の東京日記』）。

中華留日ＹＭＣＡが一九三〇年に発行した『中華留日基督教《きりすときよう》青年会最近三年成績報告』と題した報告書がある。その題名通り、直近三年間の報告がおもな内容であるが、中華留日ＹＭＣＡ創立以来の概略や関係者のプロフィールも掲載されている。吉野も「本会を援助した日本の友」の一人にあげられ、つぎのように紹介されていた。

図版 6-1　天津で撮った吉野作造と家族の写真（吉野作造記念館蔵）

吉野作造博士　民国七、八（一九一八、一九）年の間、中日の感情は険悪を極め、日本の友人が本会に来ることも、そのために絶えてしまった。のちに博士が民本主義を唱え、学生から非常に共感をえたので、馬君は各方面の反対をかえりみず、毅然と

図版 6-2 馬伯援（『三十三年的牘話』より）

して彼に本会で演説するように依頼した。その後、大山郁夫《おおやまいくお》、尾崎行雄《おざきゆきお》が、いずれも先生の紹介で、東会（中華留日ＹＭＣＡ——筆者）に来て演説をおこない、わが国の学生が知識上の裨益《ひえき》をえることが少なくなかった。

ここで登場する「馬君」とは、馬伯援《マー・ボーユエン》（1884－1939）のことを指している。馬伯援は、湖北省棗陽《ザオヤン》の出身。一九〇五年に張之洞《ジャン・ジードン》が編成した「湖北新軍」に入ったものの、ほどなく日本へと渡った。東京で中国同盟会に加入し、革命活動に従事するかたわら、一九一〇年に早稲田大学政治経済学科を卒業している。

武昌蜂起直前に帰国し、戦線にたった馬伯援は、孫文が臨時大総統に選任されると、その秘書となった。一九一三年二月、孫文に随行して再来日すると、中華留日ＹＭＣＡの総幹事を約半年間つとめている（『三十三年的牘話』）。その後、アメリカのノースウェスタン大学に留学した馬は、一九一九年初に三度目の来日をはたし、中華留日ＹＭＣＡの幹事に就任した。一九二〇年一〇月には、中華ＹＭＣＡ全国協会の決議で主任幹事に任命され、名実ともに中華留日ＹＭＣＡの長となっている。

馬伯援は三度目の来日前、日本人の中で親友となりえる人物はだれかと、知人にたずねたところ、吉野作造であるとの返答を得たという。これも、中国人の間で吉野が信頼を得ていたことを示すエピソードであろう。日本に到着した馬が、知人の紹介状をたずさえ、吉野を訪問すると、すぐにうちとけ、意気投合したという。

悪化した日中関係を救済するには親善しかなく、それは草の根レベルでなされなければならない。ある日、こう語った吉野に対し、その通りだと考えた馬伯援は、中国人留学生らに今日の思想と学説を紹介してもらうことを企画した。これが、右で引用した吉野のプロフィールでもふれられている、一九一九年三月八日におこなわれた吉野の演説「帝国主義より国際民主主義へ」である。

敬虔《けいけん》なクリスチャンであった吉野は、もともとＹＭＣＡと深いつながりをもっていた。吉野が受洗したのは、仙台の第二高等学校で学んでいた二〇歳の時である。それから、二高の学生ＹＭＣＡに入会し、その経営する寮で学生生活を送った。二高を卒業し、東京帝国大学へと進学した際にも、東大学生キリスト教青年会（東大ＹＭＣＡ）に入会し、今井嘉幸とともに、中央学生ＹＭＣＡの会館で寝食をともにしたことは、第四章で述べた通りである。吉野はまた、王正廷の尊敬すべき人となりを知ったことが、それまでの否定的な中国観を改め、真剣に中国研究にとりくむようになったきっかけであると語っている。第三章で説明したように、王正廷は、初代幹事として中華留日ＹＭＣＡの基礎を築いた人物であった（拙稿「吉野作造と中国知識人」）。

吉野と中華留日ＹＭＣＡの交流は、馬伯援を通じて本格的にはじまったといえるが、それ以前にも双方にまつわる日中間の外交的事件があった。すなわち、一九一八年五月六日、「日支共同防敵《ぼうてき》軍事協定」の締結を阻止しようと、東京神田の料亭「維新号」で会合をひらいた四〇名前後の中国人留学生を、日本の警察が逮捕・勾留《こうりゅう》した事件である。

一九一七年八月一四日、中立を保っていた中国がドイツとオーストリアに宣戦布告し、連合国として第一次世界大戦に参戦した。他方、中国と国境を接するロシアでは、ほどなく十月革命が起こり、新たなソヴィエト政権が誕生した。ソヴィエト政権は、ドイツと停戦協定、さらには単独で講和条約（ブレスト＝リトフスク条約）を締結し、連合国から離脱するにいたった。日支共同防敵軍事協定は、そうした状況で、シベリアに抑留されたドイツ捕虜が解放されると、日中両国にとって大きな脅威となりうるという認識のもと、協議がすすめられたのである。また、ソヴィエト革命軍の極東への進出にも、日中で共同防衛にあたるねらいがあった（川島真『近代国家への模索』）。

軍事協定の交渉は非公開で、秘密裏《ひみつり》にすすめられたが、一九一八年三月末から中国の各新聞でとりあげられるようになった。四月に入ると、協定に日本が中国の兵器工場を管理したり、中国の警察制度を組織したりすることを定めた条項がもりこまれていると報道された。その内容は、かつての対華二一カ条要求の第五号と変わらないとして、中国社会に大きな波紋をなげかけたのである。

中国人留学生らは、軍事協定断固拒否の意思表示をしようと、「大中華民国救国団」を結成し、一斉帰国をくわだてた。対華二一カ条要求で定められた五月七、九日の国恥紀念日が近づいており、ただでも「抗日」意識が高まった時期にあたる。これを警戒した日本の警察は五月五日、中華留日YMCAで政治的集会をおこなうことを禁じさせた。そのため、翌六日に警察の介入しやすい維新号のような場所で、会合をおこなうことを余儀なくされたのである（実藤恵秀『日中非友好の歴史』）。

この中国人留学生の逮捕をうけ、吉野は五月九日付の『東京日日新聞』に、「支那留学生拘禁《こうきん》事件に就《つい》て」と題した論説を寄稿し、留学生への圧迫がさらなる混乱をもたらしていると批判した。言論の自由は、国民と等しく外国人にもみとめられなければならない。警察の過度な取り締まりを許した日本政府、および国民も大いに反省し、自らの姿勢を改めなければならないというのである。自分の学生も何人か勾留されたという吉野は、東大総長に留学生の待遇に関する意見を述べたり、外務大臣の後藤新平《ごとうしんぺい》に留学生との会見を依頼する手紙を書いたりするなど、事態収拾に尽力している。後藤も、警察の度をすぎた処置には批判的であった。

逮捕された留学生らは、翌日までに釈放されたものの、この事件が火に油をそそぐ形となり、一斉帰国が実行へと移された。対華二一カ条要求反対運動の時と同じく、授業もボイコットされ、五月一五日には、東京の大学・専門学校に在学した留学生二七八三名のうち、じつに二六八〇名が欠席する有様であったという。この件で、どれくらいの者が帰国を決行したのか。正確な数字は不明であるが、おおよそ二〇〇〇名強とみられている（菅野正「五四前夜の日中軍事協定反対運動」)。中国人留学生が全体で約三七〇〇名であるので、半数以上にのぼるかなりの数である。

早々に帰国した救国団のメンバーらは、北京入りすると、北京大学をはじめとした各学校に大総統府への請願をはたらきかけた。北京大学の学生たちは、あらたに「救亡会《ジューメンフイ》」を結成し、これに呼応した。こうして五月二一日、北京大学を中心に二〇〇〇名あまりの学生が大総統府へと赴いたのである。

大総統の馮国璋《フェン・グオジャン》(1859−1919)は、当初接見を拒否したが、学生らの熱意におされ、代表一三名と会談にのぞんだ。問題とされた日中軍事協定は、すでに五月一六日に陸軍、一九日に海軍に関するものがそれぞれ締結されていた。これを報道で知った学生は、馮に協定書へ署名しないよう要請したのである。

これに対し、馮国璋は協定に大総統のサインが必要でないこと、また協定が軍事秘密事項で公開できないものの、学生らが問題視するような条項が含まれていないと説明した。実際、調印された軍事協定では、対華二一カ条要求の第五号に類する条項は含まれていなかった。馮は軍事協定をよみあげ、逐次《ちくじ》解釈をおこない、それが中国の主権を損なうものでないことを力説したのである。

馮国璋の説明に納得せざるをえなかった学生らは、ひとまず総統府をあとにした。その後、救国団は范源濂《ファン・ユエンリエン》の後任で教育総長となった傅増湘《フー・ゼンシャン》(1872−1949)や、総理の段祺瑞《ドゥアン・チールイ》(1865−1936)と談判をかさねたが、不発に終わっている(張恵芝『五四前夕的中国学生運動』)。また北京以外でも、各地で帰国した留学生たちは、軍事協定に反対するキャンペーンをくりひろげた。上海では五月三一日、救国団が復旦大学をはじめとした学生約二〇〇〇名とともに、軍事協定拒否を求めるデモをおこなっている。

結局、この軍事協定反対運動は、批判の矛先《ほこさき》があいまいになったこともあり、次第に沈静化へと向かった。中国政府は、帰国留学生らに日本へ戻り、すみやかに学業を再開することを命じた。これをうけ、六月に入ると多くの者が、日本へとひきかえしている。

不確かな情報が、思わぬ混乱をまねいた感のある軍事協定反対運動。しかし、数千人規模の大規模な学生が一致団結し、行政のトップに直接物申したのは、日清戦争後の「公車上書」以来のことであった。翌年に起こる五四運動への道筋は、これにより風穴《かざあな》が開けられたといっても過言ではない。その主導者は、日本で組織された救国団であり、日本警察の不用意な対応が、彼らの「抗日」意識を高ぶらせ、過激な行動へと走らせたのである。

日中両国における「知識人」の誕生

蔡元培《ツァイ・ユエンペイ》が校長に就任した後、北京大学では自由な雰囲気のもと、さまざまな学会や研究会が生まれた。音楽研究会、画法研究会、数理学会、哲学研究会、化学研究会、体育会、技撃会など、名称からおおよその活動内容が察せられるように、じつに多彩である。蔡元培も自らが音頭《おんど》をとり、「進徳会《ジンドゥーフィ》」を組織している。

「私徳」が修まらなければ、その害が社会へとおよんでしまう。進徳会はそうした考えのもと、文字通り「進徳」をめざした結社であった。会員は甲・乙・丙の三種類に分けられ、甲種が「売春しない、賭け事をしない、妾《めかけ》をとらない」の三戒《かい》、乙種がそれに「官吏《かんり》にならない、議員にならない」をくわえた五戒、丙種がさらに「タバコをすわない、飲酒をしない、肉を食べない」を課した八戒を、それぞれ守ることとなっていた。この八戒は、「官吏にならない、議員にならない」の二戒をのぞけば、蔡元培が教育総長時代に結成した「六不会」の戒律とまったく一致する（斎藤道彦「「五・四」北京学生運動断面」）。蔡は、北京大学でも儒教にかわる新たな道徳倫理の実践にとりくんだのである。

一九一八年一月にはじまった進徳会は、わずか三カ月で計四六一名の会員を集めたという。内訳は甲種が三三二名、乙種一〇五名、丙種二四名で、蔡自身は乙種会員であった。当時、北京大学の教員総数が二〇〇名あまり、学生数は約二〇〇〇名であったことを考えると、かなりの入会率といえよう（蕭超然『北京大学与五四運動』）。

こうした結社の中には、軍事協定反対運動がきっかけとなり、結成されたものもあった。その最も代表的なものが「少年中国学会」である。

少年中国学会を発起《ほっき》した人物の回想録によれば、東京の中国人留学生の間で、以前よりイタリア統一運動を担った青年イタリア（Young Italy）にならった組織をつくる構想があったという。救国団の中心メンバーであった曽琦《ゼン・チー》（1892–1951）は、軍事協定反対運動がうまくいかなかったのを教訓に、学生らを継続的にふるいたたせようと、その構想の実現に動いていた（『曾慕韓〔琦〕先生遺著』）。ちょうど同じころ、北京大学の学生であった友人の王光祈《ワン・グアンジエ》から、結社を組織する計画案をもちかけられた。渡りに船の曾琦は一九一八年六月、北京へと赴き、王と相談し、三〇日に少年中国学会（Young China Association）をたちあげた。発起人には、曾琦と王光祈のほか、二人と同じ四川省出身の同志四名、そして李大釗《リー・ダージャオ》の計七名が名をつらねている。

　少年中国学会が正式に設立大会を開いたのは、発足からちょうど一年後の一九一九年七月一日であった。「科学的精神のもと、社会的活動に従事し、少年中国《ヤング・チャイナ》を創造する」という学会の宗旨《しゅうし》をさだめ、信条として「奮闘」「実践」「堅忍」「倹僕」の四つの徳目をかかげていた。学会の主要な活動としては、月刊誌『少年中国《シャオニエンジョングオ》』『少年世界《シャオニエンシージエ》』の発行や「工読互助《ゴンドゥーフージュー》」運動などが挙げられる（呉小龍『少年中国学会研究』）。工読互助運動は、勤労と勉学にはげみつつ、互いに助けあう共同生活の実践をめざしたものであった。当時、武《む》者小路《しゃのこうじ》実篤《さねあつ》が宮崎県で開いた「新しき村」が、中国でも注目されており、その中国版といえよう。

図版 6-3 『少年中国』創刊号の表紙

　少年中国学会の会員は、成立大会時点で四二名にのぼり、北京のほか四川省の成都《チエンドゥー》や南京、パリに分会が設けられた。入会には、会員五名の紹介を必要とし、評議部を経て認可されるなど、少数精鋭主義がとられた。蔡元培は、「さまざまな結社がある中で、私がもっとも希望をもっているのは、少年中学学会である。なぜなら、彼らの言論、彼らの行動はいずれも本物で、少しも浮薄《ふはく》で、誇張した態度がみられないからである」と、その活動を高く評価していた（「工学互助団的大希望」）。

一九一八年一〇月に北京大学で組織された国民雑誌社も、軍事協定反対運動を機に生まれた「学生救国会」が母体となったものである。社名の通り、月刊誌『国民《グオミン》』を一九一九年一月より発行した。「国民の人格向上」「国民知識の涵養《かんよう》」「学術の研究」「国産品の奨励」の四つを宗旨とし、政治問題にも積極的に発言をおこなっている。学生らの大総統請願には反対の立場をとった蔡元培も、『国民』創刊号に序を寄せ、救国に燃える学生らに賛辞を送っていた。

李大釗は、『少年中国』『少年世界』の編集主任をつとめ、『国民』でも学生による編集・運営に対して尽力するなど、少年中国学会と国民雑誌社の顧問的な存在であった。また、李自身も、これら雑誌に文章をたびたび寄稿している。そのうち大きな反響をよんだものとして、李が一九一九年元旦に執筆し、『国民』第二号に掲載された論説「大アジア主義と新アジア主義（大亜細亜主義与新亜細亜主義）」がある。

日本人たちが唱える「大アジア主義」は、他の列強をさしおき、日本が単独で中国を支配しようとする「中国併呑《へいどん》主義」の隠語にすぎない。李大釗はこの論説で、徳富蘇峰《とくとみそほう》や浮田和民《うきたかずたみ》の説く「大アジア主義」をこうきびしく批判し、いたずらに欧米との対立をあおるだけだときりすてた。これに代わる新たな主義として、李がかかげたのが、民族自決主義にもとづき、全アジア民族を併呑状態から解放する「新アジア主義」である。日本の「大アジア主義」に対する李の不信感は強く、これを「大日本主義」の別名であるとも指摘していた。

他方で、李大釗はこの時期、日本の新たな知的潮流に大いに期待をよせる文章も書いている。それが、「大アジア主義と新アジア主義」と前後して、『毎週評論』第九号に発表された「黎明会《れいめいかい》を祝う（祝黎明会）」（1919.2）である。『毎週評論』は一九一八年一二月、李と陳独秀《チエン・ドウーシユー》が中心となり創刊した週刊誌で、宗旨として「主張公理《ジユージヤンゴンリー》、反対強権《ファントウイチヤンチユエン》（公理を主張し、強権に反対する）」ことをかかげていた。李は「黎明会を祝う」で、恩師の吉野作造や今井嘉幸が参加した啓蒙団体である「黎明会」をとりあげ、それがまさに『毎週評論』の宗旨と合致しており、日中両国の民衆を連帯へとみちびくものであると評価した。ともに「新アジア主義」への道を歩もうと、黎明会にエールを送ったのである。

この黎明会は、いかなる団体であったのか。その起源は、米騒動にまでさかのぼる。一九一八年七月、大戦景気にともなう米価の高騰《こうとう》に抗議し、富山ではじまったデモ活動は、翌月までに全国的な規模へと拡大した。これに対し、事態の収拾をめざした寺内正毅《てらうちまさたけ》内閣は、米騒動に関する新聞記事の差し止めを試みたが、新聞社の抗議にあい、すぐに撤回を余儀なくされた。言論の抑圧をはかる寺内内閣に対する新聞各社の反発は、勢いを増し、八月二五日には「言論擁護、内閣弾劾《だんがい》」をスローガンとした関西新聞社・通信社大会が、大阪ホテルで開催された。この計八六社、一六六名が参加した大会で採択された宣言では、「騒擾《そうじょう》記事差止《さしと》めの如き、吾人《ごじん》の一

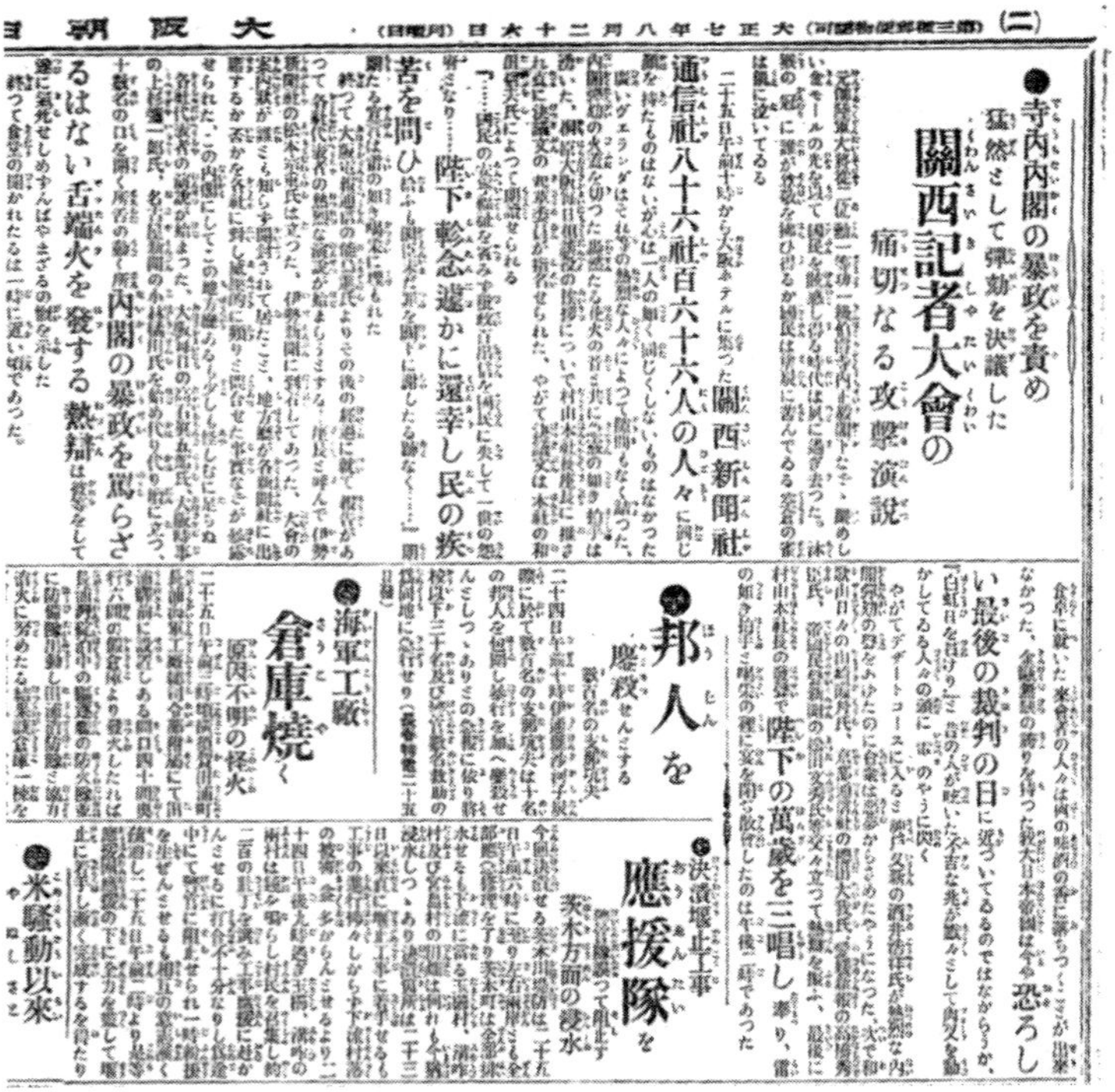
大阪朝日　大正七年八月二十六日（月曜日）（二）

●寺内内閣の暴政を責め
猛然として弾劾を決議した
關西記者大會の
痛切なる攻撃演説

通信社八十六社百六十六人の人々

陛下の萬歳を三唱し

邦人を
應援隊を

●海軍工廠
倉庫燒く
原因不明の怪火

●米騒動以來

図版 6-4　『大阪朝日新聞』1918年８月26日夕刊。下段の右４行目に、「白虹日を貫けり」という文字がみえる

撃に遭《あ》い、直《ただ》ちに撤回したるも、言論抑圧の不安尚《なお》除かれず」と、政府の対応が非難され、寺内内閣の即時退陣を求めていた。

翌日、大会の模様を描いた二面にわたる記事が『大阪朝日新聞』夕刊に掲載された（図版6－4）。劣勢にたたされた政府は、記事にあった「白虹《はっこう》日を貫《つらぬ》けり」という故事成句が、皇室に危害をくわえることを示唆したものであるとして、新聞紙法の安寧秩序紊乱《びんらん》罪で告発した。さらに第一回公判後、暴漢が白昼堂々、朝日新聞社長の村山龍平《むらやまりゆうへい》を襲撃する事件が起こった。全裸にされた村山が街路の電柱にしばりつけられ、首に「国賊　村山龍平」と書いた札をぶらさげられるという言論弾圧を狙った異常な犯行であった。この白虹事件により、村山は社長の座を降りることを余儀なくされ、それを支えた長谷川如是閑《はせがわにょぜかん》や大山郁夫らが退社する事態となった。

こうして大阪朝日新聞へのバッシングが強まる中、反論の筆をとったのが、吉野作造である。吉野は、村山襲撃の黒幕とされた国家主義団体の「浪人会《ろうにんかい》」を名指しして、暴力で言論の自由を封殺しようとする姿勢をきびしく非難した（「言論自由の社会的圧迫を排す」）。すると、これに反発した浪人会のメンバーが、謝罪を求めて吉野のもとへと押しかけた。吉野がその謝罪要求を退けたところ、互いの意見を公平な場でぶつけあおうと、立会演説会開催が提起され、一一月二三日に神田の南明倶楽部《なんめいくらぶ》でおこなわれることとなったのである。

立会演説会は、浪人会側の弁士四名がたち、吉野がそれぞれに応答する形で進められた。吉野が主張の当否はどうであれ、言論の自由を暴力で押さえこんではならないと力説したのに対し、浪人会側は最終的に吉野の見解をうけいれ、自らの意図が言論圧迫になかったと弁明するにいたった。吉野の日記には、当日の様子について「十分論駁《ろんばく》し尽《つく》して、相手をして完膚《かんぷ》なからしめし積りなり」と記されている。吉野は立会演説会後、場外に集った二〇〇〇名あまりの学生・労働者らから喝采《かっさい》を浴び、「凱旋《がいせん》」したとされ、こうした気運をもとに思想運動にあたろうと企図されたのが、黎明会であった（菊川忠雄『学生社会運動史』）。

黎明会には、吉野作造と東京高等商業学校（現在の一橋大学）教授の福田徳三（1874–1930）の二人をリーダーとして、当時の名だたる学者・文化人が結集した（拙稿「戦間期日本における知識人集団」）。会の大綱として、「一、日本の国本を学理的に闡明《せんめい》し、世界人文の発達に於《お》ける日本独特の使命を発揮すること。二、世界の大勢に逆行する危険なる頑冥《がんめい》思想を撲滅《ぼくめつ》すること。三、戦後世界の新趨勢《しんすうせい》に順応して、国民生活の安固《あんこ》充実を促進すること」の三つがかかげられており、李大釗はこれを、「公理を主張し、強権に反対する」ことに相通ずると評価したのである。黎明会のおもな活動は、毎月の講演会開催と、その講演内容を活字化した『黎明会講演集』の発行であった。李大釗の「黎明会を祝う」が掲載された『毎週評論』第九号では、一九一九年一月に神田青年会館で開かれた第一回講演会の模様もくわしく報じられている。

吉野と浪人会の立会演説会を機に生まれた団体には、黎明会のほかに「新人会」がある。新人会は、赤松克麿《あかまつかつまろ》（1894–1955）や宮崎龍介《みやざきりゅうすけ》（1892–1971）など、立会演説会に刺激をうけた吉野の教え子らが、一九一八年一二月に結成した東大の学生団体で、「日本学生運動の源流」と位置づけられている（H・スミス『新人会の研究』）。新人会の綱領でも、「一、吾徒《わがと》は、世界の文化的大勢たる人類解放の新気運に協調し、之《こ》れが促進に努む。二、吾徒は、現代日本の合理的改造運動に従う」と、若い力で世の中を変えることがうたわれていた。新人会のメンバーらは当初、黄興《ファン・シン》が東京目白に所有していた邸宅で共同生活をいとなんだ。宮崎龍介の父である宮崎滔天《みやざきとうてん》（1871–

1922）は、かつて中国同盟会の熱烈な支援者であった。黄興が一九一六年に亡くなった後、邸宅の管理をしており、新人会の要請に応じ、その場を提供したのである。生活を共にし、連帯意識を高めるやり方は、少年中国学会の工読互助運動と非常によく似ているといえよう。

こうしてみると、一九一八年末をピークに日中両国で、大学を基盤に教員・学生からなるさまざまな結社が生まれたことが分かる。とくに、中国の北京大学と日本の東京帝国大学で、李大釗と吉野作造という師弟関係にあった二人がそれぞれ中心となり、教員・学生らが社会へと広く発信する新たな言論空間が創出された。彼らを指し示す言葉として、ロシアのインテリゲンツィアにあたる「知識人」「知識階級」が、日中両国で一般に用いられるようになるのも、ちょうどこの頃である（坂本多加雄『知識人』）。

私たちは普段、何気なく明治の知識人や清末の知識人といった言い方をしている。しかし、今日に通ずる近代高等教育をうけた「知識人（現在の中国語では「知識分子《ジーシーフエンズ》」）」の幅広い層は、その言葉の生成と同じく、一九一九年前後に誕生したと考えられる。この新たに生まれた日中の「知識人」たちが、五四運動に際し、独自の役割をはたすこととなるのである。

五四運動の勃発

このように、一九一八年末より大学の教員・学生が、日中両国で積極的に結社をむすび、社会的発言・行動をおこすようになった背景には、それを支える高等教育機関の整備・拡充があった。

北京大学を頂点とした中国の事情については、これまで述べてきた通りである。日本でも高等教育機関は当時、変革期をむかえていた。中でも、大きな転換点となったのが、一九一八年一二月に公布された第二次高等学校令と大学令である。

第二次高等学校令により、高等学校の修業年限は高等科三年、尋常科四年の計七年とされ、「高等普通教育」を完成する機関と位置づけられるとともに、官立だけでなく公共団体や財団法人の設立がみとめられた。これをうけ、従来東京の第一高等学校から名古屋の第八高等学校までの計八校が存在するにとどまっていた高等学校は、公立と私立も合わせ、飛躍的に増加をとげることとなる（『学制八十年史』）。

第二次高等学校令と同じく大学令でも、官立の帝国大学のみであった大学制度を見直し、公立と私立の大学設立がみとめられた。それまで「大学」を名のっていたとはいえ、法律上は専門学校のあつかいであった早稲田や慶應義塾は一九二〇年二月、はれて大学令の定める大学となった。また、総合大学を基本としながらも、単科大学の設置がみとめられ、東京高等商業学校が一九二〇年四月、東京商科大学へと昇格をはたしている。

さらに、高等教育にたずさわる者たちを社会運動へとかりたてたのが、第一次世界大戦の終結である。一九一八年一一月一一日、オーストラリア゠ハンガリーにつづき、ドイツが降伏し、連合国と休戦協定をむすんだ。このドイツ降伏のニュースが中国に伝わると、教育部は全国の学校に一四日から三日間、祝日とするよう通達した。北京大学は一五、一六日と天安門で演説会をひらいた。校長の蔡元培も二日連続で演壇にたち、戦勝を祝している（羅志田「〝六箇月楽観〞的幻滅」）。

北京大学はさらに、一一月二八日から三〇日までを臨時休校とし、二度目となる演説会を開催した。また、三〇日におこなわれた提灯《ちょうちん》行列には、六〇校以上の学校から数万規模の学生が参加し、官民一体でこれまでにない盛りあがりをみせたという。これほどまでに、中国人が戦勝に歓喜したのは、何よりも山東半島の主権が回復する期待からであった。

ソヴィエト政権を率いたレーニンは一九一七年一一月、第一次世界大戦の交戦国に向け、民族

図版 6-5 1918年11月14日の祝賀パレード。「世界大同」といった文字がみえる（デューク図書館蔵）

図版 6-6 1918年11月14日の祝賀パレード。「軍国主義出ていけ（Militarism must go!!）」や「公理が勝った（公理戦勝）」といった文字がみえる（デューク図書館蔵）

自決にもとづく無併合・無賠償の即時講和を提案する「平和に関する布告」を示した。これに対し、アメリカ大統領のウィルソンも一九一八年一月、民族自決や植民地問題の公正な調整をうたった「一四カ条の平和原則」を発表した。中国の国民は、こうしたレーニンやウィルソンの指針が、半植民地状態にあった中国にも適用され、山東半島が返還されることを期待したのである（村田雄二郎「日本の対華二一カ条要求と五・四運動」）。

他方、日本でも平和に関する布告や、一四カ条の平和原則への評価は高かった。さきにふれた吉野作造が中華留日ＹＭＣＡでおこなった演説「帝国主義より国際民主主義へ」は、まさにウィルソン主義の立場にたち、列強の対峙する「帝国主義」から、互いの主権を尊重する「国際民主主義」へと、世界秩序が推移してゆくことを展望したものであった。黎明会や新人会のメンバーの多くも、この吉野の考えに共鳴し、そのもとに集ったのである。

一九一九年一月一八日、パリで連合国による講和会議がはじまった。中国では軍事協定反対運動以降、南北融和の動きが強まり、二月二〇日より北京政府と孫文率いる広東軍政府の間で、和平会談が開かれた。パリ講和会議における中国の全権委員には、北京政府の外交総長である陸徴祥《ルー・ジエンシヤン》（1871–1949）と駐米公使の顧維鈞《グー・ウエイジユン》（1888–1985）の二名が選ばれた。しかし、陸徴祥は病気を理由に会議から距離をおき、代わりに広東軍政府代表の王正廷が活躍しており、南北統一をはかった形となっていた（笠原十九司「パリ講和会議と山東主権回収運動」）。顧維鈞も王正廷と同じく、宣教師が運営する国内の新式学校で学んだ後、アメリカの大学に留学し、博士号を取得した知米派外交官である。日本からは、西園寺《さいおんじ》公望《きんもち》（1849–1940）や牧野《まきの》伸顕《のぶあき》（1861–1949）をはじめとした五名の全権委員が、講和会議にのぞんでいる。

山東問題については、一月二七、二八日に開かれた会議で、討議がおこなわれた。牧野は、日本が日英同盟にもとづき山東半島へ派兵し、極東におけるドイツの軍事的脅威を解消した功績をアピールした。そして、ドイツが有した山東権益を、中国への返還を前提に、ひとまず無条件にゆずりうけることを要求したのである（Hankey's Notes of Two Meetings of the Council of Ten）。

これに対し、顧維鈞は、日本に感謝を述べながらも、山東省が中国固有の領土であり、中国へ即時返還されるべきであると反論した。顧が強調したのが、山東省が、孔子と孟子を生んだ中国文明の発祥地（the cradle of Chinese civilization）であり、中国人にとって神聖な場所（a Holy Land for Chinese）にあたる点であった。たしかに、孔子は現在の曲阜《チューフー》、孟子は鄒城《ゾウチエン》と、いずれも山東省の出身である。顧はまた、膠州湾租借など、ドイツとの間で結ばれた条約が、砲艦《ほうかん》外交のもとで不当になされた上、中国の参戦により失効しており、他国に継承されるものでないと主張した。

この牧野とやりあった顧維鈞の弁論は、会議出席者らに好評をもってむかえられた。弁論が終わると、ウィルソンやイギリス首相であるロイド・ジョージらが、つぎつぎと顧に歩みより、祝福・激励の言葉をかけたという（『顧維鈞回憶録』）。中国のメディアも、こぞって顧が討論で牧野を圧倒し、他国の代表らを味方につけたと肯定的な報道をおこなった。そのため、中国国内では、山東省主権回復への期待が俄然《がぜん》高まったのである。

しかし、日本は事前に、講和会議へ参加した五大国（日本、米、英、仏、伊）のうち、イギリス、フランス、イタリアと、日本への山東権益移譲を支持する密約を交わしていた。また、一九一八年九月に日中両国で交わされた交換公文には、日中合弁による山東鉄道の経営、済南への日本軍駐留、鉄道警察隊への日本人の雇用に対し、駐日公使であった章宗祥《ジャン・ゾンシャン》（1879-1962）が、「喜んで同意する（欣然同意《シンランドンイー》）」との文言を付していた。さらに、これと同時に締結した借款《しやつかん》契約は、ドイツに敷設権をあたえていた鉄道が投資対象で、すでに前渡し金が中国に支払われていた。これには、中国に同情的であったアメリカも、日本の言い分をみとめざるをえなかった。中国は四月二三日、日本をふくめた五大国への山東権益の一時移譲を提案したものの、却下された（川島真『中国近代外交の形成』）。こうして四月三〇日、ほぼ日本の要求がうけいれられる形で、山東問題が決着したのである。

山東権益が日本に移譲されるというニュースは、当然ながら中国社会に大きな衝撃をあたえた。当時、梁啓超《リヤン・チーチヤオ》が代表団と別にヨーロッパ視察団を組織し、パリに滞在しており、講和会議の行方をみまもっていた。梁は四月二四日、中国へ電報をうち、青島が日本の手にわたりそうであると伝え、政府と国民が一丸となって、署名をしないよう代表団にはたらきかけることをうながした。

この電報は四月三〇日に北京へとどき、五月二日付の各新聞で公表された。これよりさきに、中国外交失敗のニュースは、北京で広まっていたようである。五月一日、国民雑誌社は臨時会議を開き、各校の学生代表らが北京大学に集まり、今後の対応を協議した。つづく三日の晩に、北京大学で学生大会を開いた際には、北京大学のほか、北京高等師範学校、法政専門学校、高等工業学校など、各校の学生代表ら一〇〇〇名をこえる参加者があったという。そこで、翌四日に天安門に集合し、デモ行進をおこない、日本をのぞく各国公使館へ民意を伝えることが決議された(龔振黄「青島潮」)。

五月四日午後一時すぎ、天安門前へ三〇〇〇名におよぶ各校のデモ隊が集まった(図版6-7)。

図版 6-7　天安門でおこなわれた決起集会

天安門前の広場は、今日よりもかなり小さかったが、あふれんばかりの群衆となった。学生の代表らが、そこで演説をおこない、デモの気運をもりたてた。参加者は、めいめい「青島を還せ」「二十一カ条を取り消せ」「日本製品排斥」などと記された小旗をもち、シュプレヒコールをあげた。アジビラもまかれ、その一つである「北京学生界全体の通告」には、「山東の大勢を失えば、中国の領土は破壊される。中国の領土が破壊されれば、中国は亡くなってしまう」、「願わくば、全国の各商工業界がともに立ちあがり、国民大会を開き、外に主権を争い、内に国賊を除かれんことを」などと記され、国民一丸となってたちむかうことがつづられていた。

決起集会後、学生たちは隊列をくみ、天安門の東南にある東交民巷《ドンジャオミンシャン》の外国公使館区域へと向かった。第四章で服部宇之吉についてふれた際、義和団戦争で日本公使館が襲撃されたことを述べた。この時、他の公使館も同様に被害をうけたため、義和団戦争の事後処理で結ばれた北京議定書により、新たに外国公使館区域が設けられたのである。外国公使館区域では、中国人の居住がみとめられず、警察権は公使館にあたえられ、中国の主権がおよばない場所となっていた。

デモ隊が公使館区域入り口につくと、当然のごとく、公使館の警察に行く手をはばまれた。そ

図版 6-8 デモ行進する北京大学の学生

図版 6-9 現在の東交民巷。正面の建物が旧横浜正金銀行。現在は中国法院博物館となっている。その奥に、日本公使館があった（筆者撮影）

のため、数名の代表が各公使館に赴き、請願書をわたそうとこころみた。しかし、イギリス、フランス、イタリアの公使館では、日曜日のこともあり、公使が外出していると告げられ、請願書の受けとりを拒否された。アメリカ公使館でも、公使は不在であったが、応対した書記官が請願書をうけとった。請願書には、アメリカが「民族の独立」と「人類の公権」「世界平和」のために戦ったことをたたえつつ、だからこそアメリカに援助を求めざるをえない旨が記されていた。学生らは、アメリカに強い期待をよせており、警察に進入をはばまれた際には、「大アメリカ万歳、ウィルソン大統領万歳、大中華民国万歳、世界永久平和万歳」と声をあげたという。

図版 6–10 「売国奴 曹汝霖」という幕をかかげる学生たち。「青島は中国のものだ（青島是中国的）」と書かれた小旗もみえる

公使館への請願は、前夜急遽決まったためにアポイントをとっておらず、門前払いされたのもいたし方ないであろう。

そのとき、足止めをくらったデモ隊の中から、交通総長であった曹汝霖《ツァオ・ルーリン》（1877–1966）の邸宅に行こうという声があがった。曹汝霖宅へ向かうことは、一部の学生により事前に計画されていたようである。誰が首謀者《しゅぼうしゃ》であったかについては諸説あるが、その場にいた多くの学生らも、これに呼応し、公使館区域の北東部に位置する趙家楼《ジャオジャーロウ》の曹宅へと歩みをすすめたのである（陳平原『触摸歴史与進入五四』）。

このデモの標的となった曹汝霖とは何者か。

曹汝霖は上海出身。祖父、父と江南機器製造総局で働く官僚の家に生まれた。曹も幼少時より伝統的教育をうけ、一八歳のときに院試に合格し、秀才となっている。義和団戦争最中の一九〇〇年、曹は章宗祥らとともに、日本に留学し、東京法学院（現在の中央大学）で法律学を学んだ。法曹人の育成急務を感じた曹汝霖らが、梅謙次郎にはたらきかけ、法政大学に「清国留学生法政速成科」が創設されたことは、第四章で述べた通りである。曹は、自由民権論者として知られる中江兆民《なかえちょうみん》（1847–1901）亡き後の中江家に寄宿していた。曹によれば日露戦争中、中江家が兵士を住まわせ、互いに助けあう軍民一体の姿をみて、親日の念を強くしたという（『一生之回憶』）。

一九〇四年に帰国した曹汝霖は、清朝に任用され、商部、外務部とわたり歩いた。辛亥革命前には、外務部副大臣にまでのぼりつめている。中華民国が成立し、袁世凱が臨時大総統に就任すると、参議院議員に指名され、一九一三年に外交部の次長となった。その曹の前に、試練として

図版 6–11　曹汝霖

図版 6–12　曹汝霖宅跡。現在は「愛国主義教育基地」となっている（筆者撮影）

たちはだかったのが、対華二一カ条要求である。

曹汝霖は、外交総長の陸徴祥とともに、日本からつきつけられた対華二一カ条要求の交渉にのぞんだ。実質的な中国側の窓口となったのが曹汝霖で、日本との会合は約三カ月で計二七回におよんだという。曹としては、対華二一カ条要求の第五号だけは、何としても拒絶したいと考えており、最終的にそれが実現できたことは、胸をはるべき外交的成果であった。しかし、曹の思いとは裏腹に、対華二一カ条要求をうけいれた張本人として、裏切り者のレッテルをはられてしまう。曹はその後も、日本が段祺瑞政権に巨額の借款を供与したいわゆる西原借款《にしはらしゃっかん》など、対日外交交渉の矢面にたっており、山東問題をめぐる失政批判の矛先がまっさきに向けられたのである。

曹汝霖はこの日、駐日公使であった章宗祥が休養で一時帰国したのをねぎらうため、総統府でひらかれた昼食会に出席していた。学生デモ隊が曹汝霖宅前に集結したのは、曹が昼食会終了後、章宗祥とともに帰宅してまもなくのことであった。章も、山東権益が日本に移譲される根拠となった交換公文に「喜んで同意する」と記したために、曹と同じく売国奴の一人とみなされていた。

曹汝霖宅には、デモ隊の動きを察知し、一説に二〇〇名もの警官が警備にあたっていた。曹によれば、外の様子をうかがっていたところ、邸宅の敷地に石が投げこまれ、女中が背中を負傷したという。そのため、曹たちは急いで屋内へと入り、それぞれ身をひそめた。

すると、数人の学生が警備をかいくぐり、塀をこえて邸内へと侵入し、内側から入り口の門を開いた。外にいたデモ隊も、そこから一斉に乱入し、窓ガラスや室内の装飾品を破壊しながら、

図表6－1　1919年5月4日のデモ隊の進路図。点線が推定される進路。右上の網掛けの部分が趙家楼。デモ隊は天安門から中華門を通り、公使館区域を行進した後、胡同《フートン》の趙家楼にある曹汝霖宅へと向かった。中華門があった場所には現在、毛沢東の遺体が安置された毛主席紀念堂がある。

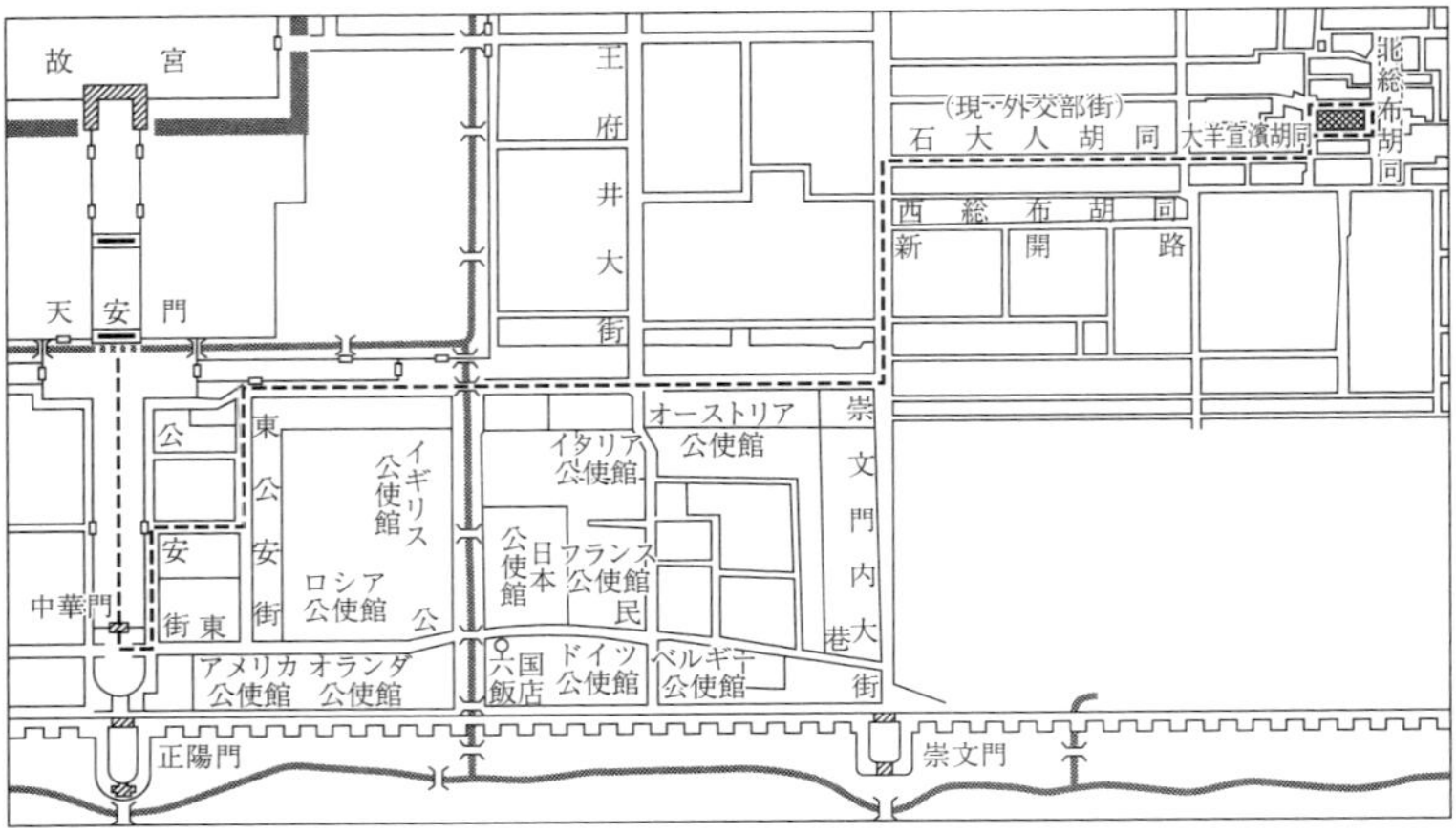

彭明『五四運動史』より

曹汝霖をさがしまわった。さらに過激化した学生は、建物へ火まで放ったのである。

　寝室隣の部屋に隠れた曹汝霖は、幸い見つからず、逃げのびることができた。他方、地下の部屋に身を隠した章宗祥は、外に出たところを学生らに包囲された。モーニングコートを着ていた章は、曹と勘違いされたようで、鉄棒で後頭部をなぐられるなど、はげしい暴行をうけた。この時、曹の庇護《ひご》をうけ、北京で生活をしていた中江《なかえ》丑吉《うしきち》（1889–1942）が、章のもとにかけつけ、学生らを制止した。中江丑吉は、中江兆民の長男であり、曹が日本留学中に中江家へ寄宿した縁で、面倒をみてもらっていたのである。五四運動を直に体験した唯一の日本人であった。丑吉自身、学生から攻撃をうけ、深手を負いながらも、なんとか章を邸宅外に連れだし、病院へと搬送した。

ここにいたって、取り締まりにおよび腰であった北京政府も、警官を増員し、デモの鎮圧にのりだした。炎上した曹汝霖宅の消火活動にあたるとともに、現場にいた三二名の学生を逮捕した。こうして平和的にはじまった学生デモは、現役閣僚の邸宅を襲撃・放火し、駐日公使に瀕死《ひんし》の重傷をおわせるという、思わぬ大事件へと発展したのである。

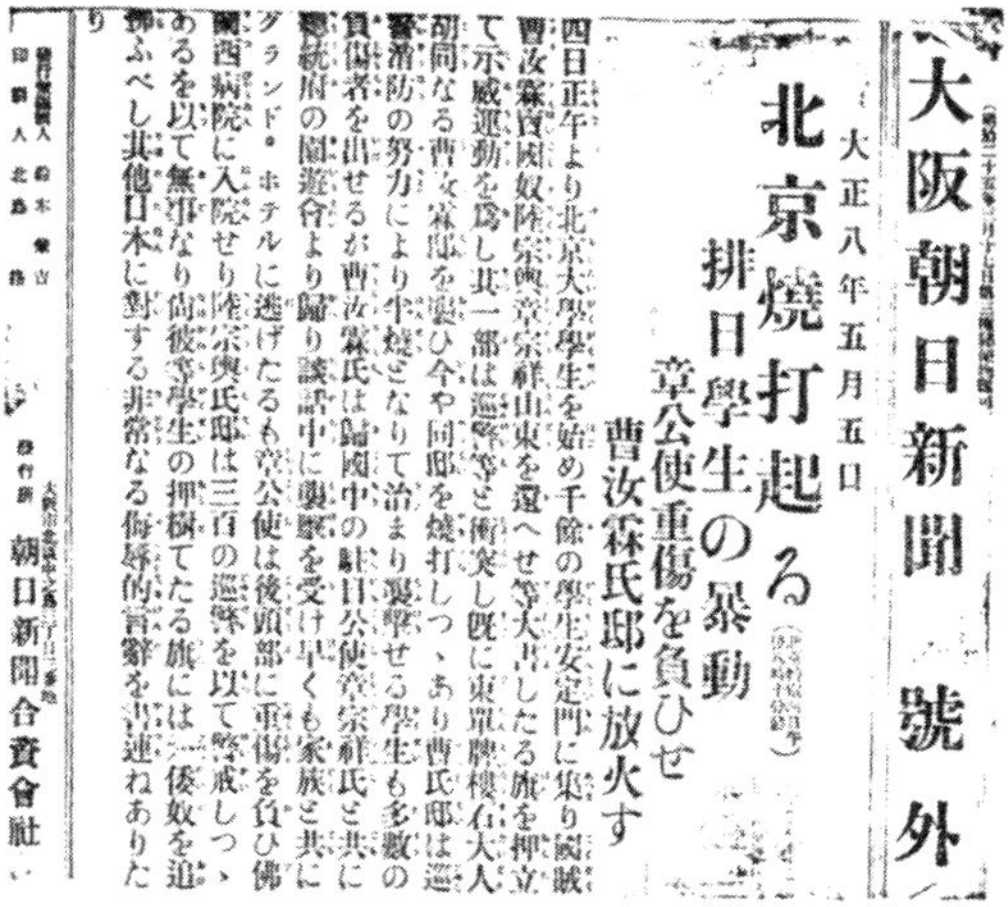
大阪朝日新聞　號外

大正八年五月五日

北京燒打起る
排日學生の暴動
章公使重傷を負ひせ
曹汝霖氏邸に放火す

四日正午より北京大學生を始め千餘の學生安定門に集り國賊曹汝霖賣國奴陸宗輿章宗祥山東を還へせ等大書したる旗を押立て示威運動を爲し其一部は巡警等と衝突し既に東單牌樓石大人胡同なる曹汝霖邸を襲ひ今や同邸を燒打しつゝあり曹氏邸は巡警消防の努力により半燒となりて治まり襲撃せる學生も多數の負傷者を出せるが曹汝霖氏は歸國中の駐日公使章宗祥氏と共に總統府の園遊會より歸り談話中に襲撃を受け早くも家族と共にグランド・ホテルに逃げたるも章公使は後頭部に重傷を負ひ佛國西病院に入院せり陸宗輿氏邸は三百の巡警を以て警戒しつゝあるを以て無事なり尚彼等學生の押樹てたる旗には「倭奴を追拂ふべし其他日本に對する非常なる侮辱的言辭を書連ねありたり

朝日新聞合資會社

図版 6–13 『大阪朝日新聞』1919年5月5日号外

五四運動がもたらしたもの

パリ講和会議に反発した大規模な学生デモが、北京で起こったというニュースは、関係諸国でも大きく報道された。日本では、『大阪朝日新聞』が五月五日、「北京焼打起《やきうちおこ》る　排日学生の暴動」の見出しで、第一報となる号外をだしている（図版６－13）。これにつづき、各新聞が紙面を割《さ》いて詳報を伝えているが、その見出しをみても、「排日暴動の中心　北京大学」（『東京朝日新聞』)、「北京に排日暴動起る」(『東京日日新聞』)、「北京に排日的暴動」(『時事新報』)と、一様に事件を「暴動」という言葉でいいあらわしていた。

THE PEKING STUDENTS' FRACAS

MR. CHWANG DIES

Jniversity And Schools Closed In Peking

RRESTED TO GO ON TRIAL

(The Chung Foo News Agency.)

Peking, May 5.

Chwang Chung-hsiang having died he President and the Premier both onsider it necessary to hand the tudents arrested to the Court for rial.

University And Schools Closed

Peking, May 6.

The university has been closed and ll other schools have suspended ork. The Ministry of Education roposes to dismiss the undesirables rom schools and fill the vacancies by dmitting students by strict examina- ion.

図版6-14 『シャンハイ・タイムズ』1919年5月7日。見出しには、「章宗祥が死んだ(MR. CHWANG DIES)」とある

こうした見方は、英字新聞でも同様であり、たとえば上海で発行されていた『ノース・チャイナ・ヘラルド』は「北京の暴動(The Peking riot)」、『シャンハイ・タイムズ』は「北京学生の騒動(The Peking students' fracas)」と、やはり「暴動」「騒動」という表現を見出しに用いている(図版6-14)。とくに、事件直後には、章宗祥が死亡したという誤報が流れたために、より暴力行為の側面がクローズアップされたのであろう。日本の新聞がその暴力行為を、こぞって非難したのはいうまでもないが、英字新聞も学生らが暴力的手段にうったえたのは遺憾であり、中国の自制力に疑問をいだかざるをえないなどと論評していた。

これに対し、北京の新聞は、総じて学生の行動を支持する報道をおこなった(狭間直樹「五四運動研究序説」)。在華公使から外務大臣へ送られた報告書でも、「翌五、六日の排日各紙『晨報《チエンバオ》』『国民公報《グオミンゴンバオ》』『益世報《イーシーバオ》』『京報《ジンバオ》』の如《ごと》きは、競《きそ》うて学生行動の記事を詳細に、寧《むし》ろ之《これ》を庇

護し、之を弁護するが如き筆鋒《ひっぽう》を弄《ろう》して、寧ろ曹、章氏の被難《ひなん》を快《かい》とするものの如く」と、現地の新聞が学生を擁護し、曹汝霖と章宗祥がうけた被害を痛快ととらえていることが記されていた(「巴里講和会議に於ける山東問題処理に憤激の北京学生の暴動及其後の状況に関し詳報の件」)。また、康有為《カン・ヨウウェイ》は五月六日に声明文を発表し、義憤《ぎふん》にかられた学生たちが、売国奴《ばいこくど》である曹汝霖と章宗祥に実力行使におよんだことがまったく正当であると主張した(「請誅国賊救学生電」)。学生らは、四億におよぶ中国人の民意を代表して国賊をうったにすぎない。中華民国が民意にもとづく国家であるならば、彼らの行為をむしろ称賛しなければならないというのである。康はこの時、約四半世紀前におこなった公車上書における自らの姿を、学生らにだぶらせていたのかもしれない。

他方で、少数ながら学生たちの暴力・破壊行為を批判する意見もみられた。そのうちの一つに、北京大学でインド哲学を教えていた梁漱溟《リャン・シューミン》(1893–1988)のものがある。学生と年齢の近かった梁は、自らの友人も逮捕されたことにふれつつ、こう自説を述べていた。

図版 6–15 梁漱溟

私の考えは、非常に単純である。学生が起こした事件を法廷で処理してもらいたい。検察庁には公訴を提起し、審判してもらいたい。学生には判決を尊重し、罪に服してもらいたい。もし被疑者が多くて、はっきりと検察することができないならば、我々ができるだけ個々に自首すればよい。それこそが自己犠牲である。そうならないと、我々が失うものはさらに大きくなる。

道理からいえば、傷をおわせた者が現行犯であるのは、隠せないことである。たとえ曹と章の罪が極悪であっても、その罪が確定しないうちは、彼らも自由を有している。たとえ国を憂《うれ》え、公共性の高い行為であっても、彼らを侵犯し、暴行をくわえることはできない。たとえ国民公衆の挙動であっても、勝手気ままにふるまい、無頓着《むとんちゃく》であることはできないのである。(「論学生事件」)


どんなに我慢ならない相手であっても、暴力によっておさえつけてはならない。そうでなければ、社会制度が機能不全となり、他者を思いやることもできなくなってしまう。梁漱溟は、ともかく当事者の学生が法律に服さなければならず、その上で恩赦《おんしゃ》をあたえてもよいと考えていた。梁漱溟は、あくまで法治国家の理念にもとづき、事件が処理されるべきとする立場であった。しかし、この梁の意見は、法律を超えて学生たちが体現した正義を、まったく理解していないなどとして、きびしい批判にさらされた(吉澤誠一郎「五四運動における暴力と秩序」)。今日の中国でも、梁が五四運動の本質を見誤っていたというのが、一般的な評価である。

このように、学生側を擁護する世論が圧倒的である中、学生らは逮捕された仲間を救出すべく、迅速に行動した。五月五日には、北京にある中等学校以上を統合した「北京中等以上学校学生連合会（北京学連《ベイジンシュエリエン》）」を組織し、逮捕者の釈放を求めて、授業の一斉ボイコットを決議した。その後、学生運動の中核を担ってゆく北京学連は、前年の軍事協定反対運動で生まれた学生救国会が母体となったものであった（許徳珩「五四運動在北京」）。

学生たちと歩調をあわせるように、各学校の校長らも五日、北京大学に集まり、会議を開いた。騒動を起こした学生を退学させよという教育部の命令を拒絶するとともに、逮捕された学生を釈放しなければ、教員全員でストライキに入ることを決議した（蔡暁舟・楊景工「五四」）。北京や上海の商工業団体など、学外からも学生を支持する表明が続々となされた。五月七日の国恥紀念日にふたたび大規模デモが起きるのを恐れた北京政府は、六日夜に北京大学校長の蔡元培を呼びだし、①学生が翌日に予定されている集会に参加しないこと、②各校が授業を再開すること、の二つを条件に逮捕学生を釈放することをもちかけた。蔡は学生の釈放を第一に考え、これをうけいれた。こうして五月七日、三二名の逮捕学生全員が釈放されたのである。

ただ、釈放された学生たちは五月一〇日、改めて北京の検察庁から召喚され、尋問をうけている。これに憤慨した彼らは、連名で声明をだし、五月四日の出来事が、純粋な愛国心から起こったもので、罪に問えないことを主張した。また、曹汝霖と章宗祥が国を売った罪を問わずに、学生だけに尋問するのも不公平であるとした。検察はそれでも起訴したものの、裁判所が最終的に嫌疑《けんぎ》不十分としてしりぞけている（鹿璐「五四運動学生被捕案始末」）。結局、曹汝霖宅を襲撃した事件は、誰一人として罪に問われなかったのである。まさに、「愛国無罪」であった。

さて、学生釈放の立役者となった蔡元培は五月八日、突如辞表を提出し、北京を離れた。蔡が「私は疲れた。北京大学校長の職を辞する」といった内容の手記を、書きのこして去ったために、さまざまな憶測をよんだ。竹内好は、蔡が辞職した理由を「学生との見解の不一致」に求めているが、筆者も同意見である（『中国の学生運動』）。というのも、蔡は学生の本分が、「教育救国」をめざし、学問に専念することにあると考え、政治運動へ関わることに反対だったからである。軍事協定反対運動の際にも、蔡は学生らに中止を勧告したものの、聞きいれられなかったために辞表を提出していた。この時は学生から謝罪され、いったん辞表を撤回したが、ふたたび同じようなことが起これば、辞職する覚悟ができていたであろう。

また、「私は疲れた」というのも、蔡元培の偽らざる本音《ほんね》であったと考えられる。蔡は、これまで中国同盟会の上海分会会長や初代教育総長をつとめた際にも、内紛が生じると、あっさりと身をひいていた。今回も、政府と学生の間で板ばさみとなり、精神的においこまれていたにちがいない。

たしかに、政府内部でも、蔡元培をデモの首謀者とみなし、解任しようとする動きがみられた。とはいえ、蔡の辞職願は、あくまで自発的なものである。しかし、北京大学に残された学生たちは、蔡が外から脅迫をうけて辞職をよぎなくされたと考え、一致して慰留《いりゅう》をはかるよう、各方面によびかけた。北京大学の教師らも、政府に蔡の慰留をもとめ、それがかなわなければ、一斉に総辞職することを決議した。さらに、これら学生と教員の要求への応対に苦慮していた教育総長の傅増湘が、辞任する事態にまで発展したのである。

これに対し、大総統の徐世昌《シュー・シーチャン》（1855–1939）は五月一四日、蔡元培に職務に復帰するよう命令を下した。だが、蔡は「故郷で病に臥《やまいふ》しており、北に上《のぼ》ることができない」とそっけない。徐はこの日、学生が愛国の名のもとに国を誤らせているとし、政治に関与することを禁じる命令を発し、締めつけを強化していた。

こうした政府の措置に反発した北京学連は、五月一七、一八日と会議をひらいた。そこで、政府に対し、①蔡元培校長の慰留、②傅増湘教育総長を代えないこと、③学生による自由な集会をみとめること、④曹汝霖、章宗祥ら国賊の処罰などを要求することが決議された（梁柱『蔡元培与北京大学』）。これらの要求を貫徹《かんてつ》するために、北京学連は一九日より、授業の一斉ボイコットを決行したのである。

図版 6–16 1919年６月４日、警察に連行される北京大学の学生（デューク図書館蔵）

北京学連は、天津や南京、上海など国内の各都市へ密使を送り、ともに授業ボイコットをおこなうようはたらきかけた。その結果、五月下旬になると、授業ボイコットが全国各地の学校へと波及していった。やがて、より緊密な連携をはかるために、全国規模の学連を組織する動きが起こり、「中華民国学生連合会」が誕生している。

授業をボイコットした北京の学生らは、演説やビラ配布といった街頭活動を展開し、日本製品の排斥などをよびかけた。これに対し、日本から再三の抗議をうけ、しびれを切らした北京政府は六月三日、一七〇名あまりにおよぶ学生の大量逮捕にふみきった。しかし、これがかえって火に油を注ぐ結果となり、四日にふたたび学生と警察が衝突し、じつに七〇〇名をこえる逮捕者がでた。五日になっても、学生の勢いは衰えることなく、女子学生をふくめた五〇〇〇名あまりが街頭にくりだしたといわれている。

この北京での情報が上海につたわると、学生だけでなく、商工業者や賃金労働者の多くも、抗議のためにストライキを決行した。四面楚歌《しめんそか》となった北京政府は、取り締まりを断念せざるをえず、収容しきれなくなった逮捕者の釈放を決定した。上海のストライキは、日に日に過激さを増し、天津や漢口《ハンコウ》などほかの都市へも飛び火していった。

最終的に、北京政府は六月一〇日、曹汝霖、章宗祥、そして幣制局総裁であった陸宗輿《ルー・ツンユー》（1876–1941）の三名を罷免した。陸宗輿は、対華二一カ条要求をめぐる交渉の際に、駐日公使をつとめており、曹、章とともに、売国奴の象徴とみなされていた。この三人は、これより前に自ら辞任を申しでていたものの、学生らの要求に屈する形で職を解かれたのである。

講和会議への反発からはじまった五四運動。これをバックに、パリの中国代表団は六月二八日、北京政府の意向にそむき、ヴェルサイユ条約への調印を拒否した。それから一週間あまりたった七月九日、蔡元培が、学生・教員たちの要望をうけいれ、北京大学校長への復帰を宣言した。こうしてみると、五四運動はたしかに、日本に譲歩をかさねる北京政府に対し、学生を中心に一般民衆が反旗をひるがえし、自らの意志をつらぬきとおした画期的な出来事であった。

他方で、見方を変えれば、五四運動は今日につづく中国人の「抗日」意識の原形を形づくった事件であったともいえる。ここで、あらためて第一章で示した「抗日」にみられる三つの要素にたちもどりたい。その三要素とは、すなわち①自らの身勝手な価値観をおしつける冷酷な日本人、②その日本人におもねる中国人の裏切り者、③日本の不当極まりない行為に対し、奮然とたちあがる中国人の民衆、であった。これを五四運動にあてはめれば、①山東問題をめぐり、対華二一カ条要求をふりかざし、権益の譲渡をせまる日本人、②その日本人と妥協をはかる売国奴の曹汝霖、章宗祥、陸宗輿、③ヴェルサイユ条約への調印拒否や売国奴の懲罰を求め、行動を起こした学生たち、といった構図になろう。

五四運動で注目すべきは、日本人が直接の弾劾《だんがい》対象となっていない点である。章宗祥の救出にあたった中江丑吉に対しても、「日本人には危害を加えるな」との声が上がったという（百瀬弘「五四事件関係坂西利八郎書翰おぼえ書」）。当時、中国には多くの日本人が滞在していたが、五四運動で直接に被害をうけた者は少数であった。

これに対し、日本に迎合しているとみなされた曹汝霖らには、弁解の余地もないまま、山東問題の全責任がおしつけられた。さきに、曹汝霖宅襲撃で誰も罪を問われなかったと述べたが、被害者の側である曹と章宗祥が罰せられたといえるかもしれない。学生たちの暴力行為は、「愛国」の名のもとに全面的に正当化されたのである。

日本における五四運動

五月四日に北京で起きた出来事は、すぐに日本の中国人留学生にも伝わった。中華留日ＹＭＣＡの馬伯援は、当時の様子をこうふりかえっている。

　北京学生の「五四」運動は、五月五日に東京へ伝わった。五日の午後二時、神田青年会の事務室にいると、「号外」の声がひっきりなしに聞こえる。買って読んだところ、北京学生がデモ運動をおこない、曹汝霖、章宗祥の邸宅を焼き打ちにし、後頭部に傷をおわせたことを知った。学生たちがこれを見て、続々と集まり、万歳をさけび、痛快に感じていた。（『三十三年的賸話』）

中国人留学生らは四月、駐日公使の章宗祥が中国へと一時帰国する際、東京駅で「売国奴」などと記した小旗をかかげ、抗議をおこなっていた。その章に鉄槌《てっつい》がくだされたと聞き、喝采《かっさい》を送ったのである。

中華留日ＹＭＣＡに集まった中国人留学生たちは、北京のデモにつづこうと、国恥紀念日にあたる五月七日に中国公使館、および各国の在日大使館へ、請願しにゆくことを計画した。当日の正午すぎ、総勢二〇〇〇名あまりの留学生が、北京と同じく「青島を還《かえ》せ」「二一カ条を取り消せ」と書かれた小旗をもち、中華留日YMCAや虎ノ門公園に集合した。彼らは、それぞれ中国公使館、中華民国留日学生監督処《かんとくしょ》、およびイギリス、アメリカ、ドイツ、ロシア、スイスの各大使館をまわったが、途中で日本の警察と衝突し、三六名が検挙されるにいたった。このうち、刃物を携帯し、警官に傷を負わせた慶應義塾の学生である胡俊《フー・ジュン》ら七名が、職務執行妨害罪で起訴された。

この七名を救おうと奔走した馬伯援は、吉野作造に援助を要請した。これに快く応じた吉野は、彼の教え子であった弁護士に、彼らの弁護を依頼した。胡俊は一審で、懲役一〇カ月の実刑判決をうけ、そのまま服役しようと覚悟した。そんな胡俊に、吉野は控訴を強くすすめ、高等法院長に当時の状況を説明する機会を設けるなどの便宜をはかってくれたという(「記五四運動前後留日学生的愛国運動」)。最終的に、他の被告と同じく執行猶予つきの身となった胡俊はのちに、留学生の救援に最も力を尽くした人物として、吉野の名を挙げている。

吉野が中国人留学生らを献身的に支援したのは、馬伯援から依頼をうけたことに加え、彼らの動機への強い共感があった。吉野は、暴力行為におよんだことを批判しつつも、学生たちの止《や》むに止《や》まれぬ思いに、こう理解を示していた。

吾人《ごじん》は何処《どこ》迄《まで》も北京大学学生の取った方法に、一種の反感を抱かざるを得ない事を告白する。唯《ただ》彼等の奮起した精神に至りては、大《おお》いに共鳴するものがある。殊に彼等の排日を叫ぶのは、即《すなわち》彼等の敵とする支那の官僚を操縦籠絡《そうじゅうろうらく》した官僚軍閥の日本を排斥するのであって、彼等の思想に共鳴する日本国民の公正を疑うのではあるまい。

我々は彼と我とに於ける所謂《いわゆる》我が党の勝利に於《お》いて、始めて日支親善の確実なる基礎が開ける事を思うものである。官僚軍閥同士の親善は、断じて似而非《えせ》の親善である。真個の国民的親善は、之から我々の隣邦開明《りんぽうかいめい》の諸君と共に、打ち解かなければならない宿題である。(「北京大学学生騒擾事件に就て」)

北京の学生たちの批判の矛先は、曹汝霖ら中国の官僚、ひいては彼らを籠絡した日本の官僚・軍閥に向けられている。それらは、吉野たちも批判し、改革をめざすものであり、中国人学生と共闘できるというのである。

吉野はまた、北京の事件を外国人がしくんだ陰謀などとみる国内メディアに対しても、いらだちを隠さなかった。実際、事件直後の新聞は、つぎのような文面でうめつくされていた。

・各英字新聞が排日気勢を煽《あお》っている矢先、最近の外電に依《よ》って、所謂新し家《あたらしや》の大学生が先鋒《せんぽう》となって、無智な者を煽動《せんどう》したものと思われる(『東京朝日新聞』五月六日)

・今回暴挙を企てたる北京大学なるものは千八百七十年頃、米国基督教徒の創設したる小学校を八十八年に至りて大学に昇格したるものにして全く米国基督教会の経営に係《かか》るものなれば彼等が山東問題を機会として此際《このさい》排日的行動に出でたるは怪しむに足《た》らず（『東京日日新聞』五月六日）

・最初熱心に煽動を試みたる在留英米人の某々《ぼうぼう》有力者は、最近上海の排日英字新聞『チャイ・プレス』、北支那『デイリー・ニュース』の両新聞をして、あらゆる讒誣中傷《ざんぶちゆうしよう》の言辞《げんじ》を掲げしめ……（『国民新聞』五月六日）

このように英字新聞やアメリカ人宣教師が、中国人学生を扇動《せんどう》したといった報道がほとんどであった。アメリカのキリスト教会が北京大学を経営しているというのは、もちろん誤った情報である。

なぜこうした報道がなされたのか。じつは、中江丑吉が事件直後、曹汝霖宅を襲った群衆の中に、三名の外国人が混じっていたと証言していた（藤本博生「日本帝国主義と五四運動」）。おそらく、これに尾ひれがついたのであろう。しかし、現場にいた他の者の証言や記録から、それを裏づけるようなものはない。

アメリカ人の陰謀説が流布した大きな要因としては、すでに説明したように、中国人教育の主導権をめぐり、日米がはげしい競争をくりひろげてきたことが挙げられよう。義和団戦争の賠償金を原資としたアメリカへの留学生派遣事業が功を奏し、一九一〇年代後半に入ると、凋落《ちようらく》傾向

図版 6-17　来日した北京大学の学生と早稲田大学学生の記念写真

の日本留学を尻目《しりめ》に、アメリカが留学先のメインストリームとなった。中国国内でも、賠償金をもとに清華大学を創設するとともに、イェールやプリンストンといった名門大学が教育事業をはじめるなど、日本を凌駕《りょうが》していった。こうして劣勢にたたされる中、五四運動が勃発したために、それを解釈する理屈として、アメリカ陰謀論が吹聴《ふいちょう》されたのである。アメリカ人宣教師の提案で設立された中華留日ＹＭＣＡが、「抗日」運動の拠点となったことも、その思い込みに輪をかけたであろう。

しかし、中国人学生がアメリカ人にそそのかされたなどと考えては、ことの本質を見誤ってしまう。何より、真に日中親善をはかるためには、中国人学生たちの精神をくみとるとともに、彼らに我々のことも理解してもらわなければならない。そうした考えから、吉野が率いる黎明会では、北京から中国人学生たちをまねき、直に交流しようという提案がなされた（「日支国民的親善確立の曙光」）。

そこで、吉野が北京大学の李大釗に、そのアイデアをもちかけたところ、大いに賛同するとの返事をえた。その後、双方の間で具体的なやりとりがなされ、一九二〇年五月に北京大学の学生五名の来日が実現したのである。五名は五四運動に参与し、そのうち四名が少年中国学会の会員であった。

五月五日に東京へ到着した北京大学学生一行は、新人会をはじめ、各大学の学生団体から歓待され、各地で演説会をひらくなどの活動をおこなった（松尾尊兊『民本主義と帝国主義』）。新人会の会誌『先駆』は、彼らと交流した模様をつたえ、「少年中国学会の幹部である諸君の来朝に依《よ》って、若き支那の先駆者的一グループである少年中国学会と、若き日本の先駆者的一グループである新人会との堅き握手が成《な》った訳である」と、新人会と少年中国学会の連帯をうたっていた（「新人会記事」『先駆』第五号、一九二〇年六月）。吉野ら黎明会のメンバーとも面会した五名は、東京を拠点に関東で約三週間すごした後、関西へ移動し、同志社大学や京都帝国大学をまわり、六月五日に神戸から中国へと帰国の途についた。

この一カ月間におよぶ滞在中、在日の中国人関係者たちも、いろいろと五人のサポートをおこなっていた。ここでは、東京で世話役をつとめた高一涵《ガオ・イーハン》（1885–1968）についてふれたい。

図版 6–18　高一涵

高一涵は安徽省六安《リューアン》の出身。幼くして才覚を表し、弱冠一七歳で童試に合格し、秀才となった。新式学校の安徽高等学堂で学んだ後、一九一二年に自費で日本へと留学。明治大学政治経済科で政治学を専攻した。留学中、高は李大釗と同じく、雑誌『甲寅』にたびたび論文を投稿し、そこで章士釗や陳独秀の知遇《ちぐう》をえている。

一九一六年七月に明治大学を卒業し、帰国した高一涵は、北京大学の編訳委員会で働きはじめた。吉野の論文「選挙権拡張問題」（1919.2）を、『新青年』で翻訳・紹介するなど、吉野の主張に関心をはらっていた。高が再来日したのは、北京大学生訪問団にさきだつ一九二〇年一月初めで、政治学史に関する資料を収集・調査するのが、その目的であった。高は日本に着くや否や、吉野から依頼をうけ、中国の新思潮についての講義をおこなっている（「高一涵信」）。高が学生五名を世話したのも、そうした事情から自然な流れであったといえよう。

一九二〇年五月一七日、日中両国学生の提携を記念する演説会が、日本ＹＭＣＡ会館で開催された。この演説会へ五名を引率した高一涵は、自らも演壇にもあがっている。そこで高が説いたのは、日中親善の障害として、「帝国主義」「狭義の国家主義」、および「日中親善を口実として、別の目的をたくらむこと」の三つがあり、その解消に一致団結してつとめることであった。この高の演説について、『東京朝日新聞』は「帝国主義及《および》偏狭《へんきょう》なる愛国心に痛撃を加え、世界主義を鼓吹《こすい》し、聴衆をして今更に支那思想界変化の激甚《げきじん》に驚異の耳を聳《そばだ》てしめたり」と、聴衆が共感し、熱狂した様子をつたえている。

この演説会では、高一涵や吉野をはじめ計六名の弁士がたったが、そのうちの一人に「日中文化の結合」と題した演説をおこなった田　漢《ティエン・ハン》（1898–1968）がいる。田漢は今日、中国現代劇の礎を築いた人物として知られる。中国の国歌「義勇軍進行曲」を作詞したのも田漢である。東京高等師範学校の学生であった田漢は、少年中国学会の会員であり、以前より新人会に注目し、交流をはかっていた。田漢も高一涵と同じく、東京を離れるまで五名につきそい、通訳などのサポートをおこなっていた（「我們的自己批判」）。

一九二一年一月、『先駆』から『同胞』へと名称を変えた新人会の機関誌に、新人会結成二周年を祝う田漢の「少年と新人との問答」と題した詩が掲載された。全五連からなる詩は、いずれも「少年」の「新人よ！　新人よ！」との問いかけではじまる短い対話形式になっていた。"New Spirit"が自己の源であること、共同で「人間橋」をこしらえようといった言葉のやりとりがあり、最後の第五連はつぎのように結ばれていた。

「新人よ！　新人よ！　待ってお呉《く》れ！　あんなに急いで何処《どこ》へ行く？」
「僕はこれから人民の中へ　人民が僕等を待ち兼ねて」
「おや！　おや！　同《お》んなじ路だから君と一緒に行こうじゃないか？」

ここで会話している「新人」と「少年」が、それぞれ新人会と中国少年学会を擬人化《ぎじんか》したものであるのはいうまでもあるまい。新人会と中国少年学会が、日中親善をめざし、連携してゆくことがうたわれたのである。

この吉野と李大釗が企画した学生交流事業は、一回きりで規模もささやかなものであった。しかし、五四運動により日中両国の関係が悪化の一途をたどる中、当事者となった学生らをまねき、相互理解につとめたことは、特筆すべきであろう。日中で新たに生まれた「知識人」たちが、国家的対立を越え、草の根レベルでの融和にとりくんだのである。

五四運動に参加しなかった毛沢東

本章では、日支共同防敵軍事協定反対運動から五四運動にいたる過程をみてきた。日本の中国人留学生らによる抗議が発端となった日中軍事協定反対運動。実際には、留学生らが問題視したような条項はもりこまれなかったにもかかわらず、抗議デモは激しさを増し、中国本土へと拡大していった。これを機に結成された学生救国会や少年中国学会などの学生団体が、新文化運動の一翼を担うとともに、五四運動で主導的な役割を演ずることとなった。

ウィルソンの一四カ条の平和原則に共鳴した学生たちは第一次世界大戦後、山東半島が返還されることを期待した。しかし、中国の要求は、パリ講和会議であっけなくしりぞけられ、山東権益の日本への譲渡が決議されてしまう。顧維鈞が講和会議で述べたように、山東省は孔子と孟子の生まれ故郷であり、中国人にとって特別な場所にほかならなかった。儒教批判を一つの軸とする新文化運動を通じ、国家意識を強めた学生らは、逆説的ながら儒教の聖地である山東半島の主権が回復されないことに、はげしく反発したのである。

一九一九年五月四日、天安門前からはじまった学生デモは、日本をのぞく外国公使館へ請願をこころみた。これが不発に終わると、一部が暴徒化し、対華二一カ条要求の交渉にあたった曹汝霖の邸宅を襲撃・放火した。さらに、たまたまその場へ居合わせた章宗祥に、一時死亡説が流れるほどの重傷を負わせる事態にいたった。

実力行使におよんだ学生らのふるまいに対し、少数ながら苦言を呈し、責任を問う意見も中国人の間で存在した。しかし、そうした声は、学生らを支持する圧倒的な世論の前にかき消されてしまう。愛国が免罪符《めんざいふ》となり、集団による暴力行為が正当化されたのである。

他方、被害をうけた曹汝霖と章宗祥、そして陸徴祥は、日本に媚《こび》を売った売国奴として、政界から追放処分をうけた。曹宅には、天皇の肖像画がかざられていたなどといった風説が流され、襲撃をうけて当然であるという売国奴のイメージが増幅された。山東権益が日本に渡ったのは、あたかも曹ら三人のさしがねであるとばかりに、非難が集中したのである。

ただ、不正確な情報を流し、いたずらに敵対感情をあおったという点では、日本も同様である。アメリカ人がそそのかし、五四運動を起こしたというのは、山東問題に対する中国人の感情をまったく無視した見方であった。新聞報道の中には、三〇名あまりの欧米人が学生デモに参加し、曹汝霖宅の焼きうちを指示したなど、ひどいデマもみうけられた（『日本新聞五四報道資料集成』）。それから四年後に起きた関東大震災では、デマを信じた民衆により、多くの中国人が朝鮮人とともに虐殺された。そうした惨事が引きおこされる土壌は、五四運動の時点ですでに胚胎《はいたい》していたのである。

このように、五四運動で相互不信が高まる中、当事者であった学生との間で交流がはかられた

図版 6-19 1919年当時の毛沢東

ことも忘れてはならない。その窓口となったのが、吉野作造と李大釗である。二人が後見人をつとめた新人会と少年中国学会が手をとりあい、日中友好という普遍的な理想の実現にむけ、連携してゆくことを確認しあった。これは、今日においても日中の知識人がみならうべき先例であろう。

ところで、五四運動がはじまる直前まで、二五歳の青年であった毛沢東《マオ・ゼドン》（1893–1976）は北京に滞在していた。北京大学図書館で、主任であった李大釗の助手をつとめていたのである。これは、毛の恩師で、北京大学教授となった楊昌済《ヤンチャンジー》（1871–1920）のあっせんにより、得たポストであった。

毛沢東は湖南省湘潭の出身。富農の家に生まれた。八歳の時より私塾に通い、四書五経などの伝統的な教育をほどこされたという。一九一一年春、高等小学堂を経て、長沙の中学堂へと進学するも、ほどなく辛亥革命が勃発。武昌蜂起に呼応し、湖南省にも軍政府が樹立されると、毛は志願して革命軍の一兵卒となっている。

中華民国成立後、軍隊をはなれ、ふたたび勉学を志した毛沢東。将来を思い悩んだ末、教師になろうと一九一三年春、湖南省立第四師範学校（現在の湖南第一師範学院）予科に入学した。この第四師範学校は翌年二月、第一師範学校と統合したため、毛はその秋、第一師範の本科へと進んでいる。

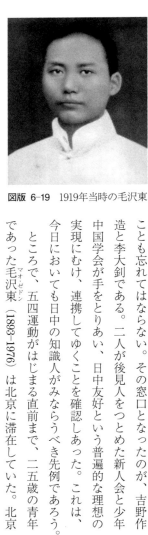

毛沢東が楊昌済に出会ったのは、この第一師範在学の時であった。楊は第一師範で、倫理学を教えており、蔡元培が訳したパウルゼン『倫理学原理』を、教科書として用いていた。第五章でふれた毛の『倫理学原理』の手沢本は、その時のものである。

楊昌済には、湖南省の官費留学生として日本に留学した経験があった。一九〇三年三月に来日し、弘文学院、そして東京高等師範学校で学んでいる。一九〇八年、高等師範を卒業した楊は、さらにイギリスへと向かった。スコットランドのアバディーン大学で三年間学んだ後、ドイツ、スイスを回り、一九一三年春に帰国した。そして、毛沢東の入学とあわせるように、第一師範学校の教授に着任したのである。

毛沢東によれば、第一師範の学生時代に『新青年』を読み、陳独秀と胡適の論文に敬服の念をいだいたという。そんな折、毛の能力を高く評価していた楊昌済は、陳独秀に毛の文章を推薦した。こうして『新青年』一九一七年四月号に掲載されたのが、毛の処女作というべき「体育の研究（体育之研究）」である。

「体育の研究」は、文字通り体育について、毛沢東の見解を示したものであった。体育は、徳育や知育の基礎であるにもかかわらず、中国では軽視されている。しかし、他の文明諸国は、体育に力をいれ、身体を健全に保つことにつとめている。中国も、これを見習わなければならない。毛は、海外の著名な体育家の一人として、嘉納治五郎の名を挙げていた。嘉納についてはおそらく、弘文学院と東京高等師範学校を出た楊昌済から教わったのであろう。「体育の研究」では、最後に毛が考案した六つのステップからなる体操方法も提案されている。

今日、「体育の研究」は、若き毛沢東が著したユニークな論文として、よく知られている。しかし、胡適と陳独秀が文学革命をとなえ、『新青年』が大きく注目をあびた当時にあって、「体育の研究」に反響があった様子はない。結局、「体育の研究」は、毛が『新青年』に寄稿した最初で最後の論文となっている。

一九一八年四月、毛沢東は第一師範の同級生らとともに、「新民学会《シンミンシユエフイ》」を設立した。この新民学会は、「学術を革新し、品行を鍛え、人心風俗を改良する」ことを宗旨とし、会員が守るべき規則として「偽らない、怠けない、浪費しない、賭博をしない、売春しない」の五つを定めていた。これらの宗旨・規則からも分かるように、蔡元培の進徳会と類似しており、新文化運動の影響をうけて生まれた結社であった。

新民学会設立から二カ月後、第一師範学校を卒業した毛沢東は、二三名の仲間とともに北京へと赴いた。これは、フランスへの「勤工倹学」学生を組織するためであった。北京大学に異動した楊昌済から、蔡元培が推進する勤工倹学運動のことを聞き、新民学会の会員を送りだそうとしたのである。

この留学計画を主導した毛沢東は、楊昌済から北京大学へ入学するよう熱心にすすめられた（金沖及編『毛沢東伝』）。ただ当時、中等師範学校の卒業生は、すぐに大学受験することは許されず、何年か勤務した後でなければならなかった。そこで、まずは楊の仲介で、北京大学図書館の助手となったのである。

毛沢東はのちに、アメリカ人ジャーナリストのエドガー・スノーからうけたインタビューで、この助手時代の経験をつぎのようにふりかえっていた。

> 私の地位が非常に低かったために、人々から避けられていました。私の仕事の一つは、新聞を読みにきた人々の名前を登録することでしたが、ほとんどの人にとって、私は人間として存在しないのも同然でした（I didn't exist as a human being）。読みにきた者の中には、新文化運動における有名な指導者の名前もみかけました。傅斯年《フー・スーニエン》や羅家倫《ルオ・ジャールン》といった人たちです。彼らに強い関心をいだいていました。私は政治や文化問題について、彼らと会話しようとこころみました。しかし、彼らは非常に忙しい人たちでした。南方の方言を話す図書館助手に、耳をかたむける暇などなかったのです。（エドガー・スノー『中国の赤い星』、傍点引用者）

湖南の片田舎から来た者など、誰も相手にしてくれない。毛沢東は北京大学の教員・学生から、屈辱的なあつかいをうけたのである。

毛沢東のみじめな待遇は、給料面にも表れている。毛がうけとった助手の月給は、八元。これに対し、李大釗が二四〇元、文科学長の陳独秀三六〇元と、北京大学教授の月給は二〇〇～三〇〇元であった。毛はスノーに、八元が「十分な給料」であったと述べている。とはいえ、この給与格差は、毛に自らが北京大学でおかれた低い地位を、いやでも認識させたであろう。

他方で、双方の年齢をみると、その差はぐっと縮まってくる。これは蔡元培校長のもと、若返りがはかられたためで、北京大学教授の平均年齢は一九一八年時点で、三十数歳であった。李大釗が毛沢東の四歳上、胡適は二歳上にすぎず、梁漱溟にいたっては、毛と同い年であった。中等師範学校を卒業した毛の学歴は、決して低くない。しかし、湖南からはじめて北京にでてきたばかりの毛と、はやくから都市部で先進的な学術活動に接し、海外留学の経験などがある北京大学教員との間には、埋めがたい文化資本の差が生じていたのである(楊念群『〝五四〟九十周年祭』)。

一九一九年三月中旬、毛沢東は北京を離れた。上京前より入院していた母親の病状が悪化したために、湖南へと戻ったのである。幸い、母親はもちなおしたものの、毛がふたたび北京大学に戻ることはなかった。北京大学にとどまったところで、その学問的ヒエラルキーの周縁部にしかたどりつけない。約七カ月間におよぶ北京滞在で、毛はそのことをいやというほど思い知らされたのではないか。こうして、毛沢東は五四運動直前、ひっそりと北京大学を後にしたのである。

おわりに　五四運動の遺産

ジョン・デューイが見た五四運動

五四運動が起こった当時、中国に滞在していたアメリカ人の一人に、ジョン・デューイ（1859–1952）がいる。

一九世紀後半のアメリカで生まれたプラグマティズム（実際主義）を代表する哲学者として知られるデューイ。彼は教鞭をとったシカゴ大学で、附属小学校にあたる実験学校の運営にたずさわるなど、自らの考える教育哲学の普及・実践に力をそそいだ。『学校と社会』（1899）や『民主主義と教育』（1916）は、その代表的な成果である。デューイの教育論は、日本でも注目され、『学校と社会』が一九〇一年、『民主主義と教育』は一九一六年と、いずれも原書刊行後まもなく、日本語訳が出版されている。日本で最初の女子高等教育機関である日本女子大学校（現在の日本女子大学）を創立した成瀬《なるせ》仁蔵《じんぞう》も、デューイから大きな影響をうけた一人であった一九一九年二月九日、勤務先のコロンビア大学から一年の休暇をえていたデューイは、東京帝国大学で集中講義をおこなうようオファーをうけ、初来日をはたした。二五日におこなわれた第一回の講義には、東大のほか、私立大学や専門学校の学生ら約一〇〇〇名がおしよせる盛況ぶりであったという。もっとも、全八回におよんだ講義の最後は、聴講者が数十名までに減少したようであるが。のちに、デューイはこの講義内容をまとめ、主著の一つとなる『哲学の改造』（1920）を著している。

滞在中に書かれたデューイの手紙をみると、彼が当初、日本のきめ細やかな対応や、勤勉さを好意的にとらえていたことが分かる（"Letters from China and Japan"）。また、日本全体で、デモクラシーが声高にさけばれていたのも、デューイには驚きであった。黎明会や新人会の活動についても、注意をはらっている。疑いなく、大きな変化が起きており、それが持続するかどうかは、諸外国の行動次第である。デューイは、ほかの国々、とくにアメリカが正しく対応すれば、日本の民主化が確実かつ迅速にすすむだろうと期待したのである。

この総じて肯定的であったデューイの日本観に、大きな変化がみられたのが、つぎの訪問先である中国でのことであった。デューイはコロンビア大学の教え子であった胡適《フー・シー》らの要請に応じ、日本から中国へと渡った（江勇振『舍我其誰　胡適』）。デューイを乗せた船が、上海に到着したのは四月三〇日である。まさに、五四運動が起きる直前であった。

中国人は、他人に気を使わず騒々しいが、人間味にあふれている。それと比べ、日本人はきめ細かいものの、よそよそしく表面的である。学校を見学した際にも、事前にとりつくろう日本とは対照的に、ありのままの様子をみせてくれる中国人に、デューイは心をひかれた。食事も、外国人が寄りつかないような店につれていってくれる。中国人との対比から、それまで評価していた日本人の資質を、疑問視するようになったのである。

そうなると、日本の民主化運動に対する見方も、おのずと変わってくる。デューイは、日本で進められている政治改革について、つぎのような見解を示していた。

図版 終-1 ジョン・デューイ

図版 終-2 デューイが江蘇省を訪問した際に撮った記念写真。前列左から２番目がデューイ

何かが起こり、政治体制が突如、全体的に変わることは大いにありうることである。こうした出来事が、結果として一つの革命（a revolution）になるかもしれない。他方で、日本の出来事を、我々が通常、大文字で用いる革命（Revolution）という言葉と結びつけて想像することは困難である。日本人には、外国人にとって不可解なある資質がある。それは、彼らを地球上で誰よりも偏屈《へんくつ》にしたり、融通無碍《ゆうずうむげ》にしたりする。誰よりも自己満足にひたらせたり、学習熱心にさせたりする。民主的な感情の高まりとともに、ある劇的な変化が突然、起こることは十分に考えられる。それは一八六〇年代において、旧徳川将軍から薩摩と長州の一族へと権力が移り、日本の中央集権化がはかられ、攘夷政策が放棄されたのと類似したような変化である。（"Liberalism in Japan"）

明治維新のような日本の政治改革は、フランス革命（French Revolution）やアメリカ独立革命（American Revolution）といった大文字の革命（Revolution）と異なっている。デューイが、大正デモクラシー運動に対しても、冷めた眼差しを向けはじめたのがうかがえよう。西洋からの借り物にすぎない日本よりも、停滞しているようにみえる中国の進歩の方が、はるかにラディカルである。デューイは、身近で起こった五四運動が中国人の精神を根底から変える可能性を、こう指摘していた。

今日、いかなる文明国（あらゆるルールの例外となっているロシアをのぞく）よりも、中国では公式の政府内に暴力的要素が存在する。しかし、いかなる国も、道徳的・思想的な力が、ここ五、六週間のうちに中国で生じたことを、迅速かつ平和的に達成するのは不可能である。これは、中国固有の矛盾を表している。過去において、基本的にコントロールする道徳的な諸力は、抗議や反乱のためだけに組織された。緊急性がなくなれば、そうした力はふたたび、それぞれの要素へと分解されていった。もし、現在の組織が継続し、建設的な目的にねばり強く用いられるならば、一九一九年の五四運動は、新しい時代の夜明けとして記録されるであろう。（"The student revolt in China"）

五四運動は、外国人に扇動されたり、政府が組織したりしたものでなく、学生および商人らが、愛国的精神から主体的にたちあがった画期的事件である。デューイは五四運動に、理想とすべきナショナリズムの萌芽をみいだしたのである。

ところで、デューイの名は、本書の第一章で登場している。そう、竹内好の五四運動評価を紹介したくだりの部分である。竹内は「方法としてのアジア」で、五四運動を「内発的」に起きた真の革命とみなし、「外発的」な明治維新との違いを強調した。その際、デューイの五四運動論をとりあげ、高く評価している。実のところ、竹内の明治維新と五四運動の比較論は、デューイの見解に全面的に立脚しているといってよい。

デューイにとって、日本の大正デモクラシーよりも中国の五四運動の方が、より琴線《きんせん》にふれたのであろう。だが、デューイが強調するように、五四運動が道徳的・平和的なものであったかについては、疑問がのこる。本書で明らかにしてきたように、スケープゴートとされた曹汝霖《ツアオ・ルーリン》らは、一方的に暴力をうけ、反論の余地もないまま、更迭《こうてつ》されたのである。襲撃した学生は、誰一人として罪を問われることがなかった。その点で、デューイの五四運動評価は、理想化されすぎているといわざるをえない。

五四運動に魅せられたデューイは、六週間の予定であった中国訪問を一年間に延長した（J.C. Wang "John Dewey in China"）。その間、胡適ら教え子によるエスコートのもと、北京大学や清華大学、南京高等師範学校などで、連続講演をおこなっている。さらに、デューイの中国滞在は、北京大学の基礎を築くために、訪問教授としてとどまるよう求められ、もう一年延長された。デューイ個人としても、それだけ中国の行く末に大きな関心をいだいたのであろう。

デューイは、約二年あまりにおよぶ滞在期間中、中国各地をまわり、講演活動にはげんだ。その範囲は、当時の行政区分である全二二省のうち、一三省におよんでいる（G・ダイキューゼン『ジョン・デューイの生涯と思想』）。デューイの講演内容の多くは、現地の新聞や雑誌などで活字化・紹介された。とくに、計五八回におよぶ北京大学での講演は、胡適が翻訳・編集をてがけ、『デューイの五大講演』（1920）として公刊されている。

デューイにつきそった胡適は、「デューイ先生がもっとも力をいれたのが教育の革新であり、中国での講演も教育に関するものがもっとも多かった」と語っている（「杜威先生与中国」）。デューイは、中国が日本を経由するのでなく、西洋から直接に教育制度をとりいれるべきであると、くりかえし主張した。実際、デューイが中国におよぼした影響は甚大で、一九二二年一一月に公布された新たな学制（壬戌《レンシュー》学制）では、それまでの日本をモデルとしたものとうって変わり、小学校六年、初級中学校三年、高級中学校三年、大学四年という、アメリカの六・三・三・四制が導入されている（斎藤秋男・市川博『中国教育史』）。中国人の海外留学先もまた、デューイの助言にしたがうように、日本からアメリカへと完全にシフトしていったのである。

毛沢東の新民主主義論を再考する

「旧民主主義」から「新民主主義」へと移り変わる歴史的転換点として、五四運動を位置づけた毛沢東《マオ・ゼドン》。中国の公式見解では、今なおこの毛の新民主主義論が金科玉条《きんかぎょくじょう》とされている。その毛が、五四運動前夜に北京大学にいながら、ひそかに故郷の湖南へと戻っていたことは、第六章で述べた通りである。「はじめに」で紹介したように、五四紀念碑では毛が中央に描かれているが、実際は五四運動の周縁に位置していたのである。

毛沢東は北京に上京する前、夜学校をひらき、労働者らの教育にとりくんでいた。これは、第一師範学校における課外活動の一環であった。学校はもっと社会に目をむけるべきであり、社会も積極的に学校を活用しなければならない。学生の確保に苦心した毛は、学校がかかえる問題点を、つぎのように指摘していた。

現在の学校にみられる大きな弊害は、社会と別個のものとなり、双方に溝《みぞ》が生じていることである。いったん学校に入ると、天にのぼったように社会を見下ろす。社会も、学校を一種の神聖不可侵のものとみなしてしまう。相隔たり疑いあい、三つの弊害が生じる。一つは、学生が社会で職を得られないことである。学生が近づけば、社会は遠ざかる。学生が親しくなれば、社会は離れてゆく。永遠に結ばれる日がやってこない。もう一つは、社会が子弟を学校に通わせないことである。学校が善《よ》くないのが、その一因である。そして、社会が学校の内容をよく知らないことが、もっとも大きな弊害である。学校の人間と社会の人間が、本心から通じあえず、言葉もかわさない。良い学校があっても、彼らはどうやって知りえようか。(「夜学日誌首巻」)

労働者がなかなか通学しようとしないのは、学校と社会が乖離しているためである。毛沢東は、教員・学生らが一般人を見下すような姿勢に、問題の一端があると考えたのである。

大志をいだき、北京大学へとのりこんだ毛沢東は、こうした学校にみられる特権的性質をより痛切に実感したにちがいない。二十代半ばではじめて上京し、湖南方言なまりの強い田舎者であった毛沢東。そんな毛を、北京大学の教師・学生たちは歯牙《しが》にもかけなかった。人間として存在しないのも同然のあつかいをうけたのである。

毛沢東は第一師範卒業をひかえ、日本への留学を計画していた。フランス「勤工倹学」学生を湖南から送りだそうと、北京に渡った際には、毛自身も留学の機会をうかがっていたであろう。また、恩師の楊昌済《ヤン・チャンジー》からは、北京大学への進学を強くすすめられた。『新青年』に推薦するなど、毛の才能を高く評価した楊は、毛が北京に来た当初、自宅に住まわせた。のちに、毛はそこで同居した楊の娘である開慧《カイフィ》と恋におち、結婚している。

このように、海外留学や北京大学進学など、ひきつづき高等教育をうけるチャンスがあったにもかかわらず、毛沢東はその道を選択しなかった。中国で新たに生まれた階層である「知識人」。その北京大学を頂点とする知識人の排他的なヒエラルキーに、毛は強い反感をおぼえたであろう。文化資本にめぐまれていない自分が、この知識人界に身をおきつづけたところでたかが知れている。こうして、毛は北京大学をはなれ、地方から革命運動を起こしてゆくことになるのである。

さて、ここでふたたび、毛沢東の新民主主義論にたちかえりたい。毛は、五四運動が起点となった新民主主義革命を、つぎのように説明していた。

一九一九年の五四運動以前（五四運動は一九一四年の第一次帝国主義大戦と一九一七年のロシア一〇月革命の後に発生した）、中国ブルジョア民主革命の政治指導者は、中国のプチ・ブルジョアジーとブルジョアジー（および彼らの知識人）であった。この時、中国のプロレタリアートはまだ、自覚した独立の階級的パワーをもって、政治舞台に登場したといえず、プチ・ブルジョアジーとブルジョアジーの追随者として革命に参加していた。たとえば、辛亥革命時のプロレタリアートは、そうした階級にすぎなかった。
　五四運動以後になると、中国ブルジョア民主革命の主要な政治指導者が、中国ブルジョアジーでなくなり、中国プロレタリアートが参画していった。この時、中国プロレタリアートは、自らの成長とロシア革命の影響により、急速に自覚した独立の政治勢力へと変わったのである。（傍点引用者）

　ブルジョアジーと知識人が政治指導者である「旧民主主義革命」から、プロレタリアートが主導する「新民主主義革命」へ。この見立てには、第二次国共合作で国民党との連携をはかりつつも、プロレタリアートの政党である共産党があくまで手綱をにぎるという、毛沢東の革命戦略が反映されていることを、第一章で指摘した。

　それにくわえ、新民主主義論には、五四運動を境として、ブルジョアジーの代弁者である知識人の政治的使命が終わりをつげた、という意味合いもこめられていたのではないか。労働者からかけはなれた存在である高等教育機関の教員・学生らは、表舞台から退場しなければならない。知識人は所詮《しょせん》、ブルジョアジーの傀儡にすぎないというわけである。

　知識人は、一般社会から乖離した存在である。毛沢東は、一九四九年に中華人民共和国が成立し、最高指導者となった後も、そうした問題意識をもちつづけた。これを是正しようと、毛がとった最《さい》たる政策が、一九六六年にはじまる文化大革命期の「上山下郷《シャンシャンシャーシャン》運動（下放《シャーファン》）」である。「青年知識人は農村へ行き、裕福でない農民のもとで再教育をうけることが必要だ」。この毛沢東による指示のもと、一〇年間で計一六〇〇万名あまりにおよぶ学生が農村部へと送りこまれた。当然ながら、学生たちはまともな教育をうけられず、深刻な機会ロスが生じた。今日から考えると、とんでもない政策で、中国にとってまさに「失われた一〇年」となった。ただ当初、多数の青年知識人たちが毛の考えに共鳴し、下放へ積極的に応じたことも事実である。彼らもまた、従来の教育制度が一般社会に根ざしていないという現状認識を共有していたであろう。

近年、中国の大学進学率はいちじるしい伸びをみせ、二〇一七年時点で四五・七％となっている。同年における日本の大学進学率は五四・八％。日本の方がまだ高いが、中国が上回るのは時間の問題であろう。対GDP比で考えても、中国の大学進学率の高さは顕著である。

他方、中国の小学校入学率も、二〇一七年で九九・九％とほぼ一〇〇％にちかい。中国では、日本と同じく小学校六年、中学校三年の計九年が義務教育となっている。数字でみる限りでは、義務教育が中国全土にくまなく、ゆきわたっているといえる。

中国映画界の巨匠である張芸謀《ジャン・イーモウ》監督が撮った作品に、『あの子を探して（一個都不能少《イーゴドウブーネンシャオ》）』（1999）がある。舞台は、北京市郊外に位置する農村の水泉小学校。一人で小学校をきりもりしていた王教師が、危篤の母親を見舞うために一カ月間、実家へ戻らざるをえなくなった。そこで、

図版 終–3 『あの子を探して』の教室での一シーン。奥で立っているのが、臨時教師の魏敏芝

村長が代理としてつれてきたのが、小学校を卒業したにすぎない一三歳の魏敏芝《ウエイ・ミンジー》。王教師は村長に文句をいうが、中卒・高卒の者は、交通が不便で辺鄙《へんぴ》な農村に来たがらないといいかえされる。

授業では、一年生から四年生まで計二八名の生徒をひとまとめに教える。魏敏芝への報酬は五〇元。王教師は魏に、生徒が一人も減らなかったら、さらに一〇元のほうびをあげると約束する。

黒板に文章を板書し、生徒に書き写させるくらいの授業しかできない魏敏芝。そんな中、いたずらっ子であった三年生の張慧科《ジャン・フイケー》が、突如学校から姿を消してしまう。張の父親は他界し、母親も病床につく身であるために、街へ出かせぎに出されたのである。ほうびがもらえなくなるのを恐れた魏は、張をつれもどそうと、授業そっちのけであとを追う。

街へ出たものの、手がかりもなく途方にくれた魏敏芝は、テレビで広く呼びかけてもらうことを思いついた。そこで、テレビ局に向かうものの、当然のごとく門前払いをくらってしまう。それならば、テレビ局長に直談判しようと、一日半にわたり門前でまちかまえた。その様子をみかねたテレビ局長が手をさしのべ、番組で農村教育の実態を話してもらうこととなる。

「教育の質や設備環境は、大きく向上した。国民の資質向上、および九年間の義務教育普及といった重要な政策は、さらなる徹底した実行がはかられている。しかし、依然としていくつかの地域の教育状況は楽観視できない。とくに、経済的に遅れた辺鄙な山間地帯の教育環境は、いまだに劣悪である。そのため、多くの子供が、さまざまな理由で通学できないのである」。アナウンサーがこう説明した後、魏敏芝に水泉小学校の実情を語るよう話をふる。うまくうけ答えできない魏は、ただ涙ながらに、張慧科にもどってくるよううったえかけた。

幸い、これが反響をよび、張慧科がみつかった上、全国から水泉小学校へ多額の寄付が送られてきた。当初、ほうびをもらうため、もっぱら利己的に動いていた魏敏芝が、純粋に張をさがしもとめるようになってゆくのが、ストーリーの肝《きも》である。この中国農村教育の暗部をえがいた『あの子を探して』は、海外でも高い評価を得て、ヴェネツィア国際映画祭の第五六回金獅子賞をはじめ、数々の賞を受賞している。

『あの子を探して』の上映後、中国政府は二〇〇三年より「国家西部地区両基攻堅計画」をうちだした。「両基《リャンジー》」とは、九年の義務教育実施と若者の文盲解消のこと。「攻堅《ゴンジエン》」は難題へのとりくみを意味する。すなわち、中国内陸の貧村における「両基」実現をめざしたものであった。この計画には、四年間で一〇〇億元の資金が投じられている。

農村教育の改善は、その後も中国政府の大きな課題となっている。二〇一三年には、教育の質の向上をはかるため、大卒の学生をそうした貧村へと送りこむ「特崗《トゥーガン》教師政策」がとられている。こうして二〇世紀に入り、初等教育に力が注がれているものの、高等教育と比べると、たち遅れている感は否めない。

もちろん、膨大な国土と人口を有する中国の社会事情も考慮しなければならない。ただ、高等教育よりもさきに、初等教育の整備に着手した日本との違いは大きい。日本は、一八八六年の師範学校令で、初等教員を養成する尋常師範学校を各府県に設置した。これにより明治時代には、全国でまがりなりにも、一定の質が確保された初等教育がほどこされたのである。

第二章で論じたように、梁啓超《リャン・チーチャオ》や呉汝綸《ウー・ルールン》、張之洞《ジャン・ジードン》といった清末の先覚者たちも、こうした日本の教育政策を把握し、初等教育の重要性を十分に認識していた。しかし、日本をモデルとした学制を定め、初等教育の義務化をはかっても、笛吹けども踊らずでなかなかうまくゆかない。他方で、中国の高等教育は比較的順調に、整備・拡大をとげていったのである。

この近代中国にみられるエリート選抜主義の教育制度は、科挙の伝統をひきついでいるといえるかもしれない。この教育格差を助長するシステムが、毛沢東という稀代のトリックスターを生みだしたのである。

「抗日」の原点としての五四運動

「抗日」と「知日」。この一見相反する二つの要素が、中国人の対日感情に入り混じっていること、そしてそれを読み解く鍵が、五四運動にあるのではないかと、第一章で提起した。ここでは最後に、これまで論じてきた内容をふまえ、筆者としての見解を示したい。

本書では、竹内好の指摘に着目し、五四運動が起こった歴史的背景を、その担い手である学生を生みだした清末以来の教育制度改革までさかのぼり、考察してきた。旧来の科挙にもとづく教育体制を変革する必要性を、中国人に強く認識させたのが、日清戦争の敗北である。ちょうど科挙の会試をうけようと、北京に来ていた康有為《カン・ヨウウェイ》や梁啓超は、下関条約締結の報を聞き、朝廷に「教民」、すなわち一般大衆への教育をもとめる公車上書を提出した。その際に教育改革のモデルとなったのが、明治以来の日本の経験にほかならない。まさにルック・ジャパン、西洋化に成功した日本から学ぼうという「知日」のはじまりである。

康有為が執筆した『日本変政考』や黄遵憲《ファン・ズンシエン》の『日本国志』をみても、当時の中国人がいかに日本のことを詳細に調べていたかが分かる。これら『日本変政考』や『日本国志』を読み、明治維新に関心をもった光緒《グゥアンシューディー》帝が起こしたのが、戊戌変法であった。戊戌変法は、百日維新ともいわれるように短期間で挫折してしまい、それを主導した康有為と梁啓超は、日本への亡命という憂き目にあった。

しかし、その後も教育改革をすすめる上で、日本から学ぶ「知日」の姿勢は変わらない。実権をにぎった西太后のもと、張之洞らが担った光緒新政においても、呉汝綸をはじめとする多くの高官が、教育視察のために日本へと派遣された。中国で実効性のある最初の学制となった癸卯学制も、日本の学制からの影響が明らかである。

中国の「知日」熱はまた、多くの留学生を日本へと送りだした。欧米よりも地理的に近い、「同文同種」の日本が、格好の留学先として選ばれたのである。一九世紀末にはじまった中国人の日本留学は、数年のうちに一万名規模へとふくれあがる活況を呈するにいたった。

また、日本からもこの状況に応えるべく、多くの者が学校の教員・経営者として中国大陸に渡った。その数は、一九〇六年のピーク時で五〇〇～六〇〇名にのぼった。一九世紀中葉以来、欧米の宣教師らにより先鞭がつけられた中国での外国人教師による教育を、日本人がほぼ独占する事態が生じたのである。

こうして「知日」により、中国内外で日本人との交流が深まる中、新たにめばえていったのが「抗日」意識である。体制が十分に整わない状態でおこなわれた中国人留学生の受け入れや日本人教師の派遣は、日中間にさまざまな軋轢《あつれき》をもたらした。これをなんとか解決しようと、日本側に歩みよった中国人が売国奴として糾弾されるケースも、「抗日」運動初期より確認できる。

他方で、「抗日」運動が起きた背景をみると、日中双方で意思疎通がうまくとれておらず、ボタンの掛け違いが大事に発展してしまったケースが少なくない。たとえば、「留学生取締規則」は、日本の学校を卒業した中国人留学生を帰国後、優遇してもらう見返りとして制定されたものであった。日本政府としては、それほど締めつけを強化するつもりはなかったであろう。これに対し、中国人留学生は、文字通り取り締まりをはかるものとして反発し、さらにそれを揶揄《やゆ》する日本メディアの不用意な記述が、火に油をそそぐ形となった。また、秘密交渉ですすめられた

「日支共同防敵軍事協定」も、中国の主権をおびやかす条項が含まれているとして、留学生らの疑心暗鬼《ぎしんあんき》をまねいた。実際に締結された協定には、そうした条項がなかった上、丸腰で対応を協議していた約四〇名の中国人留学生らを逮捕する事態にまでいたったのである。

ここで注意したいのは、二〇世紀初めの時点で、中国人の「抗日」感情が特段強いものではなかった点である。むしろ、義和団戦争のように、キリスト教の布教活動を営んでいた欧米への反感、「抗欧米」感情のほうが大きかった。「抗日」は、当時の中国人が外国全般にとった排外的姿勢の一環であったといえる。

しかし、日本と欧米、なかんずくアメリカでは、この中国人の排外主義に対する対応が大きく異なった。アメリカは、いち早く義和団戦争の賠償金返還を申しでて、それを元手に中国人留学生受け入れ事業を開始した。この措置が、中国側から歓迎されたのはいうまでもない。また、義和団戦争で同胞の犠牲者を出した後も、アメリカの宣教師たちは、むしろ一層の使命感をもって、中国各地にミッション・スクールを設立するなど、中国人教育へ積極的にとりくんだ。これとは対照的に、日本は抗議する中国人を冷たくあしらい、いたずらに互いの反目を強めていった。一九二〇年代に入り、日本もようやく義和団賠償金をもとに、留学支援などをおこなう「対支文化《たいしぶんか》事業《じぎょう》」を始めたが、時すでに遅しといわざるをえない。反対に、日本が事業をえさに「文化侵略」を試みているとして、中国人の反発をまねくこととなるのである。

五四運動の引き金となった山東問題も、中国側の特殊事情を考慮しないままに、日本が粛々《しゅくしゅく》と権益を確保していったことが、「抗日」感情を高揚させた原因であった。もともとキリスト教を排撃する義和団が誕生したのも山東半島である。中国人にとって、山東半島は孔子と孟子の生誕地で、道教の聖地である泰山《タイシャン》を擁する特別な土地であった。山東半島をドイツに奪われ、臥薪《がしん》嘗胆《しょうたん》の時をすごした中国人。その権益をそのまま日本がうけつぐというパリ講和会議の決定に対し、「抗日」感情が一気に爆発したのである。

五四運動の拠点となったのは、戊戌変法が残した唯一の落とし子である北京大学であった。儒教批判を一つの軸とする新文化運動により、国家意識にめざめた学生らが、逆説的に儒教の聖地である山東半島の返還を求めて「抗日」デモを起こした。五四運動が中国国内のみならず、海外に大きな衝撃を与えたのは、交通総長である曹汝霖《ツアオ・ルーリン》の邸宅を焼き払い、駐日公使の章宗祥《ジャン・ツンシャン》に瀕死の重傷を負わせたからであった。もしこの政府高官への暴力沙汰がなく、各国公使館に請願書を手渡すだけの平和的なデモに終止していれば、五四運動が歴史の一ページに刻まれることはなかったであろう。その意味で、日本に親しいとされる同胞への暴力がもたらした効果は決定的である。

問題は、襲撃に参加した学生たちが、誰一人罪に問われることなく、反対に義挙をおこなった英雄としてたたえられた点である。たしかに、この事件を機に、「抗日」デモが全国各地へと広がり、国民が一丸となって国を守るというナショナリズムが生まれた。そして、沸騰した国内世論をバックに、パリの中国代表団がヴェルサイユ条約への調印を拒否するにいたったのである。

パリ講和会議の模様をえがいた中国映画に、『私の1919（我的《ウォーデ》1919）』（1999）がある。顧維鈞《グー・ウェイジュン》を中心とした中国代表団が調印を拒否した最後の場面で、「一九一九年六月二八日、中国人はついに、はじめて列強に物申した。「不」と」というナレーションが流される。「不」の文字が画面いっぱいに映しだされるフィナーレが非常に印象的である（図版終-4）。この列強に対するはじめての「不」を可能にしたのが五四運動にほかならず、中国近現代史においてエポックメイキングな出来事であったのはまちがいない。

図版 終-4 『私の1919』における最後のシーン

しかし、暴力行為が全面的に肯定されたことは、後々大きな禍《か》根《こん》を残す結果となった。第一章でふれた二一世紀の「抗日」デモにおいても、暴力・破壊活動が愛国の名のもとに正当化された。まさに「愛国無罪」である。日本に歩みよっていると少しでもみなされると、「売国奴」として集中砲火をあびる恐れがあるため、政府も表立って批判できなくなってしまう。それどころか、法律を超えた正義を体現したものとして、その暴力行為を積極的に評価しなければならなくなる。こうした「抗日」デモのパターンは、五四運動により形づくられたといえる。

一方、日本側に目を向けると、中国を知るという「知中」の意識が、中国人の「知日」と比べ著しく欠けているといわねばならない。清末民初の「知日」ブームの中、中国人の心情をもう少し理解していれば、「抗日」のもととなった余計な衝突は避けられたであろう。五四運動に対する新聞メディアの報道をみても、的外れ、虚偽の多い記事に驚くばかりである。

この「知中」の欠如は、今日の日本にもあてはまる。三国志など古典文化への関心は強いものの、同時代の中国となると、ネガティブな面ばかりが注目される。書店の中国コーナーも、いわゆる「反中」「嫌中」本であふれかえっている。日本の2チャンネルや中国の「貼吧《ティエバ》」など、ネットの論壇をみても、日本の実情を好意的に紹介するスレッドが少なくない中国に対し、日本は中国批判一色である。

五四運動以後も、日中の相互理解に力をつくした吉野作造は、かつて「日支親善論」と題した文章で、こう語っていた。

　二つの国民の間に一種の精神的関係が成立し、殊に高尚な人道的方面に相互の交通があると云うことであれば、其《その》国民相互の間には一種の精神的信任の感情と云うものが発生して、茲《ここ》に始めて国民の親善関係の精神的基礎と云うものが出来上《できあが》るのである。……国民的信任、尊敬の関係があれば、時々個々の政治上経済上の問題に付《つい》て、反目や誤解やがあっても、それは恰《あたか》も風のまにまに起《おこ》る大海の上の漣波《さざなみ》の如きものであって、其底を流るる所の親善の関係と云うものには何等の動揺を見ないのである。

日中国民相互の精神的「信任」があれば、政治・経済面で衝突しても親善関係はゆるがない。実際、吉野の日中問題に対するとりくみは、この信念にもとづいたものであったといえよう。

この吉野の主張は、今日においてもそのままあてはまる。二〇一二年度の統計によれば、中国人の日本語学習者数が増加し、韓国を抜き初の国地域別首位となった。日本の外国人留学生も、二〇一七年時点で中国人が一〇万七〇〇〇名と、全体のおよそ四割を占めている。若者を中心に、中国人の日本に対する関心は依然として強い。

筆者が中国に留学していた時期、二〇一一年三月の東日本大震災が発生した。被災した東北がどのような地域なのか、位置さえもおぼつかない一般の中国人に対し、メディアで解説し、日本の立場を代弁してくれたのは、いずれも日本へ留学した経験のある人たちである。「自分にとって第二の祖国がこんなことになるなんて」と、解説中に感極まって泣きくずれた元留学生の様子は、今も鮮明に目に焼きついている。五四運動の時と比べると、日中両国の交流ははるかに進展した。政治外交面でときに緊張した関係が生じる中、過去と同じ轍《てつ》をふまないためにも、草の根レベルでの日中両国の「信任」を維持・強化していくことが何よりも重要であると考える。

あとがき

二〇一八年一二月一八日、中国の改革開放四〇周年を祝う式典が、北京の人民大会堂でひらかれた。その席上、習近平国家主席は、改革開放および中国の特色ある社会主義事業の推進を、中国共産党の建立、中華人民共和国の成立とともに挙げ、これらを五四運動以来中国で起こった歴史的三大事件と位置づけていた。また、台湾では二〇一八年五月四日、台湾大学学長の選出問題にからみ、「新五四運動」をうたった抗議デモがおこなわれた。このように最近のニュースをみても、五四運動が現代中国の起点とされ、さまざまな形で記憶がよびおこされる事件であることを実感する。

「五四運動なんかに手をつけたら火傷《やけど》するんじゃないか」。本書執筆を、ある年配の中国研究者にうちあけた際、こういわれたことがある。たしかに、五四運動については近年、中華圏を中心に膨大な研究が積み重ねられ、外国人研究者がおいそれと手を出せる対象ではなくなっている。火傷しかねないというのも、あくまで私を気づかっての発言であろう。実際、執筆にあたり、無尽蔵にある先行研究と関連資料の前にたじろいだ。

しかし、五四運動は、現代中国を理解する上で避けてとおれない、きわめて重要な出来事である。「はじめに」でふれたように、かつては日本でも、名だたる中国研究者がこぞってとりくみ、議論をかわしたホットなテーマであった。二一世紀以降、五四運動に関する日本語の概説書がほとんどない中、多少火傷をしたとしても、世に問う意義があるのではないか。そうした思いから本書を執筆した。

本書では、五四運動の担い手をうみだした中国高等教育の成り立ちと、日本との関連にスポットライトをあてた。これはもちろん、多様な要素をふくんだ五四運動の一側面にすぎない。ほかにも、たとえば朝鮮の三一運動や中国国民党、軍閥、商工業者など、さまざまな観点から五四運動を描くことが可能であろう。本書が呼び水となって、一〇〇周年をむかえる五四運動の研究が少しでも活発になればと願っている。

本書執筆にあたり、筑摩書房の永田士郎さんには、大変お世話になった。中国人の「抗日」「知日」意識の原点として五四運動をとらえる視点も、永田さんからのアドバイスにもとづくものである。著書の制作が、筆者と編集者の共同作業であることをあらためて感じ入った次第である。

武藤秀太郎

参考文献

はじめに

(日本語文献)

エリック・ホブズボーム（大井由紀訳）『20世紀の歴史――両極端の時代』上下巻、ちくま学芸文庫、2018年

小野信爾『五四運動在日本』汲古叢書、2003年

京都大学人文科学研究所編『五四運動の研究』全5函、同朋舎出版、1982-92年

信夫清三郎『大正デモクラシー史』全3巻、日本評論社、1954-9年

中央大学人文科学研究所編『五・四運動史像の再検討』中央大学出版部、1986年

坂野良吉「五四観の諸相と五四の文化論的主題について――一九二〇、三〇年代の五四観を中心に」『名古屋大学東洋史研究報告』第28号、2004年3月

ラナ・ミッター（吉澤誠一郎訳）『五四運動の残響――20世紀中国と近代世界』岩波書店、2012年

(中国語文献)

羅家倫「五四運動的精神（五四運動の精神）」『毎週評論』第23期、1919年5月

毛沢東「新民主主義論」『毛沢東集』第7巻、蒼蒼社、1983年

第一章

(日本語文献)

加藤晴康ほか『世界史A』東京書籍、2017年

木畑洋一ほか『新版世界史A　新訂版』実教出版、2017年

竹内好「魯迅」『竹内好全集』第1巻、筑摩書房、1980-02年

――「魯迅雑記」『竹内好全集』第1巻

――「五四記念日について」『竹内好全集』第4巻

――「歴史を変えた学生たち」『竹内好全集』第4巻

――「方法としてのアジア」『竹内好全集』第5巻

毛丹青ほか『知日――なぜ中国人は、日本が好きなのか！』潮出版社、2015年

(中国語文献)

阿杏『早安!!　日本（お早う!!　日本）』尖端出版、1996年

毛沢東「在延安五四運動二十周年紀念大会的演講」『毛沢東集』第7巻
蘇静編『知日』第1期、北方婦女児童出版社、2011年1月
中国社会科学院近代史研究所中華民国史研究室編『中華民国史』第3巻、中華書局、2011年

（英語文献）
Chow Tse-tsung, *The May Fourth Movement: intellectual revolution in modern China*, Harvard University Press, 1960

第二章

（日本語文献）
阿部洋『中国の近代教育と明治日本』福村出版、1990年
汪婉『清末中国対日教育視察の研究』汲古書院、1998年
尾形裕康『学制実施経緯の研究』校倉書房、1963年
岡本隆司『近代中国史』ちくま新書、2013年
――『袁世凱――現代中国の出発』岩波新書、2015年
籠谷直人『アジア国際通商秩序と近代日本』名古屋大学出版会、2000年
坂元ひろ子『中国近代の思想文化史』岩波新書、2016年
譚嗣同（西順蔵・坂元ひろ子訳）『仁学――清末の社会変革論』岩波文庫、1989年
狭間直樹『梁啓超――東アジア文明史の転換』岩波書店、2016年
三好信浩『日本商業教育成立史の研究――日本商業の近代化と教育』風間書房、1985年
武藤秀太郎『近代日本の社会科学と東アジア』藤原書店、2009年
森有礼「英京退去に際し会見筆記」『新修　森有禮全集』第2巻、文泉堂書店、1998年
――「商業教育の必要性に関する演説」『新修　森有禮全集』第2巻
文部省編『学制百年史』帝国地方行政学会、1972年
山室信一『思想課題としてのアジア――基軸・連鎖・投企』岩波書店、2001年
容應萸「呉汝綸と『東遊叢録』――ある「洋務派」の教育改革案」平野健一郎編『近代日本とアジア――文化の交流と摩擦〔国際関係論のフロンティア2〕』東京大学出版会、1984年
林楽知・蔡爾康（藤野房次郎訳）『中東戦紀本末』博文館、1898年

（中国語文献）
陳青之『中国教育史』東方出版社、2012年
戴鞍鋼『晩清史』上海百家出版社、2009年
鞏琢璐「清末遼寧地区設立勧学所」遼寧省檔案局編『風物遼寧 3』、2014年
黄遵憲『日本国志』朝華出版社、2017年

——『日本雑事詩』朝華出版社、2017年
康有為『日本変政考』中国人民大学出版社、2011年
——「上清帝第二書」孔祥吉編『康有為変法奏章輯考』北京図書館出版社、2008年
——「上清帝第三書」『康有為変法奏章輯考』
——「上清帝第五書」『康有為変法奏章輯考』
——「請大誓臣工、開制度新政局摺」『康有為変法奏章輯考』
——「請議遊学日本章程片」『康有為変法奏章輯考』
——「請改直省書院為中学堂、郷邑淫祠為小学堂、令小民六歳皆入学摺」『康有為変法奏章輯考』
李端棻「請推広学校摺」『近代中国教育史料』中国人民大学出版社、2012年
李鴻章・森有礼「李鴻章与森有礼問答節略」『清光緒朝中日交渉史料』上冊、文海出版社、1963年
梁啓超「変法通議」『梁啓超全集』第１巻、中国人民大学出版社、2018年
劉坤一・張之洞「江楚会奏変法三摺」『近代中国史料叢刊続編』第48輯、1977年
秦国経『明清檔案学』学苑出版社、2005年
森有礼（林楽知・任廷旭訳）『文学興国策』上海書店出版社、2002年
田正平「清末毀学風潮与郷村教育早期現代化的受挫」『教育研究』2007年第５期
呉汝綸『東遊叢録』三省堂書店、1902年
熊月之『西学東漸与晩清社会』修訂版、中国人民大学出版社、2011年
張之洞『勧学篇』中華書局、2016年

（英語文献）

Arinori Mori（ed）, *Education in Japan: a series of letters*, D. Appleton, 1873

第三章

（日本語文献）

石田雄『日本の社会科学』東京大学出版会、1984年
金谷志信「所謂清国留日学生取締規則事件の背景」『学習院史学』第９号、1972年11月
嘉納治五郎「清国教育私議」『太陽』第13巻第１号、1907年１月
川崎真美「清末における日本への留学生派遣——駐清公使矢野文雄の提案とそのゆくえ」『中国研究月報』第60巻第２号、2006年２月
北岡正子『魯迅　日本という異文化のなかで——弘文学院入学から「退学」事件まで』関西大学出版部、2001年
厳安生『日本留学精神史——近代中国知識人の軌跡』岩波書店、1991年
見城悌治『留学生は近代日本で何を学んだのか——医薬・園芸・デザイン・師範』日本経済評論社、2018年

実藤恵秀『中国人日本留学史』くろしお出版、1960年
実藤恵秀『中国留学生史談』第一書房、1981年
奈良常五郎『日本ＹＭＣＡ史』日本ＹＭＣＡ同盟、1959年
容閎（百瀬弘訳）『西学東漸記――容閎自伝』平凡社、1969年
横山健堂『嘉納先生伝』講道館、1941年
渡辺祐子「もうひとつの中国人留学生史――中国人日本留学史における中華留日基督教青年会の位置」『カルチュール』第５巻第１号、2011年３月

（中国語文献）
胡徳海「容閎和中国第一批幼童赴美留学活動始末述実」『綿陽師範高等専科学校学報』2001年第３期、2001年７月
李鴻章「論出洋肄業学生分別撤留」『李鴻章全集』第33巻、安徽教育出版社、2008年
呂順長『清末中日教育文化交流之研究』商務印書館、2012年
茅海建『戊戌変法史事考』三聯書店、2005年
桑兵『交流与対抗――近代中日関係史論』広西師範大学出版社、2015年
完顔紹元『王正廷的外交生涯』団結出版社、2008年
楊度・嘉納治五郎「支那教育問題」『楊度集』湖南人民出版社、1986年
張之洞「鄂督張之洞致総署称日武官力陳聯英意見電」『清季外交史料』第５冊、湖南師範大学出版社、2015年
趙暁陽『基督教青年会在中国――本土和現代的探索』社会科学文献出版社、2008年

（英語文献）
王正廷『王正廷回顧録 Looking back and looking forward』中央大学出版部、2008年

第四章

（日本語文献）
青木俊介「梅謙次郎の清国訪問について」『法学志林』第112巻第３号、2015年３月
阿部洋『中国近代学校史研究――清末における近代学校制度の成立過程』福村出版、1993年
――『「対支文化事業」の研究――戦前期日中教育文化交流の展開と挫折』汲古書院、2004年
今井嘉幸『支那国際法論』丸善、1915年
――「ドン・キホーテ」『文芸春秋』第15巻第５号、1937年５月
――「半植民地状態より支那を救へ」『大亜細亜主義』第７巻第70号、1939年２月
――『今井嘉幸自叙伝――五十年の夢』神戸学術出版、1977年
内ヶ崎作三郎「翔天吉野君を送る」『新人』第７巻第２号、1906年２月

易恵莉（大里浩秋訳）「秋瑾の日本留学及び服部繁子と実践女学校」大里浩秋・孫安石編『近現代中国人日本留学生の諸相――「管理」と「交流」を中心に』御茶の水書房、2015年
汪向栄（竹内実ほか訳）『清国お雇い日本人』朝日新聞社、1991年
大塚豊「中国近代高等師範教育の萌芽と服部宇之吉」『国立教育研究所紀要』第115号、1988年3月
貴志俊彦「清末の都市行政の一環――袁世凱の教育政策をめぐって」『MONSOON』第2号、1989年10月
岸本辰雄『法学通論』訂正増補第21版、明治大学出版部、1907年
実藤恵秀『中国人日本留学史稿』日華学会、1939年
柴田幹夫『大谷光瑞の研究――アジア広域における諸活動』勉誠出版、2014年
田澤晴子『吉野作造――人世に逆境はない』ミネルヴァ書房、2006年
東亜同文会編「服部宇之吉君」東亜同文会編『続対支回顧録』下巻、原書房、1973年
東亜文化研究所編『東亜同文会史』明治・大正編、霞山会、1988年
中島半次郎『日清間の教育関係』日清印刷、1910年
服部宇之吉『北京籠城日記』博文館、1900年
――「支那人教育に対する所見」『中央公論』第240号、1909年3月
――「服部先生自叙」『服部先生古稀祝賀記念論文集』冨山房、1936年
武藤秀太郎「今井嘉幸と李大釗」『孫文研究』第55号、2014年12月
吉野作造「清国に於ける日本人教師」『新人』第10巻第5号、1909年5月
劉建雲『中国人の日本語学習史――清末の東文学堂』学術出版会、2005年

（中国語文献）
北京大学図書館・北京李大釗研究会編『李大釗史事綜録』北京大学出版社、1989年
北京師範大学校史編写組編『北京師範大学校史――1902年-1982年』北京師範大学出版社、1982年
服部宇之吉『心理学講義』東亜公司、1905年
今井嘉幸（黄旭訳）「領事裁判権撤去論（論撤去領事裁判権）」『言治』第1年第2期、1913年5月
李大釗「『法学通論』批注」『李大釗全集』第1巻、河北教育出版社、1999年
――「『中国国際法論』訳叙」『李大釗全集』第2巻
――「十八年来之回顧」『李大釗全集』第4巻
劉宏「中国近代教育改革中的日本影響――以直隷省師範、軍事学堂為例」『河北大学学報（哲学社会科学版）』2004年第2期、2004年3月
朱文通編『李大釗年譜長編』中国社会科学出版社、2009年
「光緒三十三年分第一次教育統計図表」『中国近代教育史資料彙編　高等教育』上海教育出版社、2007年

第五章

（日本語文献）
イマヌエル・カント（熊野純彦訳）『判断力批判』作品社、2015年
菊池秀明『ラストエンペラーと近代中国――清末 中華民国』講談社、2005年
區建英『自由と国民　厳復の模索』東京大学出版会、2009年
鄒容「革命軍」島田虔次・小野信爾編『辛亥革命の思想』筑摩叢書、1968年
多賀秋五郎『中国教育史』岩崎書店、1955年
竹内好「学生運動――五・四運動と蔡元培」『竹内好全集』第4巻
長堀祐造『陳独秀――反骨の志士、近代中国の先導者』山川出版社、2015年
奈良岡聰智『対華二十一カ条要求とは何だったのか――第一次世界大戦と日中対立の原点』名古屋大学出版会、2015年
深町英夫『孫文――近代化の岐路』岩波新書、2016年
二見剛史・佐藤尚子「中国人日本留学史関係統計」『国立教育研究所紀要』第94号、1978年３月
丸山松幸『五四運動』紀伊国屋書店、1969年
M・メイスナー（丸山松幸・上野恵司訳）『中国マルクス主義の源流――李大釗の思想と生涯』平凡社、1971年
横山宏章『陳独秀の時代――「個性の解放」をめざして』慶應義塾大学出版会、2009年
吉田熊次「日本に於ける教育学の発達」『岩波講座教育科学』第12冊、岩波書店、1932年
吉野作造「日記」『吉野作造選集』第14巻、岩波書店、1995-7年
魯迅「狂人日記」『魯迅選集』改訂版、第１巻、岩波書店、1964年

（中国語文献）
蔡建国『蔡元培与近代中国』上海社会科学院出版社、1997年
蔡元培「新教育についての意見（対於新教育之意見）」『蔡元培全集』第2巻、中華書局、1984年
――「全国臨時教育会議開会詞」『蔡元培全集』第２巻
――「致孫中山等電」『蔡元培全集』第２巻
――「致南京臨時政府及参議院電」『蔡元培全集』第２巻
――「大学教育」『蔡元培全集』第５巻
陳独秀「文学革命論」『陳独秀著作選編』第１巻、上海人民出版社、2009年
――「実庵自伝」『陳独秀著作選編』第５巻
崔志海『蔡元培』紅旗出版社、2009年
高平叔編『蔡元培年譜』中華書局、1980年
胡縄『従鴉片戦争到五四運動』人民出版社、2010年

胡適「文学改良芻議」『胡適全集』第１巻、安徽教育出版社、2003年
李大釗「全国の父老に警告する書（警告全国父老書）」『李大釗全集』第２巻
李華興編『民国教育史』上海教育出版社、1997年
欧陽哲生『厳復評伝』百花洲文芸出版社、2010年
――『五四運動的歴史詮釈』北京大学出版社、2012年
泡爾生（蔡元培訳）『倫理学原理』商務印書館、1909年
舒新城編『近代中国留学史』上海文化出版社、1989年
唐宝林『陳独秀全伝』社会科学文献出版社、2013年
蕭超然ほか編『北京大学校史』増訂本、北京大学出版社、1988年
熊明安『中華民国教育史』重慶出版社、1990年
厳復「天演論」『厳復全集』第１巻、福建教育出版社、2014年
――「原富」『厳復全集』第２巻
――「群学肄言」『厳復全集』第３巻
――「群己権界論」『厳復全集』第３巻
――「法意」『厳復全集』第４巻
――「名学」『厳復全集』第５巻
章炳麟「駁康有為論革命書（康有為の革命論を駁する書）」『章太炎全集』太炎文録初編、上海人民出版社、2014年
張暁唯『蔡元培評伝』百花洲文芸出版社、2010年
曽栄「試論留日学生与中日〝二十一条〟交渉」欧美同学会・中国留学人員聯誼会編『留学人員与辛亥革命』華文出版社、2012年

第六章

（日本語文献）

エドガー・スノー（松岡洋子訳）『中国の赤い星』上下巻、ちくま学芸文庫、1995年
笠原十九司「パリ講和会議と山東主権回収運動」中央大学人文科学研究所編『五・四運動史像の再検討』
川島真『中国近代外交の形成』名古屋大学出版会、2004年
――『近代国家への模索』岩波書店、2010年
菅野正「五四前夜の日中軍事協定反対運動」『奈良史学』第３号、1985年12月
菊川忠雄『学生社会運動史』中央公論社、1931年
京都大学人文科学研究所編『日本新聞五四報道資料集成』、1983年
金冲及編（村田忠禧・黄幸訳）『毛沢東伝1893-1949』上下巻、みすず書房、1999年
斎藤道彦「「五・四」北京学生運動断面」中央大学人文科学研究所編『五・四運動史像の再検討』
坂本多加雄『知識人――大正・昭和精神史断章』読売新聞社、1996年

実藤恵秀『日中非友好の歴史』朝日新聞社、1973年
H・スミス（松尾尊兊・森史子訳）『新人会の研究――日本学生運動の源流』東京大学出版会、1978年
周恩来（鈴木博訳）『十九歳の東京日記』小学館文庫、1999年
曹汝霖『一生之回憶』鹿島研究所出版会、1967年
狹間直樹「五四運動研究序説」京都大学人文科学研究所編『五四運動の研究』第１函第１分冊
藤本博生「日本帝国主義と五四運動」京都大学人文科学研究所編『五四運動の研究』第１函第３分冊
松尾尊兊『民本主義と帝国主義』みすず書房、1998年
武藤秀太郎「戦間期日本における知識人集団――黎明会を中心に」猪木武徳編『戦間期日本の社会集団とネットワーク――デモクラシーと中間団体』NTT出版、2008年
――「吉野作造と中国知識人――キリスト教青年会（ＹＭＣＡ）との関連を中心に」『吉野作造研究』第12号、2016年４月
村田雄二郎「日本の対華二一カ条要求と五・四運動」和田春樹ほか編『東アジア近現代通史３――世界戦争と改造』岩波書店、2010年
百瀬弘「五四事件関係坂西利八郎書翰おぼえ書」『鈴木俊教授還暦記念　東洋史論叢』大安、1964年
文部省編『学制八十年史』大蔵省印刷局、1954年
吉澤誠一郎「五四運動における暴力と秩序」『歴史評論』第681号、2007年１月
吉野作造「支那問題に就いて」『黎明講演集』第４輯、1919年6月
――「憲政の本義を説いて其有終の美を済すの途を論ず」『吉野作造選集』第２巻
――「言論自由の社会的圧迫を排す」『吉野作造選集』第３巻
――「帝国主義より国際民主主義へ」『吉野作造選集』第６巻
――「支那革命小史」『吉野作造選集』第７巻
――「第三革命後の支那」『吉野作造選集』第７巻
――「日支交渉論」『吉野作造選集』第８巻
――「北京大学学生騒擾事件に就て」『吉野作造選集』第９巻
――「日支国民的親善確立の曙光――両国青年の理解と提携の新運動」『吉野作造選集』第9巻
「巴里講和会議ニ於ケル中国問題特ニ山東問題ニ関スル件」『日本外交文書』大正８年第２冊下巻、外務省

(中国語文献)
蔡暁舟・楊景工「五四」『五四愛国運動』上巻、知識権出版社、2013年
蔡元培「工学互助団的大希望」『蔡元培全集』第３巻
陳平原『触摸歴史与進入五四』北京大学出版社、2005年

高一涵「高一涵信」耿雲志編『胡適遺稿及秘蔵書信』第31冊、黄山書社、1994年
龔振黄「青島潮」『五四愛国運動』上巻
顧維鈞『顧維鈞回憶録』中華書局、2013年
胡俊「記五四運動前後留日学生的愛国運動」『五四運動回憶録』続巻、中国社会科学出版社、1979年
康有為「請誅国賊救学生電」『康有為全集』第11巻、中国人民大学出版社、2007年
李大釗「大亜細亜主義与新亜細亜主義（大アジア主義と新アジア主義）」『李大釗全集』第３巻
――「祝黎明会（黎明会を祝う）」『李大釗全集』第３巻
梁漱溟「論学生事件」『梁漱溟全集』第４巻、山東人民出版社、2005年
梁柱『蔡元培与北京大学』修訂版、北京大学出版社、1996年
鹿璐「五四運動学生被捕案始末」『中国檔案報』第2452期、2013年５月
羅志田「〝六箇月楽観〟的幻滅――五四前夕人心態与政治」『歴史研究』2006年第４期、2006年８月
馬伯援『三十三年的賸話』国立清華大学出版組、1984年
毛沢東「体育之研究（体育の研究）」『毛沢東集』第１巻
彭明『五四運動史』修訂本、人民出版社、1998年
田漢「我們的自己批判」『田漢全集』第15巻、花山文芸出版社、2000年
呉小龍『少年中国学会研究』上海三聯書店、2006年
蕭超然『北京大学与五四運動』北京大学出版社、1986年
許徳珩「五四運動在北京」『五四運動回憶録』上巻、中国社会科学出版社、1979年
楊念群『〝五四〟九十周年祭――一個〝問題史〟的回溯与反思』世界図書出版、2009年
張恵芝『〝五四〟前夕的中国学生運動』山西教育出版社、1996年
曾琦『曾慕韓（琦）先生遺著』文海出版社、1971年
『中華留日基督教青年会最近三年成績報告』上海図書館蔵、1930年

（英語文献）

Hankey's Notes of Two Meetings of the Council of Ten, in *The Papers of Woodrow Wilson Digital Edition*, The University of Virginia Press

おわりに

（日本語文献）

市川博・斉藤秋男『世界教育史大系４　中国教育史』講談社、1975年
ジョン・デューイ（宮原誠一訳）『学校と社会』改版、岩波文庫、1957年
ジョン・デューイ（松野安男訳）『民主主義と教育』上下巻、岩波文庫、1975年
G・ダイキューゼン（三浦典郎・石田理訳）『ジョン・デューイの生涯と思想』清水弘文堂、

1977年
吉野作造「日支親善論」『吉野作造選集』第８巻

（中国語文献）
胡適「杜威先生与中国」『胡適全集』第１巻、安徽教育出版社、2003年
江勇振『舎我其誰　胡適』第２部、聯経出版事業、2013年
毛沢東「夜学日誌首巻」『毛沢東早期文稿』湖南人民出版社、2008年

（英語文献）
Evelyn Dewey(ed), *Letters from China and Japan*, E. P. Dutton company, 1920
John Dewey, Liberalism in Japan, in *The middle works, 1899-1924*, vol.11, Southern Illinois University Press, 1988
John Dewey, The student revolt in China, in *The middle works, 1899-1924*, vol.11
J・C・Wang, *John Dewey in China: to teach and to learn*, State University of New York Press, 2007

武藤秀太郎 むとう・しゅうたろう

一九七四年生まれ。専門は社会思想史。早稲田大学政治経済学部卒業。総合研究大学院大学文化科学研究科博士課程修了。学術博士。現在、新潟大学経済学部准教授。著書に『近代日本の社会科学と東アジア』（藤原書店）、編著に『福田徳三著作集』第15・16巻（信山社）などがある。

筑摩選書 0171

「抗日《こうにち》」中国《ちゅうごく》の起源《きげん》 五四運動《ごしうんどう》と日本《にほん》

二〇一九年二月一五日 初版第一刷発行

著者 武藤秀太郎《むとうしゅうたろう》

発行者 喜入冬子

発行 株式会社筑摩書房
東京都台東区蔵前二-五-三 郵便番号 一一一-八七五五
電話番号 〇三-五六八七-二六〇一（代表）

装幀者 神田昇和

印刷 製本 中央精版印刷株式会社

 ISBN978-4-480-01679-9 C0322

筑摩選書 0050

敗戦と戦後のあいだで
遅れて帰りし者たち

五十嵐惠邦

戦争体験をかかえて戦後を生きるとはどういうことか。五味川純平、石原吉郎、横井庄一、小野田寛郎、中村輝夫……。彼らの足跡から戦後日本社会の条件を考察する。

筑摩選書 0055

「加藤周一」という生き方

鷲巣力

鋭い美意識と明晰さを備えた加藤さんは、自らの仕事と人生をどのように措定していったのだろうか。没後に遺された資料も用いて、その「詩と真実」を浮き彫りにする。

筑摩選書 0066

江戸の風評被害

鈴木浩三

市場経済が発達した江戸期、損得に関わる風説やうわさは瞬く間に広がって人々の行動に影響を与え、政治経済を動かした。群集心理から江戸の社会システムを読む。

筑摩選書 0072

愛国・革命・民主
日本史から世界を考える

三谷博

近代世界に類を見ない大革命、明治維新はどうして可能だったのか。その歴史的経験から、時空を超える普遍的英知を探り、それを補助線に世界の「いま」を理解する。

筑摩選書 0075

SL機関士の太平洋戦争

椎橋俊之

人員・物資不足、迫り来る戦火――過酷な戦時輸送の重責を、若い機関士たちはいかに使命感に駆られ果たしたか。機関士OBの貴重な証言に基づくノンフィクション。